Slaby / Urban

Subjektive Technikbewertung

Martin Slaby · Dieter Urban

# Subjektive Technikbewertung

Was leisten kognitive Einstellungsmodelle
zur Analyse von Technikbewertungen

dargestellt an Beispielen aus der Gentechnik

 Lucius & Lucius · 2002

Anschrift der Autoren:

Martin Slaby, M.A.
Prof. Dr. Dieter Urban
Universität Stuttgart
Institut für Sozialwissenschaften
Abt. für Soziologie I
Keplerstr. 17, K II
70174 Stuttgart

Gedruckt mit Unterstützung der Deutschen Forschungsgemeinschaft

Die Deutsche Bibliothek – CIP-Einheitsaufnahme

Slaby, Martin:
Subjektive Technikbewertung : was leisten kognitive Einstellungsmodelle zur Analyse von Technikbewertungen – dargestellt an Beispielen aus der Gentechnik / Martin Slaby/Dieter Urban. – Stuttgart : Lucius und Lucius, 2002

ISBN 3-8282-0212-8

© Lucius & Lucius Verlagsgesellschaft mbH, Stuttgart 2002
Gerokstr. 51, D-70184 Stuttgart
www.luciusverlag.com

Das Werk einschließlich aller seiner Teile ist urheberrechtlich geschützt. Jede Verwertung außerhalb der engen Grenzen des Urheberrechtsgesetzes ist ohne Zustimmung des Verlages unzulässig und strafbar. Das gilt insbesondere für Vervielfältigung, Übersetzungen, Mikroverfilmungen und die Einspeicherung, Verarbeitung und Übermittlung in elektronischen Systemen.

Gedruckt auf alterungsbeständigem Papier

Druck und Einband: Rosch-Buch, Scheßlitz

Printed in Germany

# Inhalt

**Vorwort** .................................................. VII

**1 Einleitung:**
**Technikbewertung und kognitive Einstellungsmodelle** ............... 1

**2 Theoretische Modelle zur kognitiven Analyse von Einstellungen**
2.1 Strukturmodelle ........................................ 11
2.2 Prozessmodelle (und integrierte Struktur-/Prozessmodelle) ......... 31

**3 Empirische Analysen zur Einstellungsbildung gegenüber Gentechnik-Anwendungen**
3.1 Wahrnehmung von Gentechnik und Gentechnik-Anwendungen ......... 63
3.2 Modal-saliente Beliefs zu Gentechnik-Anwendungen ............... 77
3.3 Nutzenbezogene Beliefs und Technikeinstellungen ................ 93
3.4 Norm-affine Beliefs und Technikeinstellungen .................. 113
3.5 Allgemeine Orientierungsmuster und Technikeinstellungen ......... 131
3.6 „Routen" der Informationsverarbeitung und Technikeinstellungen ...... 142

**4 Resümee: Kognitive Determinanten der Bewertung gentechnischer Anwendungen** .................................. 157

**Anhang**
A1 Das Projektdesign (Vorstudie, Pretest, Haupterhebung) .............. 169
A2 Zur Soziodemographie der realisierten Stichprobe ................ 172
A3 Zur Methodik der SEM-Analysen ............................. 177

**Literatur** ................................................. 185

# Vorwort

Diese Studie berichtet über Ergebnisse aus dem Forschungsprojekt „Entwicklung kognitiver Modelle der Informationsverarbeitung zur empirischen Analyse von Einstellungen/Risikoperzeptionen gegenüber Anwendungen der modernen Gentechnik".

Wir danken der Deutschen Forschungsgemeinschaft für die finanzielle Förderung dieses Projektes.

Unser Dank gilt auch Jan Schuhmacher, M.A., der als einer von zwei wissenschaftlichen Mitarbeitern an der Durchführung des Projektes beteiligt war, jedoch aus beruflichen Gründen an den Analysen und der Abfassung dieser Studie nicht mitwirken konnte. Insbesondere das Kapitel 2.1 der vorliegenden Studie basiert auf einem Manuskriptentwurf, den Jan Schuhmacher angefertigt hat.

Stuttgart, im Dezember 2001                                       Dieter Urban
                                                                  Martin Slaby

# 1 Einleitung:
## Technikbewertung und kognitive Einstellungsmodelle

Es ist bekannt und mittlerweile auch schon sprichwörtlich: neue Technikanwendungen bestimmen mit einer schon atemberaubenden Diffusionsgeschwindigkeit und mit immer weitreichenderen Konsequenzen das alltägliche Leben in den modernen (post)industriellen Gesellschaften.

Schon allein solch banale, ehedem routinemäßig durchgeführte Alltagshandlungen, wie etwa der Einkauf von Lebensmitteln, werden mittlerweile in einem derart starken Ausmaß von neuartigen technischen Systemen bestimmt, dass ohne Akzeptanz des Technologieeinsatzes bzw. ohne Bereitschaft zur individuellen Nutzung von neuartigen Technologien auch ein so alltäglicher Vorgang wie der Einkauf von Lebensmitteln nur noch (wenn überhaupt) im Nischenbereich von aussterbenden Tante-Emma-Läden möglich ist.

Denn die Technologiebestimmtheit des Lebensmitteleinkaufs beginnt (u.a.) bei der Nutzung des Bargeldautomaten, führt über Entscheidungen zugunsten oder zuungunsten von Nahrungsmitteln, die unter Einsatz von modernen Biotechniken und/oder Gentechniken erzeugt wurden, und reicht bis hin zur Akzeptanz von Rechnungen, die aufgrund des geheimnisvollen Zusammenwirkens von Barcodes und Scanner-Kassen entstanden sind.

Die individuelle Akzeptanz oder Ablehnung von Technikanwendungen, das Vertrauen oder Misstrauen in technische Systeme, die persönliche Nutzung oder Nicht-Nutzung von Technologien, dies alles kann vom sozialwissenschaftlichen Beobachter als Ausdruck oder Ergebnis einer individuellen, subjektiven Technikbewertung verstanden werden. Egal, ob sich hinter der Bewertung ein rationales Abwägen von Pro- und Contra-Argumenten verbirgt, oder ob die Bewertung den einzelnen Akteuren überhaupt nicht bewusst wird: überall dort, wo Handlungen auch anders hätten ausfallen können, wo z.B. bewusste oder unbewusste Entscheidungen zugunsten des Bargeldautomats, gegen den Erwerb von Biogemüse und für die Bezahlung der scanner-erstellten Rechnung getroffen werden, überall dort werden von den handelnden Personen vielerlei subjektive Bewertungen vorgenommen, deren Zustandekommen, Ausprägung und Handlungsrelevanz wichtige Themen der sozialwissenschaftlichen Einstellungsforschung sind.

Dementsprechend werden in der hier vorgestellten Untersuchung zentrale Erklärungsmodelle der kognitiven Einstellungsforschung genutzt, um die Formierung von individuellen, subjektiven Bewertungen einiger alltagsrelevanter Technikanwendungen zu analysieren. Dabei werden die Befragungsergebnisse einer Survey-Erhebung ausgewertet, die wir 1998 unter den Personen einer Zufallsstichprobe aus der deutschen Bevölkerung durchführten.[1]

Als Technikanwendungen wurden für die hier angestrebte Analyse drei Anwendungen aus dem Bereich der „neuen Gentechnik" ausgewählt: die gentechnische Modifikation von Lebensmitteln (Obst und Gemüse), die Gentherapie zur Heilung schwerer Erkrankungen (z.B. Krebsleiden) und die Gentherapie zur Heilung leichter Erkrankungen (z.B. Erkältungen). Für die Auswahl gerader dieser drei Anwendungsbereiche der Gentechnik gibt es einige theorie-bezogene und einige empirische Argumente (dazu mehr in Kap. 3.1 und 3.2). Für die Auswahl der Gentechnik als Technikbereich, dessen Anwendungen exemplarisch zur Untersuchung der Leistungsfähigkeit von kognitiven Einstellungsmodellen für die Analyse von subjektiven Technikbewertungen genutzt werden soll, sprechen vor allem drei Argumente:

(1) Die Gentechnik betrifft den Kern der neuen Biowissenschaften, die als neue wissenschaftlich-technische Leitdisziplin am umfassendsten (von medizinischen bis zu informationstechnischen Anwendungen) und am weitreichendsten (von Eingriffen in embryonale Stammzellen bis hin zu kollektiven Wertevorstellungen) die zukünftigen individuellen, materiellen und gesellschaftlichen Lebensbedingungen prägen werden.

(2) Über die Inhalte von Verfahren und Anwendungen, aber auch über den Sinn und Unsinn gentechnischer Anwendungen wird seit einigen Jahren in einem breiten, massenmedial vermittelten Diskurs argumentiert und befunden. Dadurch wurden bzw. werden die vorhandenen und potenziellen Anwendungen sowie verschiedenste Bewertungsmöglichkeiten dieser Technik öffentlichkeitswirksam bekannt und erreicht diese Zukunftstechnik ein Maß von gesellschaftspolitisch relevanter Transparenz und Aufmerksamkeit, das bislang in der Vergangenheit allein von der Kernenergie erreicht wurde.

(3) Über die Nutzung bzw. Nutzungsabsicht von aktuellen und möglichen Anwendungen der Gentechnik kann individuell von einzelnen Akteuren entschieden werden, so dass damit Handlungsabsichten und faktisches Handeln zu verbinden ist (z.B. der Einkauf gentechnisch veränderter Lebensmittel, z.B. der Gebrauch gentechnisch erzeugter Medi-

---

1) Vgl. dazu die Informationen in den Kapiteln A1 und A2 (im Anhang).

kamente). Dadurch werden wichtige Voraussetzungen für die Anwendung kognitiver Einstellungs-Handlungs-Modelle erfüllt (dazu mehr im Folgenden).

Die so genannte „Theorie des überlegten Handels" (orig.: „theory of reasoned action" und im Folgenden kurz „TRA-Modell" genannt)[2] und die „Theorie des geplanten Verhaltens" (orig. „theory of planned behavior" und im Folgenden kurz „TPB-Modell" genannt)[3] sind in der sozialpsychologischen und soziologischen Einstellungsforschung die gebräuchlichsten Modelle zur Analyse von Ein-stellungs-Verhaltens-Beziehungen. Sie werden auch in der vorliegenden Studie als Ausgangspunkt aller theoretischen und empirischen Analysen dienen (dazu vor allem Kap. 2.1). Denn durch Gebrauch dieser Theoriemodelle zur Untersuchung der subjektiven Bewertung von Technikanwendungen, wird nicht mehr allein nach den Gründen und der Funktionsweise eines einzigen Bewertungsvorgangs geschaut, sondern es können nunmehr mehrere Teilprozesse von Technikbewertung unterschieden werden, von denen jeder für sich alleine genommen individuelle Beurteilungen durch die beteiligten Akteure erforderlich macht:

Personen müssen bereits wichtige Urteile treffen, wenn sie eine subjektive Informationsbasis für die Herausbildung von bewertenden Einstellungen gegenüber einer Technikanwendung entwickeln und nutzen wollen. Dabei können sie darüber entscheiden, welche Produktaspekte der Technikanwendung ihnen überhaupt wichtig sind. Sollen z.B. für den Erwerb von gentechnisch verändertem Obst und Gemüse die damit möglicherweise verbundenen gesundheitsbezogenen Risiken oder praktische Gesichtspunkte, wie z.B. deren verlängerte Frische und Haltbarkeit, eine Rolle spielen? Oder ist dafür die Meinung von Freunden und Bekannten wichtig, mit denen über „Einkaufsschnäppchen" gesprochen wird? Oder gar die Stellungnahme der Umweltbundesbehörde, die aus der letzten Tagesschausendung noch im Ohr geblieben ist?

In jedem Falle strukturiert die Wahrnehmung bzw. Erinnerung von entscheidungsrelevanten Informationen die kognitiven Randbedingungen einer Entscheidungssituation, die damit nicht nur zu einer bestimmten Bewertung der Technikanwendung führen kann, sondern die auf diese Weise bereits selbst das Ergebnis von vorgelagerten Bewertungen ist.

In unseren folgenden Analysen haben wir nicht für jede befragte Person untersucht, welche nutzenbezogenen und welche sozial-orientierten Produktaspekte einer Technikan-

---

2) Vgl. Fishbein/Ajzen 1975.
3) Vgl. Ajzen 1985, 1988, 1993.

wendung für sie von besonderem Interesse bzw. besonders beachtenswert sind (d.h. eine hohe personale „Salienz" aufweisen). Statt dessen haben wir die so genannten „modalsalienten" Handlungsaspekte ermittelt und in die Einstellungsanalyse einbezogen. Das sind diejenigen Produktaspekte, die für die Mehrheit aller befragten Personen eine hohe Salienz haben. Dazu gehören im Falle der Anwendung gentherapeutischer Verfahren zur Behandlung einer schweren Krankheit z.B. Aspekte von deren Wirksamkeit und deren moralischer Vertretbarkeit, aber eben nicht Aspekte ihres vermuteten Preis-Leistungs-Verhältnisses oder ihrer politischen Erwünschtheit. Denn letztere sind handlungsbezogene Produktaspekte, die zwar für einzelne Akteure aber nicht für die Mehrheit der untersuchten Personen wichtig sind.

Empirische Analysen zur Bewertung von Technikanwendungen durch Wahrnehmung und Wissensnutzung finden sich insbesondere in den Kapiteln 3.1 und 3.2.

Ein weiterer entscheidungsrelevanter Urteilsprozess betrifft die subjektive Gewichtung von Produkt- bzw. Handlungsaspekten. Wenn die für eine mögliche Handlung (hier z.B. für den Erwerb von gentechnisch veränderten Lebensmitteln) als bedeutsam erachteten Produktaspekte einmal ausgewählt bzw. bewusst geworden sind (hier z.B. die lange Haltbarkeit des gentechnisch modifizierten Gemüses), so kann ein nächstfolgender Bewertungsschritt darin bestehen, dass die Bedeutsamkeit der entsprechenden Produktaspekte für die anstehende Handlungsentscheidung bewertet wird. Dann kann sich ein Käufer z.B. danach fragen, wie wichtig ihm ein bestimmter Produktaspekt ist und wie sehr er überhaupt davon überzeugt ist, dass dieser Produktaspekt für die zur Auswahl anstehende Handlungsalternative zutrifft.

Solche Bewertungen werden in den kognitiven Einstellungsmodellen von TRA- und TPB-Ansatz als „Werterwartungen" thematisiert und in Form von empirisch zu ermittelnden Erwartungswerten analysiert. Diesbezügliche Analysen stellen wir schwerpunktmäßig in den Kapiteln 3.3 und 3.4 vor. Dort wird die Herausbildung von technikrelevanten Erwartungswerten sowohl bei nutzenbezogenen Überzeugungen untersucht, die z.B. hinsichtlich der geschmacklichen Qualität von Lebensmitteln bestehen, als auch bei so genannten „norm-affinen" Überzeugungen thematisiert. Zu diesen norm-affinen Überzeugungen gehören die wahrgenommenen und (potenziell) konformitätserzeugenden Erwartungen anderer Personen und Gruppen aber auch die Technikeinschätzungen von gesellschaftlichen Institutionen und Organisationen, deren Meinung für die Entscheidungsakteure wichtig ist. Als entscheidungsrelevant für Technikbewertungen ermittelten wir z.B. die wahrgenommenen Erwartungen von guten Freunden und Bekannten sowie die wahrgenommenen Technikeinschätzungen von Verbraucherschutzverbänden, Gesundheitsbehörden und medizinischen Experten.

Im Zentrum von kognitiven Einstellungsmodellen stehen diejenigen Wertungen, die in Form von intra-individuell verankerten Einstellungen handlungsrelevant werden. Einstellungen gegenüber dem individuellen Einsatz von gentechnisch erzeugten Medikamenten oder dem individuellen Konsum von gentechnisch modifiziertem Obst und Gemüse werden in diesen Einstellungsmodellen daraufhin untersucht, ob sie von subjektiv relevanten Wissensbeständen über diese Anwendungen beeinflusst werden, und ob die Einstellungen selbst wiederum die Herausbildung von bestimmten Handlungsabsichten beeinflussen können.

So wird zunächst danach gefragt, welche Bedeutung die subjektiv relevante Wissensbasis (in Form einer Vielzahl von bewerteten Handlungs- bzw. Produkt-Überzeugungen) für die Ausprägung von individuellen Technikeinstellungen hat. Auf diese Weise können dann die Effekte von Erwartungswerten, also die gemeinsamen Effekte von subjektiver Wichtigkeit und subjektiver Wahrscheinlichkeit, mit der z.B. eine längere Haltbarkeit von gentechnisch modifizierten Lebensmitteln angenommen wird, für die Entstehung von generalisierten Einstellungen gegenüber gentechnischen Anwendungen im Bereich der Lebensmittelerzeugung ermittelt werden.

Zudem wird danach gefragt, ob die derart beeinflussten Einstellungen, die ja handlungsorientierend wirken sollten, auch tatsächlich bestimmte Effekte auf der Handlungsebene erzeugen. Dabei betreffen diese Effekte in unseren Untersuchungen nicht die faktische Ausführung einer bestimmten Konsumhandlung, sondern die Bereitschaft zu solch einer Handlung. Auf diese Weise kann die individuelle Absicht, eine entsprechende Technikanwendung in der Zukunft bzw. bei zukünftiger Bereitstellung zu nutzen, auch als Indikator der konativen Dimension von Einstellungen betrachtet werden, so dass dadurch eine weitere Bewertung von Technikanwendungen im Kontext kognitiver Einstellungsmodelle analysierbar wird.

Die Ergebnisse dieser empirischen Analysen werden schwerpunktmäßig in den Kapiteln 3.3 bis 3.6 vorgestellt. In allen diesen Kapiteln steht die Formierung von Einstellungen gegenüber neuen Technikanwendungen im Mittelpunkt unserer Untersuchungen.

Die Bewertungen von Technikanwendungen, so wie wir sie hier im Kontext der kognitiven Einstellungsmodelle von TRA und TPB kurz vorgestellt haben, werden in diesen Modellen als Ergebnis von systematisch ablaufenden, rational-abwägenden

Urteilsprozessen angesehen. Dies entspricht einer grundsätzlichen Annahme dieser Modelle, nach der in der sozialwissenschaftlichen Analyse zunächst in idealtypischer Weise (und möglicherweise vollkommen an der empirischen Wirklichkeit vorbei) nach der Einflussstärke von rational-systematischen Prozessen der Informationsverarbeitung in der Einstellungsbildung gesucht werden sollte. Erst, wenn auf dieser Analyseebene keine ausreichend erklärungskräftigen Modelle entwickelt werden können, sollten nach dieser Annahme in einem Verfahren abnehmender Abstraktion zusätzliche Modifikationen an den Erklärungsmodellen vorgenommen werden. Diese sollten dann aber noch immer möglichst sparsam ergänzt werden, so dass die Erklärungsleistung der modifizierten Modelle so effizient wie möglich gesteigert wird.

In unseren Untersuchungen wird die rein kognitiv-rationale Logik von Einstellungsmodellen an drei wichtigen Stellen (u.a.) modifiziert, um eine verbesserte Erklärung der Herausbildung von Technikbewertungen zu erreichen:

Zunächst gehen wir davon aus, dass rational-abwägende Bewertungen in einem mentalen Kontext von bereits bestehenden Wertorientierungen und vielfältigen evaluativen Schemata erfolgen. Personen, die mit gentechnischen Anwendungen konfrontiert werden, können z.B. ein stark ausgeprägtes Umweltbewusstsein besitzen oder können u.U. sehr „technikgläubig" sein. Für solche Personen werden dann allgemeine Wertorientierungen, die zunächst nicht unmittelbar und ausschließlich mit der Gentechnik verbunden sind, für die Bewertung bestimmter Anwendungen der Gentechnik eine wichtige Rolle spielen. So werden Personen mit einem hohen Umweltbewusstsein alle Anwendungen der Gentechnik zur Modifikation von Obst und Gemüse eher ablehnen als Personen, denen Umweltbelange im Allgemeinen nicht so viel bedeuten.

Solche Effekte von allgemeinen Wertorientierungen auf die Bewertung von Technikanwendungen werden auch von den reinen Erwartungswertmodellen der Einstellungsbildung, wie der TRA, nicht bezweifelt. Allerdings postulieren diese Modelle in aller Regel, dass solche Effekte nur über Prozesse einer abwägenden Informationsverarbeitung und nicht unmittelbar, d.h. unabhängig davon, wie produktbezogene Erwartungswerte gebildet werden (s.o.), auf die bewertende Einstellungsbildung einwirken können. Danach wären diese Effekte also dem eigentlichen Prozess der Technikbewertung vorgeordnet und könnten die einstellungsgebundene Bewertung von neuen Technikanwendungen überhaupt nicht in direkter Weise treffen.

Wenn z.B. die Erfolgswahrscheinlichkeit dafür, dass eine Gentherapie eine heilende Wirkung bei schweren Erkrankungen hat, als äußerst gering bzw. nahe null eingeschätzt wird, dann hätte nach dieser Modellannahme der statistisch berechnete Erwartungswert einer Produkteigenschaft der Gentherapie auch einen Wert nahe null, und dann könnte somit der Einfluss eines stark ausgeprägten Technik-Optimismus, der prinzipiell nur über den Erwartungswert aber nicht an ihm vorbei wirken kann, nicht an die Einstellungsbildung weitergeleitet werden.

Ob diese Modellannahme durch die empirische Beobachtung und die statistische Analyse zu bestätigen ist, oder ob wir an dieser Stelle eine Modell-Modifikation vornehmen müssen, werden wir in Kap. 3.5 diskutieren.

Eine weitere mental-evaluative Einbettung des rational-abwägenden Bewertungsprozesses thematisieren so genannte „Prozessmodelle" der Einstellungsforschung (dazu ausführlich Kap. 2.2). Diese postulieren, dass Entscheidungsprozesse (und damit auch alle Bewertungsprozesse) nur dann in systematisch-rationaler Weise ablaufen werden, wenn dazu bestimmte kognitive und motivationale Bedingungen erfüllt sind. Insbesondere müssen danach Personen die Motivation für eine rationale Kosten-Nutzen-Abwägung aufbringen sowie über geeignete kognitive Fähigkeiten zur reflexiven Informationsverarbeitung verfügen.

Wenn also Personen bestimmte neuartige Technikanwendungen, wie z.B. den Einsatz von Gentherapien, in rational-abwägender Weise bewerten sollen, dann werden sie dies sicherlich nicht tun, wenn sie an dem Thema „Gentherapie" überhaupt kein Interesse haben. Genau so wenig werden sie bei ihrer Technikbewertung verschiedenste Pro- und Contra-Argumente zur Gentherapie gegeneinander abwägen, wenn sie keinerlei inhaltliche Vorstellungen mit dem, was eine Gentherapie ausmacht, verbinden können. Nur wenn beides, die Motivation und die Fähigkeit, vorhanden ist, ist es nach den Annahmen der Prozessmodelle wahrscheinlich, dass es zu einer rationalen Entscheidungsfindung und damit auch zu einer rationalen Technikbewertung bei Personen kommt, die mit einem entsprechenden Entscheidungsproblem konfrontiert sind.

Natürlich ist es bei fehlender Motivation und mangelnder Fähigkeit durchaus möglich, dass die betreffenden Personen auch stabile Einstellungen bzw. einstellungsgebundene Bewertungen gegenüber einer Technikanwendung aufweisen können. Dann sollten entsprechend der Annahmen von Prozessmodellen diese Einstellungen allerdings aufgrund „nicht-rationaler" Entscheidungsprozesse entstanden sein. Sie könnten sich dann z.B. auf Grund von Bewertungen nach den oben erwähnten, allgemeinen evaluativen Schemata bzw. universellen Wertorientierungen entwickelt haben.

Ob dies tatsächlich so ist, und wie stark ggf. die moderierenden Effekte von Motivation und Fähigkeit auf den Prozess der Einstellungsbildung sind, überprüfen wir in Kapitel 3.6. Dort werden zwei unterschiedliche „Routen" der Informationsverarbeitung bei Technikbewertungen diskutiert, nämlich eine elaborierte bzw. systematisch-abwägende Route und eine spontane bzw. eher automatisch ablaufende Route der Verarbeitung von technikrelevanten Informationen.

Wie wäre es aber zu erklären, wenn Personen eine hohe Motivation und geeignete Fähigkeiten zur rationalen Technikbewertung aufweisen, diese aber dennoch für ihre Einstellungsbildung zu einer bestimmten Technikanwendung nicht nutzen? Müsste dann ein entsprechendes Prozessmodell aufgegeben werden, oder könnte es noch in theoretisch überzeugender Weise modifiziert werden?

Eine Antwort auf diese Frage werden wir bei funktionalen Modellen der Einstellungsforschung suchen (dazu ausführlich in Kap. 2.2) und diese auch in der statistischen Analyse überprüfen (Kap. 3.6). Denn in der funktionalen Einstellungsforschung wird durchaus plausibel herausgestellt, dass es nicht „die" eine einzige Motivation zur Herausbildung und Aufrechterhaltung einer Einstellung gibt, sondern dass Einstellungen unterschiedlichste Funktionen für die Handlungsorientierung von Personen übernehmen können.

Funktionsmodelle der Einstellungsforschung kritisieren, dass Prozessmodelle allein an der instrumentellen Funktion von Einstellungen interessiert sind. Sie analysieren demnach die Funktion von Einstellungen ausschließlich unter dem Gesichtspunkt einer „korrekten" Wahrnehmung und Bewertung von Einstellungsobjekten. Und dabei würden sie vergessen, dass Personen ihre Einstellungen auch zu anderen Zwecken nutzen können. Einstellungen können z.B. auch wertexpressive Funktionen oder Funktionen der „Ich-Verteidigung" übernehmen. Personen, die dementsprechend motiviert sind, geht es bei einer Technikbewertung nicht um die Bewertung verschiedenster Produktaspekte zur Erreichung eines anwendungsspezifischen Handlungsziels (bei der Gentherapie u.a. die Krankheitsheilung), sondern ihnen geht es u.U. um die erkennbare Präsentation ihrer selbst als „ökologisch bewusster Typ" oder als „fortschrittlicher, allem technisch Machbaren gegenüber aufgeschlossener" Zeitgenosse. In diesen Fällen wäre zwar eine hohe Motivation und möglicherweise auch die Fähigkeit zur rationalen Informationsverarbeitung gegeben, aber dennoch ließe sich diese u.U. empirisch nicht nachweisen, weil die vorhandene Motivation keine instrumentelle, sondern eine wert-expressive bzw. identitätsbildende Einstellungsfunktion begünstigt.

Diesbezügliche Analyseresultate werden wir in Kapitel 3.6 vorstellen.

Fassen wir zusammen: In der vorliegenden Studie geht es um Aufklärung darüber, in welcher Weise und mit welchem Erfolg kognitive Einstellungsmodelle dazu genutzt werden können, um die Herausbildung von subjektiven Technikbewertungen möglichst theoriebezogen, umfassend und effizient zu erklären.

Um dies herauszufinden, werden wir die Ergebnisse von empirisch-statistischen Analysen diskutieren, bei denen wir uns in exemplarischer Weise auf die einstellungsgebundene Bewertung von Anwendungen der modernen Gentechnik konzentriert haben. Zudem werden wir nur solche Technikbewertungen analysieren, die mittels der Methoden der empirischen Surveyforschung in einer Zufallsstichprobe von Personen aus der deutschen Wohnbevölkerung zu ermitteln waren.

In der empirischen Analyse werden wir zunächst von der Gültigkeit eines rein kognitiven Grundmodells der Technikbewertung ausgehen, das nach zentralen Annahmen der klassischen TRA- und TPB-Forschung spezifiziert wird. Die Leistungsfähigkeit eines solchen Modells wird mittels einer komplexen statistischen Analysetechnik (vgl. Kap. A3) in drei Anwendungsbereichen der Gentechnik ermittelt, und es wird sodann versucht, die Leistungsfähigkeit zu verbessern, indem mehrere Modell-Modifikationen nach den Vorgaben von alternativen Theorierichtungen der Einstellungsforschung vorgenommen werden.

Auf diese Weise will die vorliegende Studie sowohl einen Beitrag zum Verständnis von kognitiven Mechanismen der subjektiven Technikbewertung als auch einen Beitrag zur Weiterentwicklung von theoretischen Modellen der allgemeinen Einstellungsforschung liefern.

# 2 Theoretische Modelle zur kognitiven Analyse von Einstellungen

## 2.1 Strukturmodelle

Die bekanntesten Strukturmodelle der Einstellungsforschung basieren auf dem Konzept des subjektiv erwarteten Nutzens und sind als solche der Neoklassik zuzurechnen. Einstellungen und letztendlich auch Verhalten werden nach dieser Sichtweise durch individuelle Kosten-Nutzen-Überlegungen determiniert.

Die folgenden Ausführungen setzen sich mit den beiden bekanntesten Modellen dieser Forschungsrichtung auseinander: der Theorie des überlegten Handelns (theory of reasoned action, vgl. Fishbein/Ajzen 1975, im Folgenden als "TRA" bezeichnet) und der Theorie des geplanten Verhaltens (theory of planned behavior, vgl. Ajzen 1985, im Folgenden als "TPB" bezeichnet). Beide dominieren seit Jahrzehnten die empirische Einstellungsforschung.

In unserer Darstellung werden diese beiden Werterwartungsmodelle grundlegend vorgestellt, wobei auch Modifikationen und Erweiterungen der TRA und TPB berücksichtigt werden.

In älteren Modellen der Einstellungsforschung - und hier ist insbesondere an das lange Zeit dominierende Dreikomponentenmodell zu denken (vgl. Rosenberg/Hovland 1966) - wurde per Definition ein direkter und enger Zusammenhang zwischen Einstellung und Verhalten unterstellt. Jedoch war diese Annahme vor dem Hintergrund der empirisch gefundenen Zusammenhänge zwischen Einstellung und Verhalten nicht aufrechtzuerhalten, was dazu führte, dass Zweifel an der Einstellungsforschung insgesamt aufkamen (vgl. Wicker 1969). Aus dieser Krise wurde die Einstellungsforschung vor allem von Fishbein und Ajzen (1975) mit ihrem TRA-Modell geführt. Wie wir noch im einzelnen zeigen werden, lösen sie u.a. die definitorische Gleichsetzung von Einstellung und Verhalten dadurch auf, dass sie die kognitive, affektive und konative Komponente des Dreikomponentenmodells in Form eines Kausalmodells reorganisieren. Ferner wird die Einstellung in der TRA nicht als alleinige Determinante der Handlung(sintention) angesehen und anstatt der "globalen" Einstellung gegenüber dem Objekt wird nunmehr allein die Einstellung gegenüber dem Verhalten im Modell berücksichtigt. So erweist sich die TRA als ein einheitliches theoretisches Modell, mit dessen Hilfe verschiedenste Handlungen aus unterschiedlichsten Verhaltensdomänen in befriedigender Weise erklärt werden können.

Abbildung 2.1: Grundstruktur der Theorie des überlegten Handelns (TRA) (nach Ajzen/Fishbein 1980: 84)

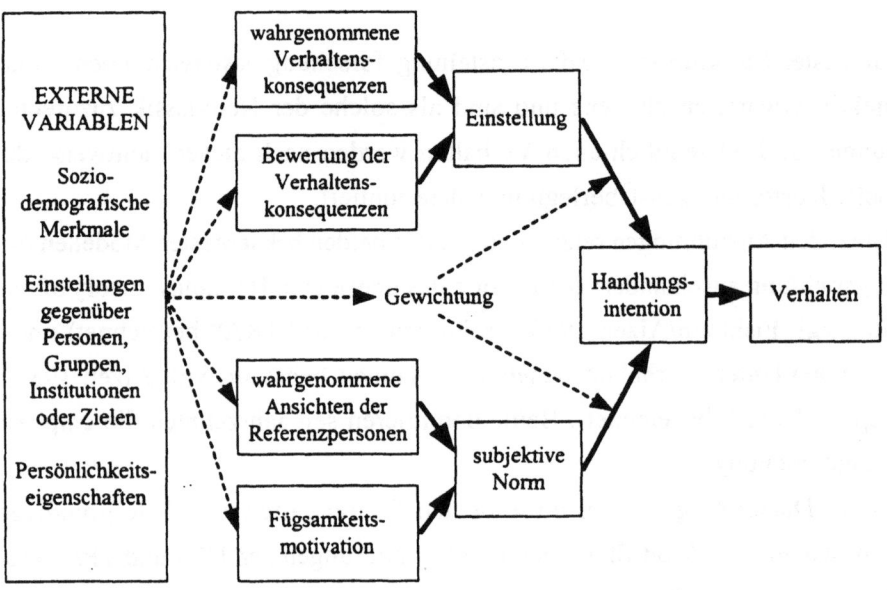

Nach dem Theoriemodell der TRA wird der Einfluss von Einstellungen auf Verhalten durch Handlungsintentionen vermittelt. Allein die Intentionen bzw. Handlungsabsichten (als unmittelbare Determinanten des Verhaltens) werden durch Einstellungen und durch die Wahrnehmung sozialer Normierung beeinflusst (vgl. Abb. 2.1). Personen, die eine positive Einstellung gegenüber einer spezifischen Handlungsweise haben und die einen sozialen Druck zur Ausführung der in Frage stehenden Handlung verspüren, bilden demnach auch diesbezügliche Handlungsintentionen aus. Die Einstellungen werden ihrerseits durch erwartete Verhaltenskonsequenzen (behavioral beliefs) und deren Bewertung (behavioral evaluations) beeinflusst. Und sozialer Druck, der zusätzlich die Entstehung einer bestimmten Handlungsintention beeinflusst, wird im Modell erklärt durch die Wahrnehmung der Meinung(en) relevanter Bezugspersonen oder -gruppen (normative beliefs) und die Motivation, diesen Ansichten auch Folge zu leisten (motivation to comply).

## 2.1 Strukturmodelle

Konzeptionell sind im TRA-Modell alle Bestandteile einer dreidimensionalen Einstellungsdefinition[1] repräsentiert, werden aber kausal miteinander verknüpft. Demnach ist Handeln durch die Intention bedingt, welche die konative Einstellungskomponente darstellt. Die Intention ist wiederum determiniert durch die Einstellung. Sie repräsentiert die affektive Einstellungskomponente. Diese ist durch die wahrscheinlichen Konsequenzen des fraglichen Handelns und die Bewertung dieser wahrgenommenen Konsequenzen determiniert, wodurch die kognitive Komponente des Einstellungsmodells repräsentiert wird. Insgesamt betrachtet, werden Einstellungen im TRA-Modell also im wesentlichen als Bewertungen wahrgenommener Handlungsfolgen aufgefasst.

Die Vorstellung von Einstellungen als Bewertung erwarteter Verhaltenskonsequenzen und die kausale Verknüpfung von Einstellungen mit Handlungsintentionen ermöglicht einen engen Bezug zwischen dem TRA-Modell und der Theorie des subjektiv erwarteten Nutzens und rückt somit das Modell in die Nähe neoklassischer Ansätze. Die TRA lässt sich demnach so verstehen, dass Menschen vernunftbegabte Individuen sind, die sich Gedanken über ihre Ziele und Chancen machen, gemäß ihrer Einsichten eigene Pläne ausarbeiten und anschließend versuchen, diese in die Tat umzusetzen. "We do not subscribe to the view that human social behavior is controlled by unconscious motives or overpowering desires, nor do we believe, that it can be characterized as capricious or thoughtless." (Ajzen/ Fishbein 1980: 5) Im Unterschied zur Neoklassik wird jedoch nicht davon ausgegangen, dass die Individuen über vollständige Informationen verfügen. Das Phänomen der "bounded rationality" (Simon 1981) wird in die TRA integriert, indem nur verfügbare (bzw. saliente) Informationen in das Kosten-Nutzen-Kalkül der Entscheidungsträger eingehen.

Die Art bzw. Richtung der Handlungsintention, die eine Person ausbildet, hängt auch von der relativen Gewichtung subjektiver Normen und Einstellungen ab. Bei Verhaltensweisen, die öffentlich beobachtbar sind, dürften normative Gesichtspunkte einen größeren Einfluss auf die Ausbildung von Intentionen ausüben, als dies bei Verhaltensweisen der Fall sein kann, die nicht von Dritten beobachtet oder kontrolliert werden können. Ebenso können Persönlichkeitseigenschaften einen großen Einfluss auf die Gewichtung der beiden Modellkonstrukte ausüben. All diese Faktoren werden in der TRA jedoch als externe Variablen behandelt. Sie üben keinen direkten Einfluss auf Intentionen aus, sondern werden an diese über die anderen Modellkonstrukte bzw. die Modellstruktur vermittelt weitergegeben.

---

1) Vgl. Rosenberg/Hovland 1966.

Auf einen zentralen Aspekt der TRA sei hier nochmals ausdrücklich hinzuweisen. Innerhalb des Modells wird die Einstellung ausschließlich verhaltensbezogen und nicht objektbezogen berücksichtigt. Der Vorteil dieser oft kritisierten Fokussierung auf verhaltensbezogene Einstellungen liegt darin, dass dadurch in der Einstellungsanalyse recht hohe Einstellungs-Verhaltens-Bezüge hergestellt werden können. Denn Einstellungen gegenüber Objekten hängen nur sehr bedingt mit Verhaltensweisen zusammen, die in Verbindung mit diesen Objekten stehen. So können Personen mit identischen "globalen" Einstellungen (Einstellungen gegenüber Objekten) völlig verschiedene Verhaltensweisen an den Tag legen, selbst wenn diese in noch so enger Beziehung zum fraglichen Objekt stehen. Einstellungen gegenüber Ojekten werden daher in der TRA als externe Variablen behandelt, deren Einfluss auf Intentionen oder Verhalten über die modellinternen Komponenten und die Gewichtung dieser Modellkomponenten vermittelt werden.

Die Gleichsetzung von Intention und Handlung schränkt den Anwendungsbereich der TRA auf Verhaltensweisen ein, die ausschließlich der willentlichen Kontrolle der Individuen unterliegen. Handlungen, deren Ausführung auch Voraussetzungen erfordern, die über rein motivationale Aspekte hinausgehen, können mit diesem Modell nur eingeschränkt vorhergesagt werden. Denn wenn der Umsetzung einer Handlungsintention externe Hindernisse entgegen stehen, wird das vorhergesagte Verhalten nicht ausgeführt. In einer aggregierten Betrachtungsweise führt dies dann zu einer verringerten Intentions-Verhaltens-Korrelation.

Um den Anwendungsbereich der TRA auch auf Verhaltensweisen auszudehnen, die nicht rein motivational bestimmt sind, erweiterte Ajzen (1985) das TRA-Modell mittels der zusätzlichen Theorie-Komponente der "wahrgenommenen Verhaltenskontrolle" zur Theorie des geplanten Verhaltens (TPB).

Berücksichtigt wird mit dieser Erweiterung (vgl. Abb. 2.2), dass Intentionen immer dann schlechte Verhaltensprädiktoren sind, wenn das in Frage stehende Verhalten seitens der Einstellungsträger nur eingeschränkt kontrolliert werden kann. Denn Intentionen stellen nur den Versuch einer Handlungsausführung dar. Wird die Intention nicht in eine Handlung überführt, so kann dies u.U. daran liegen, dass das fragliche Verhalten nicht der willentlichen Kontrolle des Akteurs unterliegt.

Die wahrgenommene Verhaltenskontrolle repräsentiert Überzeugungen darüber, wie leicht oder wie schwer ein fragliches Verhalten ausgeführt werden kann. Ihre Determinanten sind sowohl interne Kontrollfaktoren (control beliefs), wie z.B. personale Fähigkeiten

(Intelligenz, Kraft oder Geschicklichkeit), als auch externe Kontrollfaktoren, wie z.B. die Verfügbarkeit über materielle und soziale Ressourcen, die Kooperation anderer Personen oder die prinzipielle Machbarkeit des Vorhabens. Grundlage der Kontrollüberzeugungen können persönliche Erfahrungen oder auch Beobachtungen von Erfahrungen anderer Personen sein.

Die wahrgenommene Verhaltenskontrolle übt im TPB-Modell einen direkten Einfluss auf Intentionen aus. Individuen bilden demnach dann Handlungsabsichten aus, wenn sie der Ansicht sind, dass sie das fragliche Verhalten auch tatsächlich ausüben können. Folglich werden Personen, die zwar positive Einstellungen gegenüber einer Handlung haben und auch von der sozialen Erwünschtheit der Handlung überzeugt sind, keine positive Handlungsintention ausbilden, wenn sie davon ausgehen, das entsprechende Verhalten nicht ausüben zu können. Dabei können sich auch subjektive Normen, Einstellungen und wahrgenommene Verhaltenskontrolle wechselseitig beeinflussen, so dass die Einflüsse wahrgenommener Verhaltenskontrolle zusätzlich über die beiden anderen Modellkomponenten vermittelt werden können (vgl. Ajzen/Madden 1986).

In der späteren Fassung des TPB-Modells (Ajzen/Madden 1986) wird zudem ein kausaler Zusammenhang des neuen Konstrukts mit dem Verhalten selbst aufgenommen. Dementsprechend wird immer dann, wenn die wahrgenommene Verhaltenskontrolle nicht mit den tatsächlichen Kontrollmöglichkeiten übereinstimmt (die zur Verfügung stehenden Ressourcen also nicht "realistisch" eingeschätzt werden), der Kontrolleffekt nicht über Intentionen vermittelt, sondern wirkt sich direkt auf die Handlung aus. Streng genommen handelt es sich dann aber nicht mehr um eine wahrgenommene, sondern um eine tatsächliche Verhaltenskontrolle. Dies bemerken auch die Autoren des Modells, argumentieren aber, dass die tatsächliche Verhaltenskontrolle fast unmöglich zu operationalisieren sei.

Verschiedene Metaanalysen haben die empirische Potenz insbesondere der TRA zur Einstellungsanalyse nachgewiesen. Ajzen's eigene Metaanalyse (Ajzen 1991) attestiert der TPB gute statistische Kennwerte. In 16 analysierten Studien lagen die multiplen Korrelationen zwischen den Modellvariablen einerseits und der Verhaltensintention andererseits im Durchschnitt bei 0.71. Andere Metaanalysen fanden geringfügig bis deutlich niedrigere, aber immer noch befriedigende statistische Kennwerte. So untersuchten Sheppard, Hartwick und Warshaw (1988) insgesamt 87 Studien, die die TRA einsetzten, und fanden eine gewichtete mittlere multiple Korrelation von 0.66 zwischen den Modellvariablen und der Handlungsintention. Die anhand der TRA modellierte Intention wies dabei einen mittelstarken Zusammenhang mit berichtetem und beobachtetem

Verhalten auf (gewichtete mittlere multiple Korrelation von R = .53). Noch bessere Noten bekam die TRA in der Metaanalyse von Van den Putte (1991): in 150 Studien lag die Korrelation für den Zusammenhang zwischen den Modellvariablen und der Verhaltensintention im Durchschnitt bei 0.68, und für den Zusammenhang zwischen Verhalten und Verhaltensintention bei 0.62. Auch Randall/Wolf (1994) bestätigten in ihrer Metaanalyse, dass die TRA beachtlich hohe Korrelationen zwischen den Modellvariablen und der Verhaltensintention erzielt. Allerdings liegt die von ihnen ermittelte durchschnittliche Korrelation von Verhalten und Intention lediglich bei 0.45.

Abbildung 2.2: Das Grundmodell der Theorie des geplanten Verhaltens (TPB)

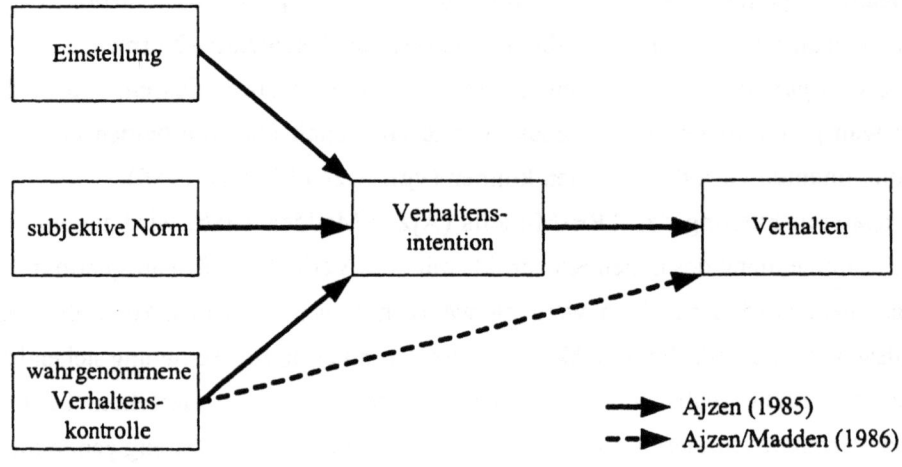

Im Folgenden werden die einzelnen Modellkomponenten der TRA und deren jeweilige operationale Umsetzung ein wenig ausführlicher vorgestellt. Vor dem Hintergrund empirischer Befunde werden kritische Anmerkungen zur operationalen Umsetzung der Modellkomponenten geäußert und alternative Vorschläge dargestellt, die sich jedoch alle im Rahmen des TRA-Modells bewegen. Die Darstellung der Modellkomponenten und deren Verhältnis untereinander sowie die berichteten empirischen Befunde ergeben weitere Anknüpfungspunkt für die theoretischen und empirischen Analysen in den anschließenden Kapiteln.

**ad: Einstellung**

Einstellungen werden in der TRA als Werterwartungen modelliert (vgl. zum Folgenden Gl. 2.1) und sind demnach ein eindimensionales affektives (oder evaluatives) Konstrukt (linke Seite von Gl. 2.1). Einstellungen basieren dabei auf den salienten Informationen der Individuen, d.h. auf deren subjektiven Überzeugungen davon, welche bewerteten Konsequenzen mit einer bestimmten Handlung verbunden sind (vgl. rechte Seite Gl. 2.1).

Die Gleichsetzung der Ausprägung der Einstellung mit der Summe der Werterwartungsprodukte symbolisiert, dass innerhalb der TRA von der Konsistenz zwischen affektiver Einstellung und ihrer informationellen (kognitiven) Basis ausgegangen wird. Die Einstellung ist dann wiederum eine Determinante der Handlungsintention.

Damit wird auch die eingangs angesprochene, kausale Reorganisation des Dreikomponentenmodells deutlich: Die Summe der Werterwartungen ('kognitive Komponente') determiniert die Einstellung ('affektive Komponente'), die wiederum einen direkten Einfluss auf die Handlungsintention ('konative Komponente') hat.

Verhaltensbezogene Einstellungen können also als eine Funktion von erwarteten Verhaltenskonsequenzen beschrieben werden. Diese werden repräsentiert a) durch die von den Individuen wahrgenommenen Wahrscheinlichkeiten, dass eine Handlung bestimmte Konsequenzen nach sich zieht, und b) durch die subjektiven Bewertungen eben dieser Konsequenzen.

Nach der TRA-Modellarchitektonik ist in der empirischen Analyse für jede Verhaltenskonsequenz, die von einer Person in Betracht gezogen wird, ein Wahrscheinlichkeits- und ein Beurteilungswert zu ermitteln, die dann anschließend miteinander zu multiplizieren sind. Die so errechneten Produkte werden über die verschiedenen Handlungskonsequenzen hinweg aufaddiert und bilden einen Summenindex.[2] Einstellungen werden also als Resultat von Informationen betrachtet, die von Individuen über ein fragliches Verhalten gewusst werden:

$$A = \sum_{i=1}^{n} b_i e_i \qquad (Gl.\ 2.1)$$

A: Einstellung zur Handlung;
$b_i$: subjektive Wahrscheinlichkeit, dass die Handlung zum Ergebnis i führt;
$e_i$: Bewertung des Handlungsergebnisses i.

---

2) Zu diesbezüglichen Problemen von Messung, Skalierung und Indexkonstruktion entstand eine methodenbezogene Diskussion. Vgl. Orth 1987, 1988; Schmidt 1973; Hewstone/ Young 1988; Doll/Ajzen/Madden 1991.

Die affektiv verstandene Einstellung (A) wird zumeist mit "direkten" Einstellungsmaßen erhoben (z.B. mittels semantischer Differentiale und einer siebenstufigen bipolaren Kodierung), während die kognitiven Determinanten der Einstellung ($b_i e_i$) zumeist mit sogenannten "indirekten, belief-basierten" Einstellungsmaßen ermittelt werden (häufig unter Verwendung von siebenstufigen bipolaren Ratingskalen sowohl für $b_i$ als auch für $e_i$).

Die von Ajzen (1985) referierten empirischen Befunde zeigen, dass, empirisch betrachtet, enge aber keine perfekten Zusammenhänge zwischen direkten und beliefbasierten Einstellungsmaßen bestehen. Die Korrelationen pendeln zwischen Werten von 0.58 und 0.81.

Diese Befunde decken sich nicht mit der Annahme, dass beide Dimensionen rechnerisch miteinander gleichzusetzen sind (nach Gl. 2.1). Sie verweisen entweder auf theoretische oder operationale Fehler des Theoriemodells. Jedoch scheint die in Abb. 2.1 verdeutlichte, logische Argumentationsstruktur der TRA mit diesen Resultaten besser zu verbinden zu sein: kognitive und affektive Einstellungsdimension sind demnach nicht identisch, sondern allein in kausaler Abfolge aufeinander bezogen.

Jedoch haben die Skalierungsverfahren, die bei der Konstruktion der Werterwartungskomponente angewandt werden, einen großen Einfluss auf die Höhe der Korrelation zwischen direkten und belief-basierten Messungen. Allerdings streitet die Forschung über die Skalierungsmethode, die dem TRA-Modell am ehesten angemessen ist:

Ajzen/Fishbein (1980) sprechen sich zunächst für eine unipolare Messung der Beliefs und eine bipolare Messung der Bewertung aus. Die unipolare Messung der Beliefs würde auch dem Konzept der Wahrscheinlichkeit entsprechen, welches sich hinter den Beliefs verbirgt. An späterer Stelle vertreten die Autoren dann jedoch die Auffassung, auch die Messung der Beliefs mittels bipolarer Skalen durchzuführen, da dies den wünschenswerten Effekt hat, dass etwa das Nichtvorhandensein einer negativen Handlungskonsequenz mit einer positiven Einstellung korrespondiert.

Nach Schmidt (1973) setzt eine logisch bedeutsame multiplikative Interaktion zweier Parameter voraus, dass beide Parameter ratioskaliert sind und dementsprechend einen "wahren" Nullpunkt haben. Denn wird zu intervallskalierten Produkttermen, wie hier vorhanden, eine Konstante addiert, so verschiebt sich deren willkürlicher Nullpunkt, was dazu führt, dass korrelative Beziehungen mit dritten Variablen, hier also mit der affektiv verstandenen Einstellung, instabil werden können.

Hewstone/Young (1988) überprüften in einer Replikationsstudie, inwiefern sich die oben angeschnittenen Kritikpunkte auf verschiedene Einstellungsmodelle auswirken. Als Modellierungen untersuchten sie ein multiplikativ-unipolares sowie ein additiv-unipolares Modell und verglichen die Ergebnisse mit der multiplikativ-bipolaren Modellierung der Einstellung, wie sie von Fishbein/Ajzen (1975) ursprünglich vorgeschlagen wurde. Sie

## 2.1 Strukturmodelle

kommen zum Ergebnis, dass die Korrelationen zwischen der Werterwartungskomponente und den direkt abgefragten Einstellungen in beiden Modellen signifikant höher sind als im Fishbein/Ajzen Modell. Allerdings wurde das von den Autoren verwandte, einfache additive Verfahren kritisiert, da es ohne Gewichtung der einzelnen Einstellungsbestandteile inhaltlich unstimmig erschiene (Orth 1987, 1988).

In einer Replik auf die Einwände von Hewstone/Young (1988) schließen sich Doll/Ajzen/Madden (1991) der Meinung an, dass eine messtheoretisch optimale Skalierung, wie von Orth vorgeschlagen, nicht für alle Einstellungsbereiche zu einer signifikanten Verbesserung der Modellanpassung führt. Über alle Einstellungsbereiche hinweg errechnen die Autoren für die ursprüngliche Fishbein/Ajzen-Modellierung eine mittlere Varianzaufklärung bei der abhängigen Variablen "Intention" von 48,7 Prozent und für die optimal skaliertierte Modellierung eine mittlere Varianzaufklärung von 49,6 Prozent.

Für die Einstellungsbereiche, in denen durch optimale Skalierung eine signifikante Verbesserung der Varianzaufklärung bei der Intention herbeigeführt werden konnte, testeten Doll/Ajzen/Madden (1991) weiterhin Modelle, in denen die Überzeugungsstärke $b_i$ unipolar und die Überzeugungsrichtung $e_i$ bipolar kodiert wurde. In sechs von neun Einstellungsbereichen führte dieser Versuch jedoch nicht zu einer signifikanten Verbesserung der Anpassungsgüte. Die mittleren $R^2$-Werte der Regressionen zur Erklärung von Handlungsintentionen lagen für die bipolar-unipolaren Modelle bei 0.25 und für Modelle der optimal skalierten Variante (bipolar-bipolar) bei 0.26.

Zusammenfassend interpretieren die Autoren ihre Ergebnisse folgendermaßen: In Einstellungsbereichen, in denen abstrakte Objekte im Vordergrund stehen, lassen sich mittels der von Fishbein/Ajzen vorgeschlagenen Skalierungs- und Kombinationsregel (bipolar-multiplikativ ohne Gewichtung) befriedigende Korrelationen berechnen, die auch inhaltlich sinnvolle Interpretationen im Sinne einer Werterwartungsmodellierung ermöglichen. In Einstellungsbereichen, in denen eindeutig die Verhaltenskomponente im Vordergrund steht, sollte am besten eine bipolare Kodierung von $e_i$ und eine unipolare Kodierung von $b_i$ eingesetzt werden. Bei Einstellungsobjekten, die fast durchweg negativ oder positiv bewertet werden, sollte eine Sonderregel berücksichtigt werden. Sie lassen sich am besten durch unipolare Skalierungen von $b_i$ und $e_i$ repräsentieren (nach Doll/Ajzen/Madden 1991: 109f)

Diesen Annahmen wiederum widersprechen die Befunde von Sparks/Hedderly/Shepherd (1992). Aufsummierte, multiplikative Werterwartungskomponenten, die mit Hilfe bipolarer Messungen von Beliefs und Evaluationen gewonnen wurden, scheinen, so die Ergebnisse ihrer Studie, in der Regel höher mit direkt gemessenen Einstellungen zu korrelieren. Von 13 durchgeführten Modellvergleichen führten 10 bipolar skalierte Belief-Kodierungen zu höheren Korrelationen zwischen belief-basierten und direkt gemessenen Einstellungen als unter Verwendung entsprechender unipolarer Skalierungen. In ihrer Studie konnten auch keine Zusammenhänge zwischen diesen Ergebnissen und Einstellungsbereichen oder Skalenpräsentationen gefunden werden (wie dies in den letztgenannten Studien angenommen wurde). In Bezug auf die Ergebnisse von Hewstone/Young (1988) stellen Sparks et al. in 9 von 13 Fällen signifikant höhere Korrelationen zwischen multiplikativ- bipolaren Skalierungen im Vergleich zu additiv-bipolaren Skalierungen fest.

**ad: subjektive Norm**

Die Modellkomponente "subjektive Norm" ist ebenfalls als individuelles Nutzenkalkül konzipiert. Sie bezieht sich auf den durch das Individuum wahrgenommenen sozialen Druck seitens seines sozialen Umfeldes. Analog zum Einstellungskonstrukt ist auch die subjektive Norm hinsichtlich des konkreten, in Frage stehenden Verhaltens zu bestimmen.

Subjektive Normerfahrung entsteht zum einen aufgrund von Annahmen darüber, inwieweit relevante Bezugspersonen oder Gruppen die Ausführung eines bestimmten Verhaltens begrüßen oder ablehnen (normative beliefs). Diese normativen Verhaltensannahmen unterscheiden sich allerdings vom makrosoziologischen Konzept normativer Verhaltensdeterminanten. Sie beziehen sich nicht auf die normierende Wirkung von Institutionen, Organisationen oder gesellschaftlichen Leitwerten (z.B. in Form von (Rechts-)Normen). Im Rahmen der TRA und TPB beziehen sich Normerwartungen allein auf die Perzeption sozialer Kontrolle im engeren sozialen Umfeld der Entscheidungsträger.

Zum anderen entsteht in der TRA normativer Erwartungsdruck durch die Motivation von Personen, den Normerwartungen des unmittelbaren sozialen Umfeldes zu entsprechen (Fügsamkeitsmotivation).

Subjektive Normen tragen mithin dazu bei, stark ausgeprägte Handlungsintentionen auszubilden, wenn das soziale Umfeld eine betreffende Handlung befürwortet und wenn die beteiligten Individuen dazu auch die entsprechende Motivation aufbringen:

$$SN = \sum_{j=1}^{n} b_j m_j \qquad \text{(Gl. 2.2)}$$

SN: subjektive Norm;
$b_j$: wahrgenommene Überzeugung (Belief) der Referenzgruppe oder -person j;
$m_j$: Motivation, der Überzeugung der Referenzgruppe oder -person j zu entsprechen.

Die belief-basierte Messung subjektiver Normen ähnelt der Vorgehensweise beim Einstellungskonstrukt: Fügsamkeitsmotivation und normative Überzeugungen werden für jede Referenzperson oder -gruppe miteinander multipliziert und die daraus entstehenden Produkte über alle Referenzpersonen oder -gruppen hinweg aufsummiert.

Wie Gl. 2.2 verdeutlicht, werden subjektive Normen also auch als ein durch Werterwartungskomponenten determiniertes Konstrukt betrachtet.

Nach der Konzeption von Ajzen/Fishbein (1980) lässt sich das Norm-Konstrukt sowohl global als auch differenziert messen. Die globale Messung, die sehr häufig eingesetzt wird, verlangt allein Wahrscheinlichkeitsschätzungen zu Norm-Aussagen, die auch nicht nach Bezugsgruppen oder -personen differenziert werden. Die Probanden werden mit Aussagen über Handlungserwartungen aus ihrem allgemeinen sozialen Umfeld konfrontiert und sollen einschätzen, wie wahrscheinlich diese Aussagen zutreffend sind. Ihre Antwortmöglichkeiten reichen (wie auch bei den Einstellungsfragen) auf einer bipolaren siebenstufigen Skala von "sehr unwahrscheinlich" bis "sehr wahrscheinlich".

Bei der differenzierten Messung werden die Norm-Aussagen nach ihrer jeweiligen 'Herkunft' unterschieden und neben den Wahrscheinlichkeitseinschätzungen auch die Fügsamkeitsmotivationen erhoben. Dazu wird zum einen das soziale Umfeld der Befragten nach sozial relevanten Einzelpersonen oder Gruppen, etwa nach Familienmitgliedern oder Personen aus dem Freundeskreis, differenziert. Zudem wird zur Messung der "motivation to comply" erfragt, wie groß die Motivation der Probanden ist, den unterstellten Ansichten der verschiedenen Gruppen oder Personen auch zu folgen. Solche Fügsamkeitsmotivationen sollten nach Ajzen/Fishbein (1980) mittels einer bipolaren siebenstufigen Skala gemessen werden. Skalenendpunkte sind dabei wiederum die Ausprägungen "sehr unwahrscheinlich" und "sehr wahrscheinlich".

Interessante empirische Hinweise verweisen auf die Bedeutung der Interaktivität zwischen der b- und m-Komponente des Norm-Konstruktes. So lassen sich signifikante Korrelationen zwischen belief-basierten subjektiven Normen und Verhalten fast ausschließlich auf die Stärke der Belief-Komponente zurückführen. Während in empirischen Studien die Korrelationen zwischen Verhalten und den Wahrscheinlichkeitsangaben der Belief-Komponente in ihrer Mehrzahl signifikant waren, wies fast keine der dazugehörigen Fügsamkeitsmotivationen signifikante Zusammenhänge mit dem jeweils in Frage stehenden Verhalten auf. Starke Fügsamkeitsmotivationen können demnach u.U. nur im Zusammenhang mit wahrgenommenem Verhaltensdruck seitens der Referenzpersonen auch Effekte auf Intentionen und Verhalten ausüben (nach Ajzen/Driver 1991)

In den von Ajzen/Fishbein (1980) zitierten Untersuchungen korrelieren global gemessene und differenziert gemessene subjektive Normen mit Werten zwischen 0.74 und 0.81. Die Beziehungen zwischen beiden Maßen sind also enger als die Beziehungen zwischen den unterschiedlichen Einstellungsmaßen. Globale, eher affektiv basierte subjektive Normen und differenzierte, eher kognitiv basierte subjektive Normen liegen nahe beieinander. Anscheinend bedenken die Befragten bei der globalen Abfrage subjektiver Normen bereits ihre entsprechende Fügsamkeitsmotivation.

Empirische Befunde zeigen, dass die Effektstärke von Einstellungen bei der Erklärung von Intentionen im Regelfall deutlich höher ist, als die Effektstärke der subjektiven Norm.[3] Die Wahrnehmung persönlicher Vor- und Nachteile wird demnach bei Intentionsbildung stärker berücksichtigt als wahrgenommener sozialer Druck.

Eine getrennte Behandlung der beiden Konstrukte "subjektive Norm" und "Einstellung" im TRA-Modell erscheint jedoch aus theoretischen Gründen nicht zwingend. Da die subjektive Norm ebenso wie die Einstellung prinzipiell auf die wahrgenommenen Verhaltenskonsequenzen abzielen, kann das Konstrukt subjektive Norm auch als ein Sonderfall von Einstellungen, die auf der Wahrnehmung fremder Meinungen basieren, behandelt werden.

Dieser Überlegung zufolge, ließe sich die Messung von Wahrnehmungen fremder Meinungen direkt in das Einstellungskonstrukt integrieren. So gehen beispielsweise Miniard/Cohen (1981) davon aus, dass sich Messitems, wie z.B.: "mein Vater denkt, ich soll das Verhalten y nicht ausführen" auch so formulieren lassen, dass sie dem Einstellungskonzept entsprechen: ("Wenn ich y ausführte, würde mein Vater nicht mit mir übereinstimmen"). Jaccard (1981) geht sogar noch einen Schritt weiter und argumentiert, dass bereits die Bewertung von Einstellungsobjekten in Hinblick auf eigene Vor- oder Nachteile die normativen Erwartungen des sozialen Umfeldes einschließt.

In diesem Zusammenhang ist auf die Ergebnisse einer Studie von Trafimow/ Krystina (1996) hinzuweisen. Sie fanden heraus, dass bei über 30 unterschiedlichen Verhaltensentscheidungen nur ca. 20 Prozent der von ihnen befragten Personen unter einem klar nachweisbarem Einfluss sozialer Normen standen. Bei ca. 80 Prozent der Befragten, spielte die Wahrnehmung sozialen Drucks bei der Formung von Handlungsintentionen keine bedeutende Rolle. Die TRA wäre demzufolge nur bei einer Minderheit der Bevölkerung anwendbar und erschiene für die Mehrheit der Bevölkerung überspezifiziert. Zudem deuten einige empirische Befunde darauf hin, dass entgegen der Annahmen von Ajzen und Fishbein (1980) auch kausale Effekte zwischen den beiden Konstrukten bestehen.[4]

Angesichts solcher Überlegungen versuchten Trafimow/Fishbein (1994) experimentell nachzuweisen, dass Probanden, wie in der TRA und TPB unterstellt, zwischen normativen und verhaltensbezogenen Überzeugungen (Beliefs) unterscheiden.

In einem ersten Experiment wurden die Probanden gebeten, auf der Grundlage von acht vorgegebenen Items (vier verhaltensbezogene und vier normative Aussagen,

---

3) Vgl. Vallerand et al. 1992; Van den Putte 1991; Randall/Gibson 1991; Bagozzi/Warshaw 1990; Bentler/Speckart1979. Gegenteilige Beispiele finden sich bei Fishbein/Middlestadt/ Trafmow 1993; Fishbein/Stasson 1990; DeVries/Ajzen 1971.

4) Vgl. Vallerand et al. 1992; Warshaw 1980.

angeordnet in gemischter Reihenfolge)[5] zu entscheiden, ob sie ein *unspezifisches* Verhalten ausführen würden. Die Kontrollgruppe wurde nicht aufgefordert, sich vorzustellen, ein Verhalten ausüben zu müssen, sondern klar instruiert, sich alle acht Items zu merken. Den beiden Gruppen des Experiments wurden dabei identische Items vorgelegt. Nach dieser Fragebatterie waren Aufgaben zu erfüllen, die nichts mit dem Inhalt des Experiments zu tun hatten, sondern zur Löschung des Kuzzeitgedächtnisses dienen sollten. Danach wurden die Probanden gebeten, sich an die Items zu erinnern und sie in der Reihenfolge niederzuschreiben, in der sie ihnen einfielen. Die Ergebnisse zeigten in der Experimentalgruppe eine weit höhere Clusterung nach normativen bzw. verhaltensbezogenen Items als in der Kontrollgruppe.

In einem weiteren Experiment wurden die Probanden nach einer Übungsphase gebeten, sechs beliebige Beliefs über das Anlegen von Sicherheitsgurten niederzuschreiben. Die Ergebnisse zeigen ebenfalls eine klare Clusterung von normativen bzw. verhaltensbezogenen Aussagen.

Die Ergebnisse der Experimente bestätigen, dass die Erinnerungsprotokolle der Probanden deutlich nach normativen und verhaltensbezogenen Beliefs gruppiert waren, sobald es um eine Verhaltensintention ging. M.a.W.: Personen unterscheiden bei ihrer Beschäftigung mit Verhaltensintentionen deutlich zwischen normativen und verhaltensbezogenen Beliefs.

Der Ausgang der oben berichteten Experimente legt eine Interpretation nahe, nach der utilitaristische und normative Überzeugungen in zwei voneinander getrennten kognitiven Systemen angesiedelt sind und deshalb die getrennte Modellierung und Erhebung der beiden Konstrukte empirisch ertragreich und insgesamt auch theoretisch sinnvoll ist. Sozialer Druck scheint umso deutlicher wahrgenommen zu werden, je enger der Bezug einer Entscheidungssituation zur Umsetzung von Handlungen wird.

**ad: Handlungsintention**

Wie bereits mehrfach erläutert, geht das TRA-Modell davon aus, dass Intentionen durch subjektive Normen und Einstellungen determiniert sind. Für das Modell spielt die Unterscheidung von Handlungsintentionen, Verhaltenserwartungen oder subjektiven Verhaltensvorhersagen keine Rolle.

Nach Ajzen/Fishbein (1980) ist es in der Analyse willentlich kontrollierbarer Verhaltensweisen unerheblich, ob Probanden nach ihrer Neigung, nach ihrer Erwartung oder nach ihrer Prognose, ein bestimmtes Verhalten auszuführen, befragt werden. In einer Vielzahl von empirischen Studien wird jedoch auf die Bedeutsamkeit des Unterschieds

---

5) Ein verhaltensbezogenes Item lautete: "Die Ausführung der Handlung würde Ihnen finanzielle Vorteile verschaffen", ein normatives Item: "Eine Person, die Sie bewundern, denkt, dass sie das Verhalten nicht ausführen sollten".

zwischen Handlungsintention und Verhaltenserwartung für die TRA hingewiesen.

So gehen Warshaw/Davis (1985) davon aus, dass die Differenz zwischen Intentionen und Erwartungen in der TRA nicht genügend berücksichtigt wird, und machen dies anhand einiger Beispielstudien deutlich. Sie bestimmen danach Verhaltenserwartungen als „the individual's estimation of the likelihood, that he or she will perform some specified future behavior" und Handlungsintentionen als „the degree to which a person has formulated conscious plans to perform or not perform some specified future behavior" (dies.: 214f). Verhaltenserwartungen werden dabei als Kontinuum aufgefasst, welches auch Kontrollfaktoren wie etwa unbewusste Verhaltensroutinen, Umwelteinflüsse oder persönliche Fähigkeiten einschließt. Verhaltenserwartungen beinhalten in dieser Sichtweise auch Faktoren, die dazu führen können, dass Akteure ihre Handlungen nicht ausführen. Handlungsintentionen hingegen weisen keinen solch eindeutigen Bezug zu Kontrollfaktoren auf.

Demnach müssten Verhaltenserwartungen und Handlungsintentionen bei verschiedenen Graden der Kontrollierbarkeit im TRA-Modell unterschiedliche Effekte ausüben. Werden Verhaltensweisen analysiert, die nicht der rein willentlichen Kontrolle der Akteure unterliegen, so müssten Verhaltenserwartungen bessere Vorhersagen des tatsächlichen Verhaltens ermöglichen als Handlungsintentionen. Handlungsintentionen hingegen soll- ten aufgrund der motivationalen Komponente bezüglich des Engagements bessere Prädiktoren willentlich kontrollierbarer Verhaltensweisen sein.

Die Ergebnisse von empirischen Analysen zum Thema "Wahlverhalten" stützen die obigen Annahmen (Netmeyer/Burton 1990). Im Rahmen der TRA (und im Rahmen der TPB) werden Handlungsintentionen besser vorhergesagt als Verhaltenserwartungen. Auch hinsichtlich der Vorhersage des Verhaltens durch Intentionen und Erwartungen schneiden Intentionen besser ab als Erwartungen: im Rahmen der TRA erklären Intentionen 35 Prozent der Varianz des tatsächlichen Wahlverhaltens während Verhaltenserwartungen lediglich 15 Prozent aufklären.

In der Zusammenschau der verschiedenen Ergebnisse scheint festzustehen, dass Handlungsintentionen im Rahmen willentlich kontrollierbarer Verhaltensweisen bessere Modellanpassungen ergeben: die Prädiktion von Intentionen durch die Modellvariablen ist besser als die Prädiktion von Verhaltenserwartungen, und auch die Prädiktion von Verhalten scheint bei Verwendung von Intentionen besser zu gelingen.

**ad: modell-externe Einflussgrößen/-faktoren**

Wie bereits dargestellt (vgl. auch Abb. 2.1), wird innerhalb der TRA davon ausgegangen, dass sogenannte externe Variablen (wie z.B. soziodemographische Merkmale oder allgemeine Wertorientierungen) keinen direkten Einfluss auf die Modellkomponenten der Einstellung, subjektiven Norm, Handlungsintention und Verhalten nehmen. Vielmehr wird angenommen, dass die Einflüsse externer Variablen auf die genannten Modellkomponenten vollständig über die vorgelagerten Beliefs sowie über die spezifischen Bewertungen bzw. Motivationen vermittelt werden oder auch Einfluss auf die relative Gewichtung von Einstellung und subjektiver Norm hinsichtlich der Determinierung der Handlungsintention nehmen. Zahlreiche Untersuchungen deuten jedoch darauf hin, dass externe Variablen wie internalisierte Werte und Normen sowie idealistische Zielvorstellungen nur schwer (wenn überhaupt) in diese Modellstruktur einzupassen sind, da ihnen etwa eine direkte verhaltensprägende Bedeutung zukommt.[6] So scheint also nicht jegliches Verhalten spezifisch informationell vermittelt zu sein, wie dies innerhalb der TRA unterstellt wird.

Zur Untersuchung der Bedeutung externer Variablen als direkte Determinanten von Einstellung, subjektiver Norm, Intention und Verhalten werden in den genannten Studien auf unterschiedlichste Konzepte zurückgegriffen. Boyd und Wandersmann (1991) beispielsweise arbeiten mit persönlichen Normen, Sparks/Shepherd/Frewer (1995) verwenden das Konstrukt ethischer Verpflichtungen und Sparks/Shepherd (1992) greifen auf das Konzept der Selbstdefinition zurück. Ein einheitlicher theoretischer Ansatz für die Integration solcher externen Variablen in das TRA-Modell ist in der Forschung jedoch nicht zu erkennen.

Im Folgenden werden exemplarisch einige jüngere Studien vorgestellt, die mit unterschiedlichen Ansätzen versuchen, "nutzenfremde" Verhaltensüberzeugungen in den Rahmen der TRA zu integrieren.

Verschiedene Studien weisen darauf hin, dass persönliche "normative beliefs" (Boyd/ Wandersman 1991; Schwarz/Tessler 1972), "moralische Normen" (Zucker- man/Reis 1978) oder "wahrgenommene moralische Verpflichtungen" (Randall/Gibson 1991; Gorsuch/Ortberg 1983) unabhängige Effekte auf Intentionen und Verhalten ausüben können. Zwar gingen Ajzen und Fishbein ursprünglich davon aus, dass Einstellung und

---

6) Vgl. Kurland 1996; Ford/Richardson 1994; Randall 1994; Sparks/Shepherd/Frewer 1995; Randall/Gibson 1991; Randall 1989; Triandis 1980; Schwartz/Tessler 1972.

subjektive Normwahrnehmung, sofern sie richtig gemessen werden, vollkommen ausreichend für die Erklärung von Intention und Verhalten sind (Fishbein/Ajzen 1980: 247). Inzwischen gesteht aber auch Ajzen selbst ein, dass moralische Prädiktorvariablen in die Grundstruktur der TRA oder TPB integriert werden müssen, "if it can be shown that they capture a significant proportion of the variance in intention of behavior after the theory's current variables are taken into account." (Ajzen 1991: 199) Dies kann vor allem bei Verhaltensweisen angenommen werden, die einen starken moralischen Bezug aufweisen (Beck/Ajzen 1991).

Die Autoren Sparks/Shepherd/Frewer (1995) greifen diese Überlegung auf und untersuchen die Relevanz moralischer Normen im Rahmen der TRA. Dabei erweitern sie die Modellkonstruktion durch eine Verbindung zwischen moralischer Verpflichtung und Einstellung und erhöhen so die Komplexität des Modells. In bestimmten Situationen, so die Annahme der Autoren, ist es beispielsweise denkbar, dass wahrgenommene moralische Verpflichtungen durch subjektive Normen vermittelt werden, aber auch als Wahrnehmungsfilter einen direkten Einfluss auf Einstellungen ausüben können.

Sie prüfen ihre Annahmen in einem Modell zur Erklärung des prospektiven Konsums gentechnisch veränderter Lebensmittel. Dabei verstehen sie alltägliche Konsumformen, wie etwa den Kauf von Lebensmitteln, nicht grundsätzlich als moralisch geladene Handlung, gehen aber davon aus, dass moralisch-ethische Bezüge durch die öffentliche Diskussion des Themas "Gentechnik" in den Medien hergestellt werden.

Untersucht werden zwei spezifische Einstellungsbereiche. Zum einem der Konsum von gentechnisch hergestellten Lebensmitteln und zum anderen die Unterstützung des Einsatzes der Gentechnik in der Lebensmittelproduktion. Alle Modellkomponenten der TPB mit Ausnahme der belief-basierten Einstellungsmessung wurden für die beiden Einstellungsbereiche getrennt erhoben. Gleiches gilt für die Messung der ethischen Verpflichtung, während für das Konzept der Selbstidentität keine Unterscheidung zwischen den beiden Bereichen durchgeführt wurde.

Zur Messung der ethischen Verpflichtung wurden folgende Aussagen zur Bewertung vorgegeben: "I feel an ethical obligation to avoid eating food produced by gene technology", "I feel that I have the ethical obligation to support the use of gene technology in food production". Die Selbstidentität wurde mittels der zu bewertenden Aussage: "I think of myself as someone who is concerned about environmental issues" erfasst.

Die Hälfte aller Befragten äußerte negative Einstellungen gegenüber dem Konsum gentechnisch erzeugter Lebensmittel, während mehr als ein Drittel (35,6%) positive Einstellungen aufwiesen. Etwa 40 Prozent der Befragten stimmten mit der Aussage überein, eine ethische Verpflichtung zu verspüren, die sich gegen den Konsum gentechnisch veränderter Lebensmittel richtet, ca. 36 Prozent verneinen diese Aussage. Dennoch hielten es 79 Prozent der Befragten für wahrscheinlich, gentechnisch veränderte Lebensmittel zu sich zu nehmen.

Analog zum Konsum von gentechnischen Lebensmitteln äußern auch die Hälfte der Befragten eine negative Einstellung gegenüber der Unterstützung des Einsatzes von gentechnischen Verfahren in der Lebensmittelproduktion. Rund 40% der Befragten haben diesbezüglich eine positive Einstellung. Eine ethische Verpflichtung zur Unterstützung der gentechnischen Produktionsweise empfinden knapp 30% der Befragten, während rund 50% der Befragten die entsprechende Aussage ablehnen. Hinsichtlich der Intention zur Unterstützung gentechnischer Produktionsverfahren in der Lebensmittelherstellung äußern jeweils knapp die Hälfte der Befragten, dass sie es für wahrscheinlich (44%) bzw. für unwahrscheinlich halten (46%), den Einsatz des Verfahrens zu unterstützen.

Die korrelativen Zusammenhänge der einzelnen Modellkomponenten werden in Tabelle 2.1 berichtet. Oberhalb der Hauptdiagonalen finden sich die Werte für den Einstellungsbereich "Konsum gentechnischer Lebensmittel", unterhalb der Hauptdiagonalen die Werte für den Bereich "Unterstützung des Einsatzes gentechnischer Verfahren in der Lebensmittelproduktion". Für beide Einstellungsbereiche finden sich sehr deutliche Korrelationen zwischen den beiden Maßen der Einstellungen einerseits (direkte Abfrage und belief-basierte Konstruktion (SEU)) und der ethischen Verpflichtung andererseits. Ebenfalls statistisch hoch signifikant sind für beide Bereiche die korrelativen Zusammenhänge zwischen der Handlungsintention und der ethischen Verpflichtung. Besonders stark ausgeprägt ist dieser Zusammenhang für den Bereich "Unterstützung des Einsatzes gentechnischer Verfahren" ($r=0.73$), deutlich schwächer hingegen für den Bereich "Konsum gentechnischer Lebensmittel" ($r=-0.29$).

Die deutlichen Korrelationen zwischen ethischer Verpflichtung und Handlungsintentionen verschwinden jedoch weitgehend, wenn die Varianz der Handlungsintention in einem multivariaten Regressionsmodell durch alle klassischen und ergänzenden TRA-Prädiktoren prognostiziert wird. Dann sind es vor allem die Einstellungsvariablen, die signifikante Effekte erzielen.

Die Ursache dafür, dass die moralische Verpflichtung im multivariaten Analysemodell keinen signifikanten Einfluss auf die Entstehung individueller Handlungsintentionen im Genfood-Bereich hat, können in den engen Zusammenhängen dieses Konstrukts mit den verhaltensbezogenen Einstellungen begründet sein. Im multivariaten Regressionsmodell wird die hohe Kollinearität zwischen beiden Prädiktoren die Schätzung eines selbständigen Ethik-Effektes unterdrücken.

Um diese Zusammenhänge besser zu verstehen, können zusätzliche Regressionen der direkten Einstellungsmaße auf belief-basierte Einstellungen und moralische Verpflichtungen durchgeführt werden. Wie Tabelle 2.2 zeigt, sind die direkt gemessenen, verhaltensbezogenen Einstellungen sehr gut durch die beiden anderen Konstrukte vorherzusagen. Moralische Verpflichtungen als eher affektiv basierte Einstellung und belief-basierte, kognitiv geprägte Einstellungen (SEU) üben unabhängige Effekte auf die direkten Einstellungsmaße aus.

Tabelle 2.1: Korrelationen zwischen traditionellen und ergänzenden TRA-Modellkomponenten (nach Sparks/Sheperd/Frewer 1995) (vgl. die Erläuterungen im Text)

|  | Einst. (SEU) | Einst. (direkt) | subj. Norm | wahrgen. Verh. kontrolle | ethische Verpfl. | Selbst- identität | Handl.- intention |
|---|---|---|---|---|---|---|---|
| Einstellung (SEU) |  | .67*** | .52*** | .16** | -.49*** | -.11* | .22*** |
| Einstellung (direkt) | .66*** |  | .82*** | .22** | -.62*** | -.07 | .38*** |
| subjektive Norm | .57*** | .80*** |  | .19** | -.46*** | -.02 | .35** |
| wahrgen. Verh.kontrolle | .23*** | .25*** | .20*** |  | -.10 | .01 | -.05 |
| ethische Verpflichtung | .56*** | .79*** | .64*** | .19*** |  | .16** | -.29*** |
| Selbstidentität | -.11 | -.05 | -.02 | -.02 | -.13* |  | .09 |
| Handlungs- intention | .63*** | .88*** | .72*** | .22*** | .73*** | -.06 |  |

*: p<.05; **: p<.01; ***: p<.001

Tabelle 2.2: Regressionen direkt gemessener Einstellungen auf SEU-modellierte Einstellung und wahrgenommene ethische Verpflichtung (nach Sparks/Sheperd/Frewer 1995)

| direkte Einstellung gegenüber: | Beta-Werte für Prädiktor: | | R |
|---|---|---|---|
|  | Einstellung (SEU) | ethische Verpflichtung |  |
| Verzehr von gentechnisch veränderten Lebensmitteln | .46*** | -.41*** | .76 |
| Unterstützung der Gentechnik in der Lebensmittelproduktion | .33*** | .60*** | .83 |

*: p<.05; **: p<.01; ***: p<.001

Während also die Bedeutungslosigkeit von ethischen Verpflichtungen zur Prognose von Handlungsintentionen die Annahmen des klassischen TRA-Modells stützen, weisen die Ergebnisse der in Tabelle 2.2 berichteten Regressionen darauf hin, dass Einstellungen nicht ausschließlich durch instrumentelle Erwägungen vorhergesagt werden können. Kognitive, belief-basierte Einstellungen und moralische Verpflichtungen haben signifikant eigenständige Effekte auf die eher affektiven, verhaltensbezogenen Einstellungsmaße.

Die Ergebnisse dieser Analyse lassen zumindest Zweifel daran aufkommen, dass die Prognose von Einstellungen allein auf der Basis antizipierter Handlungsfolgen (outcomeorientierte SEU-Modellierung) erfolgen kann. Die Vermutung, dass ethische Verpflichtungen abseits aller instrumentellen Einstellungsgrundlagen einen eigenständigen Beitrag zur Prädiktion von Intention und Verhalten leisten können, scheint durch diese Ergebnisse eher nicht bestätigt zu werden, wenngleich die direkten Effekte der ethischen Verpflichtung azf die Intentionen in den multiplen Regressionsmodellen jeweils marginal statistisch signifikant sind. Allerdings liefern die berichteten Ergebnisse dafür keinen abschließenden Beleg, da (1) das Korrespondenzprinzip der TRA nicht vollständig befolgt wurde, (2) saliente Beliefs nicht in Pretests erfragt, sondern aus anderen Veröffentlichungen entnommen wurden, und (3) nicht versucht wurde, die moralische Verpflichtung mittels einer SEU-Modellierung direkt in das Einstellungskonstrukt zu integrieren.

Es bleibt jedoch festzuhalten, dass es empirische Indizien dafür gibt, dass der Einfluss moralischer oder normativer Faktoren auf die Intentionsbildung nicht vollständig über die Modellvariablen der TRA vermittelt ist.

Während also innerhalb des TRA-Modells davon ausgegangen wird, dass externe Variablen wie z.B. moralische Verpflichtungen und allgemeine Wertorientierungen in ihrem Einfluss auf Einstellung, subjektive Norm, Handlungsintention und Verhalten vollständig über die vorgelagerten Modellkonstrukte bzw. die Modellstruktur vermittelt sind, ziehen sowohl die gerade berichteten empirischen Ergebnisse als auch die eingangs des Abschnittes angeführten Arbeiten diese Annahme in Zweifel. Damit wird problematisiert, ob das TRA-Modell als vollständig anzusehen ist, oder ob im Modell nicht noch weitere Komponenten zu berücksichtigen sind, um die Prozesse der Einstellungsbildung und der Bildung subjektiv verbindlicher Normen sowie die Beziehungen zwischen Einstellung, subjektiver Norm, Intention und Verhalten erfolgreich rekonstruieren zu können.

Allerdings lässt sich gegen diese Sichtweise einwenden, dass bevor entsprechende Modellerweiterungen eingeführt werden, die Aufmerksamkeit der Forschung zunächst auf mögliche Operationalisierungsfehler gelenkt werden sollte. So gilt etwa für die hier referierte Studie von Sparks et al. (1995), aber auch für zahlreiche andere Studien, dass die modal salienten Beliefs nicht empirisch ermittelt wurden, sondern auf Basis der Literatur zum Thema Gentechnik 'erstellt' wurden. Sparks et al. selbst machen auf dieses Defizit aufmerksam. Weiterhin kann an dem Konzept der modal salienten Beliefs kritisiert werden, dass dadurch individuelle Wahrnehmungsunterschiede vernachlässigt werden, was insbesondere dann problematisch ist, wenn keine sozial geteilten Repräsentationsmuster vorliegen.

Jedoch wäre auch bei einer erweiterten Operationalisierung noch zusätzlich zu klären, ob moralische und selbst-orientierte (hedonistische) Überzeugungen tatsächlich gegeneinander aufgerechnet werden. Denkbar wäre, dass damit, ähnlich wie bei einer Gewinn- und Verlustrechnung, separate mentale Dimensionen angesprochen werden (vgl. Antonides 1994; Thaler 1991), so dass eine gemeinsame Modellierung in einem Konstrukt unmöglich wird. Hinweise hierfür finden sich in Studien von Heath/Chatterjee/France (1995) und Thogerson (1997).

In seiner empirischen Studie unternimmt Thogerson (1997) den Versuch nachzuweisen, dass instrumentelle und moralische bzw. kognitiv und affektiv basierte Einstellungen in getrennten Dimensionen zu analysieren sind.

Als Beispiel einer (möglicherweise) moralisch geladenen Handlung wählt der Autor den Konsum organisch produzierter Lebensmittel. Getestet werden die vier alternativen Hypothesen, dass die entsprechenden Belief-Items: (1) zu einem einzigen Konstrukt gehören, also eine gemeinsame Bewertungsdimension repräsentieren, (2) dass sie auf zwei separaten Dimensionen bewertet werden, (3) dass sie getrennt nach wahrgenommenen Kosten und Nutzen beurteilt werden, (4) dass sie auf drei unterschiedlichen Dimensionen bewertet werden: (a) wahrgenommene Kosten, (b) wahrgenommener moralischer (ökologischer) Nutzen, (c) wahrgenommener persönlicher (gesundheitlicher) Nutzen.

Mehrere Faktoranalysen bestätigten die vierte Hypothese: Die salienten Verhaltenskonsequenzen werden auf drei verschiedenen Dimensionen wahrgenommen. Auch eine Strukturgleichungsmodellierung bestätigt diese Ergebnisse: ein Modell nach Hypothese 4 liefert mit drei Faktoren nach einigen Modellanpassungen sehr gute Ergebnisse. Insbesondere die Unterscheidung zwischen Kosten und Nutzen verbessert den Modellfit gegenüber einer einfaktoriellen Lösung merklich.

Im Folgenden sollen zentrale Komponenten der hier vorgestellten kognitiven Strukturmodelle benutzt werden, um empirische Analysen zur Herausbildung von Einstellungen und Nutzungsintentionen gegenüber neuen Anwendungen der Gentechnik durchzuführen (vor allem ab Kap. 3.3).

## 2.2 Prozessmodelle
## (und integrierte Struktur-/Prozessmodelle)

In der Einstellungsforschung wird regelmäßig danach gefragt, in welcher Weise und unter welchen Bedingungen bestimmte Einstellungen ein bestimmtes Verhalten vorhersagen können. Und Fragen dieser Art stehen auch im Zentrum der sozialwissenschaftlichen Einstellungsforschung. Sie gelten, wie wir in Kap. 2.1 gesehen haben, für die Konstruktion von TRA-Strukturmodellen, und sie gelten auch, wie wir im Folgenden zeigen werden, für eine weitere Forschungsrichtung der Einstellungsforschung, die sich mit der Konstruktion von Prozessmodellen bzw. integrierten Struktur-/Prozessmodellen beschäftigt.

Die Forschungsrichtung der "Prozessmodellierung" konzentriert sich vor allem auf die vielfältigen Bedingungen, die zu einem engen Zusammenhang von Einstellungen und Verhalten führen. Sie untersucht die Bedeutung von personalen und situationalen Faktoren, die zwischen Einstellung und Verhalten vermitteln, und sie analysiert die Bedeutung von Einstellungseigenschaften selbst, die sich positiv oder negativ auf die Beziehung zwischen Einstellung und Verhalten auswirken können.

Zur Beantwortung dieser und anderer Fragen dienen in der Prozessforschung insbesondere Untersuchungen zur Einstellungsstärke, in denen die Einstellungsstärke als Moderator zwischen Einstellung und Verhalten analysiert wird. Über die Methodik und Ergebnisse dieser Forschungen werden wir im Folgenden berichten.

Dabei werden wir zunächst in einem ersten Schritt die verschiedenen Variablen, die dem Konstrukt der Einstellungsstärke in der Forschungsliteratur zugerechnet werden, vorstellen. Anhand verschiedener empirischer Arbeiten wird die Frage diskutiert, ob die einzelnen Indikatoren überhaupt eine einheitliche Dimension von 'Einstellungsstärke' operationalisieren können. Zudem wird nach Determinanten gesucht, die zur Ausprägung von "starken" Einstellungen führen und somit auch für die Analyse von Einstellungen gegenüber neuen Technikanwendungen genutzt werden können.

Generell scheint für die gesamte Forschung zur Relevanz von Einstellungsstärke zu gelten, dass darin nur in den seltensten Fällen versucht wird, das Konzept einer "Einstellungsstärke" präzise zu definieren. So stellen auch Krosnick/Petty (1995:2) fest: " ..., it [Einstellungsstärke] has been more of a vague metaphor than a formally defined social scientific construct." Die Einstellungsstärke wird in aller Regel in pragmatischer Weise über die besonderen Eigenschaften von sogenannten 'starken' Einstellungen definiert.[1] Diese zeichnen sich dadurch aus, dass sie zu selektiven kognitiven Prozessen führen, dass sie änderungsresistent sind, dass sie über die Zeit hinweg stabil bleiben und dass sie verschiedene Verhaltensformen determinieren können. Damit reduziert sich aber auch eine Erörterung des Konstruktes der Einstellungsstärke sehr schnell auf die Frage, welche Variablen die genannten Effekte von Einstellungen hervorrufen bzw. verstärken könnten, was denn auch dazu geführt hat, dass in der Forschungsliteratur eine fast unüberschaubar große Anzahl von Variablen im Zusammenhang mit Untersuchungen zur Einstellungsstärke diskutiert wird.

Nachfolgend werden die häufigsten und wichtigsten dieser Variablen kurz vorgestellt.

**1. Intensität/Extremität/Polarität**

Die Intensität einer Einstellung wird in der Einstellungsforschung häufig mit ihrer Extremität gleichgesetzt (so etwa bei Raden 1985). Es gibt jedoch auch AutorInnen, die zwischen Intensität und Extremität differenzieren.[2] Dann bezieht sich die Extremität häufig auf die betragsmäßige Abweichung vom neutralen Punkt eines Items oder einer Itembatterie und Intensität wird als Stärke von Gefühlen definiert, die mittels einer direkten Abfrage der diesbezüglichen subjektiven Selbsteinschätzung gemessen werden kann.[3] Auch wenn Scott (1968) die Auffassung vertritt, dass Extremität und Intensität konfundiert sind und oftmals nicht unterscheidbar sind, so spricht insbesondere eine Studie von Krosnick et al. (1993) dagegen. Darin werden für drei Einstellungsobjekte (Abtreibung, Todesstrafe und Verteidigungsausgaben) Korrelationen zwischen Extremität und Intensität von 0.43, 0.75 und 0.46 berichtet (jeweils korrigiert um Messfehler), was deutlich gegen eine Redundanz der beiden Dimensionen spricht.

**2. evaluativ-kognitive Konsistenz (affektiv-kognitive Konsistenz)**

Diese Dimension bezieht sich auf die Übereinstimmung zwischen den Gefühlen gegenüber einem Einstellungsobjekt einerseits und Eigenschaften, die dem Objekt zugeschrie-

---

1) Vgl. Krosnick et al. 1993; Krosnick/Petty 1995; Pomerantz et al. 1995.

2) Etwa Scott 1968, der für Extremität den Begriff 'magnitude' verwendet. Vgl. auch Krosnick et al. 1993; Krosnick/Abelson 1992.

3) Vgl. Scott 1968: 206; Krosnick et al. 1993:1132; Schuman/Presser 1981.

ben werden (Beliefs), andererseits.[4] Hier wird also die interne Struktur von Einstellungen angesprochen oder, anders formuliert, es wird die Repräsentation einer Einstellung im Gedächtnis thematisiert, welche das gesamte Set an kognitiven und affektiven aber auch von konativen Reaktionen, die mit dem Einstellungsobjekt assoziiert werden, beinhaltet.[5] In neuerer Zeit wenden sich Chaiken et al. (1995) gegen die Bezeichnung "affektiv-kognitive Konsistenz" und bevorzugen den Begriff der evaluativ- kognitiven Konsistenz. Demnach geht es nicht um die Konsistenz zwischen verschiedenen Basen von Einstellungen (Affekt und Kognition), sondern um die Konsistenz zwischen Einstellung (abstrakte, bilanzierende Evaluation) und der evaluativen Bedeutung von Beliefs, die eine Person über ein Einstellungsobjekt hält. Diese Vorstellung entspricht auch der gängigen Operationalisierung von Konzepten der evaluativ-kognitiven Einstellungskonsistenz. Darin werden häufig Einstellungsmerkmale mit der evaluativen Bedeutung von diesbezüglichen Beliefs verglichen.

### 3. Sicherheit

Das Maß der Sicherheit betrifft die Sicherheit, mit der Personen an ihrer Bewertung eines Objektes festhalten. Sicherheit ist eine Eigenschaft der Einstellung bzw. ein Indikator dafür, in welchem Ausmaß tatsächlich schon eine Einstellung zu einem bestimmten Objekt ausgebildet wurde (vgl. Raden 1985). Dementsprechend definieren Krosnick et al. (1993) die "Sicherheit" als das Vertrauen einer Person darin, dass ihre Einstellung gegenüber einem Objekt korrekt ist. Auch Gross et al. (1995:215) sprechen vom "subjective sense of conviction or validity about one's attitude or opinion" und betonen damit nochmals den subjektiven Aspekt dieser Dimension. Operational wird die Sicherheit entweder dadurch erfasst, dass nach jedem Item einer Einstellungsskala erfragt wird, wie sicher sich die Person in ihrer spezifischen Aussage ist, und dann diese Einzelindikatoren zu einem Gesamtindex zusammengefasst werden, oder es wird mit einer einzigen Frage die Sicherheit einer Einstellung summarisch erfasst.

### 4. Wichtigkeit

Die Einstellungsdimension der Wichtigkeit wird mit sehr verschiedenen Begriffen umschrieben. Sie wird umschrieben mit der Zentralität eines Objektes für eine bestimmte

---

4) Vgl. Raden 1985; Krosnick et al. 1993; Chuang 1989; Alwitt et al. 1993; Norman 1975.
5) Vgl. Eagly/Chaiken 1995; Chaiken et al. 1995.

Person, mit der Salienz (als "readiness to respond"), mit der Eingebundenheit als Grad der strukturellen Integration mit anderen Einstellungen oder Beliefs (embeddedness) und mit der Involviertheit einer betreffenden Person (latitude of rejection).[6] Z.B. definieren Boninger et al. (1995b: 160) die Wichtigkeit einer Einstellung als "individual's subjective sense of the concern, caring, and significance he or she attaches to an attitude". Wichtigkeit ist demnach also ein Belief und damit eine Eigenschaft der Einstellung. Gemessen wird die Wichtigkeit in aller Regel durch eine generalisierende Abfrage der Wichtigkeit oder durch einzelne Abfragen der Wichtigkeit eines jeden Statements einer Einstellungsskala.

## 5. vested interest

Der Begriff "vested interest" ist nur schwer ins Deutsche zu übertragen. Am ehesten ist er wohl mit "hedonistischem Interesse" zu umschreiben. Gemessen werden kann vested interest als die Einschätzung einer persönlichen Betroffenheit. Inhaltlich betrachtet, weist die Dimension vested interest sicherlich Gemeinsamkeiten mit den Dimensionen von Wichtigkeit und Involviertheit auf, doch wird vested interest wesentlich exklusiver als Wichtigkeit oder Involvierteit verstanden. Während Wichtigkeit und Involviertheit in Bezug auf Werte, soziale Identifikation, Selbstpräsentation und Selbstinteresse definiert werden,[7] bezieht sich vested interest ausschließlich auf ein hedonistisches Interesse von Personen. Der Vorteil dieser sehr spezifischen Eingrenzung besteht darin, dass so eine unmittelbare Handlungsrelevanz von Einstellungen hergestellt werden kann: "Highly vested attitudes are functionally related to behavior ..." (Crano 1995: 132).[8]

## 6. Verfügbarkeit der Einstellung

Damit eine Einstellung das Verhalten beeinflussen kann, muss sie verfügbar sein, genauer gesagt: muss sie mit der Darbietung eines bestimmten Einstellungsobjektes aktiviert werden. Definiert wird die Verfügbarkeit als Leichtigkeit oder Geschwindigkeit, mit der

---

[6] Vgl. Raden 1985, Krosnick 1988.

[7] Vgl. Johnson/Eagly 1989; Crano 1995; Thomsen et al. 1995; Boninger et al. 1995a, 1995b.

[8] Crano (1995) verdeutlicht diese Auffassung von vested interest am Beispiel einer Hungersnot in Äthiopien, die sicherlich für viele AmerikanerInnen wichtig sei, jedoch mit keiner hedonistischen Konsequenz verbunden wird.

auf die im Gedächtnis gespeicherte Einstellung zugegriffen werden kann.[9] Die Messung der Verfügbarkeit erfolgt in erster Linie durch die Messung der Reaktionszeit bei der Beantwortung einer Einstellungsfrage. Während diese Vorgehensweise in experimentellen Studien bereits weit verbreitet ist, findet die Methode in jüngster Zeit auch in Survey-Interviews Anwendung. Die Messung erfolgt dort entweder mittels voice keys bei telefonischen Interviews (Bassili 1996, Bassili/Scott 1996) oder aber durch computergestützte Selbstausfüller (Fazio/Williams 1986, Prislin 1996). Beide Verfahren ermöglichen eine relativ einfache Messung von Reaktionszeiten. Alternativ zur Operationalisierung über Reaktionszeiten wird die Verfügbarkeit der Einstellung auch approximativ ermittelt über die Sicherheit eines Urteils, die persönliche Bedeutsamkeit eines Einstellungsgegenstandes, das Ausmaß der aktiven Betätigung in einem Einstellungsbereich, die subjektive Einschätzung des Engagements in einem Einstellungsbereich, die Wahrscheinlichkeit, dass ein konkretes Einstellungsobjekt bei einer offenen Frage zum Einstellungsbereich genannt wird[10] sowie über die Häufigkeit des Nachdenkens oder des Diskutierens über ein Einstellungsobjekt. Auch kann eine Manipulation der Verfügbarkeit durch eine wiederholte Abfrage einer Einstellung erreicht werden.[11]

## 7. Wissen

"Wissen" als Maß von Einstellungsstärke bezieht sich auf den Umfang an individuell verfügbaren Informationen über ein Einstellungsobjekt. Dabei muss unterschieden werden zwischen objektivem und subjektivem Wissen und den damit verbundenen, unterschiedlichen Konsequenzen für Prozesse der einstellungsbezogenen Informationsverarbeitung.[12] Weiterhin ist zu unterscheiden zwischen dem Gesamtwissen einer Person über ein Einstellungsobjekt und dem Arbeitswissen, welches während einer situativen Informationsverarbeitung wirksam wird.[13] Ein solches Arbeitswissen wird u.a. in Forschungen zur kognitiven Repräsentation von Einstellungen bzw. Einstellungsstrukturen diskutiert.

---

9) Vgl. Raden 1985; Fazio 1990, 1995; Bassili 1996; Fazio/Williams 1986.
10) Vgl. Krosnick 1988. Dort lautete die offene Frage, ob es irgendwelche Faktoren gibt, die den Befragten zur Wahl eines bestimmten Kandidaten veranlassen könnten. Diejenigen Issues, die genannt werden, sind Issues mit der höchsten Verfügbarkeit.
11) Vgl. Fazio 1989 und die dort zitierten Arbeiten.
12) Vgl. Kanwar et al. 1990; Ellen 1994; Park et al. 1994; Alba/Hutchinson 1987.
13) Vgl. Wood et al. 1995; Biek et al. 1996.

In Abhängigkeit vom interessierenden Aspekt des Wissen wird dieses auch unterschiedlich operationalisiert. Zu nennen sind hier etwa multiple-choice Fragen zur Messung des objektiven Wissens sowie Techniken des "thought listing" oder die subjektive Selbsteinstufung zur Beschreibung von subjektiven Wissensbeständen.

Die hier vorgestellten, sieben Indikatoren bzw. Dimensionen von Einstellungsstärke weisen eine dermaßen große Verschiedenartigkeit auf, dass sich natürlich die Frage stellt, ob diese alle als Ausdruck eines einheitlichen Konzeptes von Einstellungsstärke zu betrachten sind. Denn verschiedene empirische Arbeiten zu unterschiedlichen Einstellungsobjekten konnten zeigen, dass Einstellungsstärke kein eindimensionales latentes Konstrukt ist.[14] Und so ist die Frage nach der Homogenität des Konstruktes „Einstellungsstärke" wohl abzuschwächen und sollte eher danach gefragt, ob denn zumindest einige ausgewählte Indikatoren ein einheitliches reproduzierbares Muster von Einstellungsstärke ergeben?

Im Folgenden werden die Ergebnisse von Studien vorgestellt, die sich mit dieser Frage auseinander setzen. Dabei werden wir zunächst auf die Ergebnisse zur Eindimensionalität des Konstrukts der Einstellungsstärke eingehen, und dann in einem zweiten Schritt untersuchen, ob die Studien auch Hinweise darauf liefern, dass sich bestimmte Indikatoren über verschiedene Untersuchungen hinweg zu einem relativ einheitlichen Konzept von Einstellungsstärke zusammenfügen lassen.

### a) Chuang (1989) und Krosnick et al. (1993)

Die beiden Studien von Chuang und Krosnick et al. benutzten die gleichen Daten und führten nahezu identische Analysen durch. Im folgenden werden daher, sofern nicht anders vermerkt, die Ergebnisse von Chuang (1989) referiert.

Untersucht wurden Einstellungen zu drei Objekten/Objektbereichen: Abtreibung, Todesstrafe und Verteidigungsausgaben. Dazu wurden jeweils mit mehreren Indikatoren insgesamt zehn Dimensionen der Einstellungsstärke unter Studierenden erhoben (zusätzlich wurden vier Methodenfaktoren berücksichtigt). Die interne Validität der einzelnen Dimensionen war in den meisten Fällen gut bis zufriedenstellend. Die Dimensionen waren im einzelnen (vgl. dazu die oben angeführten Erläuterungen): 1a. Gesprächsrelevanz, 1b. gedankliche Vorstellung, 1c. Reaktionszeit, 2. Aufmerksamkeit/Interesse, 3a. Wissen (subjektive Selbsteinschätzung), 3b. Wissen (Erinnerungsleistung), 4. Intensität, 5. Wichtigkeit, 6. Sicherheit, 7. Extremität, 8. direkte Erfahrung, 9. Ich-Involviertheit, 10. affektiv-kognitive Konsistenz.

---

14) Vgl. Bassili 1996; Prislin 1996; Krosnick et al. 1993; Alwitt/Berger 1993; Chuang 1989; Pomerantz et al. 1995; Abelson 1988; Lastovicka/Gardner 1979.

In der Analyse (konfirmatorische Faktorenanalyse) wurde zunächst ein Ausgangsmodell spezifiziert, in dem alle zehn genannten Dimensionen jeweils einen eigenen Faktor darstellten und zwischen den Faktoren frei zu schätzende Korrelationen bestanden. Auf Basis des Chi²-Tests war dieses Modell als nicht datenadäquat zurückzuweisen. In einem zweiten Schritt wurde dann ein Modell zweiter Ordnung mit einem generellen Faktor (Einstellungsstärke) geschätzt. Für alle drei Einstellungsobjekte war der Modell-Fit dieses Modells schlechter als für das erste Modell. Auch durch die Einführung eines weiteren Faktors zweiter Ordnung konnte keine bessere Anpassung an die empirischen Daten erreicht werden (Krosnick et al. 1993).

Mithin lässt sich folgendes Gesamtergebnis festhalten: Die untersuchten Dimensionen der Einstellungsstärke waren zwar (bis auf wenige Ausnahmen) signifikant korreliert, sie waren aber nicht Ausdruck eines einheitlichen latenten Faktors. Zudem ließ sich kein dimensionales Muster der Einstellungsstärke erkennen, welches für alle drei untersuchten Einstellungsbereiche gültig sein könnte, da die Faktorstruktur über die verschiedenen Einstellungsbereiche hinweg variierte.

**b) Prislin (1996)**

Prislin ging ebenfalls der Frage nach, ob die Einstellungsstärke zu drei Einstellungsobjekten (affirmative action, Abtreibung und Euthanasie) als eindimensionales Konstrukt zu verstehen ist. In einem ersten Schritt führte sie dazu konfirmatorische Faktorenanalysen durch. Dabei fanden folgende Indikatoren Berücksichtigung (vgl. dazu die oben angeführten Erläuterungen): 1. evaluative Extremität, 2. affektive Extremität, 3. Erfahrung, 4. Sicherheit, 5. Wichtigkeit, 6. vested interest, 7. gedankliche Vorstellung, 8. subjektive Wissenseinschätzung, 9. Arbeitswissen, 10. Verfügbarkeit, 11. latitude of rejection, 12. evaluativ-kognitive Konsistenz, 13. evaluativ-affektive Konsistenz. Befragt wurden Studierende.

Nach den Schätzergebnissen der konfirmatorischen Faktorenanalysen ist die eindimensionale Lösung für alle drei Einstellungsobjekte abzulehnen. Damit werden die Ergebnisse von Krosnick et al. bzw. Chuang (s.o.) bestätigt. Einstellungsstärke ist demnach kein eindimensionales Konstrukt. Auch die Inter-itemkorrelationen stimmten weitgehend mit den zuvor dargestellten Befunden überein: Während die Indikatoren 1 bis 7 (vgl. oben) durchgängig auf mittlerem bis hohem Niveau korrelierten, korrelierten die übrigen Indikatoren sowohl untereinander als auch mit den Indikatoren 1 bis 7 meist nur gering oder überhaupt nicht.

In einem zweiten Schritt untersuchte die Autorin mittels explorativer Faktorenanalyse (Oblimin-Rotation), ob sich für die drei Einstellungsbereiche eine einheitliche Faktorstruktur extrahieren lässt. Dies war der Fall. Das Ergebnis widerspricht somit der Aussage von Krosnick et al. (1993) - wenngleich zu berücksichtigen ist, dass hier nicht die gleichen Einstellungsobjekte untersucht wurden - nach der sich keine stabile Struktur unter den Dimensionen der Einstellungsstärke finden läßt. Prislin identifizierte vier Faktoren, mittels derer zwischen 60% und 71% der Varianz aufgeklärt werden können. Sie bezeichnete die Faktoren als: 1. generalisierte Einstellungsstärke (mit Hauptladungen von Erfahrung, Sicherheit, Wichtigkeit, vested interest, gedankliche Vorstellung, subjektives Wissen, Arbeitswissen), 2. interne Konsistenz (mit Hauptladungen von

Indikatoren der evaluativ-kognitiven und evaluativ-affektiven Konsistenz), 3. Extremität (mit Hauptladungen von evaluativer und affektiver Extremität), 4. Leichtigkeit des Einstellungsausdruckes (mit Hauptladungen von Verfügbarkeit und latitude of rejection). Lediglich zwischen zwei Faktoren bestanden mittlere Korrelationen, ansonsten waren die Faktoren weitgehend unabhängig voneinander.

In einem dritten Analyseschritt fragte die Studie danach, welche Bedeutung die identifizierten Faktoren für die Stabilität von Einstellungen haben. Da die die Einstellungen zu zwei Zeitpunkten erfasst wurden, konnte empirisch geprüft werden, ob und welche/r Faktor/en einen moderierenden Einfluss hat/haben. Mit Regressionsmodellen wurde nachgewiesen, dass die Einstellungsstärke tatsächlich eine moderierende Funktion hat (signifikanter Interaktionseffekt zwischen der Einstellung zum Zeitpunkt t-1 und einem Faktor der Einstellungsstärke). Dabei ist besonders interessant, dass a) immer nur ein Faktor je Anwendungsbeispiel eine moderierende Funktion hatte, und dass b) dies jeweils ein anderer Faktor war (affirmative action: generalisierte Einstellungsstärke, Abtreibung: Extremität, Euthanasie: Konsistenz). Die einzelnen Dimensionen/Faktoren von Einstellungsstärke haben also das Potential zur Moderation von Stabilität, ihre Wirksamkeit als Moderator hängt aber vom spezifischen Einstellungsobjekt ab.

### c) Pomerantz et al. (1995)

Ähnlich wie Prislin untersuchten auch Pomerantz et al. (1995) sowohl die Dimensionen der Einstellungsstärke als auch deren moderierende Bedeutung. Dazu führten sie u.a. explorative Faktorenanalysen (Oblimin-Rotation) durch, wobei sie folgende Dimensionen/Indikatoren der Einstellungsstärke berücksichtigten: Sicherheit, persönliche Wichtigkeit, Ich-Involviertheit als a) Zentralität der Einstellung für das Selbstkonzept und als b) Zentralität der Einstellung für das Wertesystem, Wissen und Extremität. Die Analysen wurden für insgesamt fünf Einstellungsobjekte/Einstellungsbereiche durchgeführt: Todesstrafe, Abtreibung, Umweltschutz, Homosexuelle und Veröffentlichung von Wahlergebnissen vor Schließung des letzten Wahllokals. Für alle Einstellungsobjekte konnten die gleichen Faktoren mit vergleichbaren Faktorladungen extrahiert werden: stets wurden zwei Faktoren extrahiert, die jeweils etwas über 60% der Varianz aufklären konnten, wobei beide Faktoren in allen Beispielen auch in etwa gleichem Maße zur Varianzaufklärung beitrugen. Der erste Faktor wurde mit "Eingebundenheit" bezeichnet. Auf diesem haben die Indikatoren: Zentralität für das Selbst, Wichtigkeit, repräsentierte Werte und Wissen ihre Hauptladungen. Der zweite Faktor wurde mit "commitment" bezeichnet. Auf ihm laden die Indikatoren: Extremität und Sicherheit.

In einem weiteren Analyseschritt untersuchten die Autorinnen, ob die extrahierten Faktoren auch Konsequenzen haben, d.h. einen moderierenden Einfluss ausüben können. Folgende Konsequenzen wurden untersucht: Handlungsabsicht, Informationssuche, Resistenzprozesse, selektive und nicht-selektive kognitive Prozesse. Als wichtigste Ergebnisse sind festzuhalten:

Sowohl der Faktor "Eingebundenheit" als auch der Faktor "commitment" wirken sich signifikant positiv auf die Handlungsabsicht (gemessen mit drei Indikatoren) aus. Auch die Bereitschaft zur Informationssuche korreliert mit beiden Faktoren. Im multivariaten Modell ist jedoch lediglich der Einfluss der Eingebundenheit signifikant. Im Unterschied dazu hat für die Resistenz einer Einstellung lediglich der Faktor "commitment" einen signifikant positiven Effekt. Insbesondere die Einstellungsresistenz in Form einer selektiven Urteilsbildung äußerte sich bei Personen mit hohem commitment darin, dass sie einstellungsinkongruente Informationen negativer bewerteten. Demgegenüber trug allein der Faktor "Eingebundenheit" positiv zur Erklärung von selektiven Gedächtnisleistungen bei (einstellungsinkongruente Informationen wurden von Personen hoher Eingebundenheit besser erinnert). Weitere interessante Effekte ergaben sich bei den Analysen, die als abhängigen kognitiven Prozess die selektive Bewertung (Elaboration) untersuchten (im Kontext freien Argumentierens). Dort trugen beide Faktoren im multivariaten Modell signifikant zur Erklärung bei. Commitment führt zu einer erhöhten Selektivität, vor allem dadurch, dass inkongruente Informationen kritisiert werden. Dagegen führt Eingebundenheit zu einer verringerten Selektivität, vor allem wird kongruente Information stärker kritisiert.

Die berichteten Ergebnisse sprechen dafür, dass die Wirksamkeit des Faktors "commitment" bestimmten motivationalen Mechanismen unterliegt, während der Faktor "Eingebundenheit" seine Bedeutung eher aufgrund von strukturellen Mechanismen erhält. Die Stärke von Einstellungen mit hoher Eingebundenheit scheint aus ihrer Einbettung in größere kognitive Zusammenhänge zu resultieren, woraus sich auch ihre Konsistenz und Stabilität ergibt.

### d) Abelson (1988)

Abelson benutzt in seinen Analysen das Konzept "conviction" (Überzeugung), welches sehr große Ähnlichkeit mit dem Konzept der Einstellungsstärke aufweist. Sein Entwurf basiert auf der Überlegung, dass Einstellungen eine Art von Eigentum darstellen ("beliefs are like posessions", Abelson 1988: 267) und sich dadurch von Meinungsäußerungen unterscheiden, die z.B. in Befragungen künstlich erzeugt werden (nonattitudes). Erreicht eine Einstellung den Status des Eigentums (und hat damit einen positiven psychologischen Nutzen), dann wird sie vom Individuum verteidigt, der Öffentlichkeit präsentiert und so lange beibehalten, bis sie ihren Wert verloren hat.

Zur Identifikation von Einstellungen, die mit Überzeugung gehalten werden, schlägt Abelson eine Reihe von Indikatoren vor, die von ihm in verschiedenen Studien zu unterschiedlichen Einstellungsbereichen auf ihre Dimensionalität hin untersucht wurden. Unter den darin identifizierten Faktoren (explorative Faktoranalysen mit Oblique--Rotation) sind für die einzelnen Einstellungsbereiche jeweils drei Faktoren sinnvoll interpretierbar: 1. "emotional commitment/subjective certitude" (u.a. mit einer Hauptladung des Items: 'Ich kann mir nicht vorstellen, jemals meine Ansichten zu ändern' ); 2. "ego preoccupation" (u.a. mit einer Hauptladung des Items 'Ich denke oft darüber nach', gemeint ist das Einstellungsobjekt); 3. "cognitive elaboration"( u.a. mit einer Hauptladung des Items 'Verschiedene andere Themen können in einem Gespräch über X aufkommen').

Kritische Einwände gegen die erzielten Resultate sind sicherlich hinsichtlich der Abgrenzbarkeit der Faktoren anzubringen. Insbesondere die beiden ersten Faktoren scheinen, auch wenn man die Items betrachtet, sehr viele Gemeinsamkeiten aufzuweisen. Beide sprechen affektive und motivationale Aspekte an. Auch die Höhe der durchschnittlichen Faktorladungen, die zwischen 0.56 und 0.27 liegen, sind keineswegs überzeugend.

So spiegelt sich die Verwandtschaft zwischen den Faktoren "emotional commitment" und "ego preoccupation" auch in einer deutlichen Korrelation zwischen beiden Faktoren. Für vier der fünf Einstellungsobjekte liegt sie zwischen 0.50 und 0.97. Am geringsten sind die Korrelationen zwischen "ego preoccupation" und "cognitive elaboration" (r zwischen 0.10 und 0.26).

Abelson berichtet auch Ergebnisse zur moderierenden Rolle der Einstellungsüberzeugung für die Stabilität von Einstellungen. Dazu werden Korrelationen zwischen Einstellungen ausgewertet, die zu zwei Zeitpunkten im Abstand von einem Monat separat für Befragte mit hoher und niedriger Einstellungsüberzeugung berechnet wurden. Die Korrelationen zwischen den zeitlich versetzten Einstellungsmessungen lagen bei Personen mit hoher Einstellungsüberzeugung bei vier Einstellungsobjekten jeweils deutlich über den entsprechenden Werten für Personen mit niedriger Einstellungsüberzeugung (durchschnittliche Korrelationen 0.50 vs. 0.27).

### e) Bassili (1996)

Abschließend soll hier noch auf die wichtigen Studien von Bassili zur Erforschung der Einstellungsstärke eingegangen werden. Auch darin wird die Dimensionalität von Einstellungsstärke sowie die Bedeutung der Einstellungsstärke als moderierende Variable der Einstellungsstabilität und -veränderbarkeit (pliability) untersucht. Allerdings setzen sich diese Untersuchungen von den anderen, hier skizzierten Arbeiten dadurch ab, dass Bassili eine gänzlich andere analytische Verortung der Dimensionalität und der Effekte von Einstellungsstärke vornimmt.

Nach den Analysen von Bassili sind mit der Messung der Einstellungsstärke mittels subjektiver Selbsteinschätzungen in Survey-Interviews einige Probleme verbunden. Danach ist davon auszugehen, dass subjektive Selbsteinschätzungen, die er als Metamaße der Einstellungsstärke bezeichnet, nicht gemeinsam mit dem Einstellungsobjekt im Gedächtnis repräsentiert sind. Sie stellen lediglich sekundäre Eigenschaften der Einstellung dar, und ihre Speicherung würde die Repräsentation einer Einstellung im Gedächtnis überfordern. So können sekundäre Einstellungseigenschaften, also Urteile über Einstellungsurteile, nicht aus dem Einstellungsurteil selbst abgeleitet werden. Dies bedeutet, dass Fragen nach der Einstellungsstärke bei Befragten ein intrapsychisches Bewusstsein voraussetzen, welches in aller Regel nicht vorhanden ist. Werden Befragte dennoch aufgefordert, Metaurteile über ihre Einstellungen abzugeben, müssen sie nach Hinweisreizen suchen (interne oder externe), um auf deren Basis die entsprechenden Fragen beantworten zu können.

Zudem sind nach der Analyse von Bassili die Metamaße der Einstellungsstärke von den sogenannten operativen Maßen zu unterscheiden. Letztere werden durch methodische Verfahren direkt aus dem Einstellungsurteil oder dem Prozess des Urteilens abgeleitet. Dazu werden Messwerte von drei Indikatoren genutzt: (1) Messwerte zur Reaktionszeit, deren Ausprägung dadurch entsteht, dass die Beantwortung einer Einstellungsfrage von einer befragten Person verlangt, die dazu relevanten Informationen zu verarbeiten, ein Urteil zu bilden und dieses zu äußern. Dabei variiert die Menge der zu verarbeitenden Informationen stark. Können Personen ihre Einstellung einfach erinnern, ist nur wenig Information zu verarbeiten und die Reaktionszeit entsprechend kurz. Hat eine Person hingegen eine solche bilanzierende Bewertung nicht gespeichert oder ist diese nicht verfügbar, muss die Person in der Befragungssituation unter Rückgriff auf verfügbare Informationen ein Urteil erst generieren. Die damit verbundene extensive Informationsverarbeitung resultiert in einer längeren Reaktionszeit. Je kürzer die Reaktionszeit bzw. je höher verfügbar die Einstellung ist, desto stärker ist die Einstellung. (2) Messwerte zur Extremität der Einstellung, die auf der Basis des Einstellungsurteils berechnet werden können und damit unmittelbar auf dem persönlichen Urteil einer befragten Person basieren. (3) Messwerte zur Ambivalenz von Einstellungen, zu deren Erhebung die Befragten aufgefordert werden, positive und negative Aspekte des Einstellungsobjektes getrennt zu betrachten und getrennt zu bewerten (in sequentieller Abfolge), so dass aus beiden Urteilen ein Grad der Ambivalenz berechnet werden kann.

Bassili berichtet die Ergebnisse von zwei Studien, die mittels Telefoninterviews unter Studierenden durchgeführt wurden. Neben den bereits oben angeführten operativen Maßen der Einstellungsstärke wurden darin folgende Meta-Indikatoren erhoben: in einer ersten Studie (Studie 1): Sicherheit, Wichtigkeit, Stärke, Wissen, Aufmerksamkeit/ Interesse sowie gedankliche Vorstellung (für die Einstellungsobjekte: Frauenquote bei großen Unternehmen, Pornographie, Hassreden gegen religiöse oder ethnische Gruppen); in einer zweiten Studie (Studie 2): Sicherheit, Wichtigkeit, Stärke, Meta-Extremität, Meta-Ambivalenz sowie Meta- Reaktionszeit[15] (für die Einstellungsobjekte: Frauenquote bei großen Unternehmen, Pornographie).

In Studie 1 konnten für alle drei Einstellungsobjekte ähnliche Indikatoren-Strukturen aufgedeckt werden. Es wurden jeweils die gleichen zwei Faktoren der Einstellungsstärke extrahiert (explorative Faktorenanalyse, Varimax- Rotation). Auf Faktor 1 laden ausschließlich die Metamaße. Die Faktorladungen betragen meist 0.70 und mehr. Dieser erste Faktor erklärt zwischen 39% und 42% der Varianz. Die operativen Maße laden alle auf einem zweiten Faktor, bei dem die Faktorladungen zwischen Werten von 0.46 und 0.71 liegen. Insgesamt werden 14% bzw. 15% der Varianz durch diesen Faktor erklärt. Die Kreuzladungen der operativen Indikatoren sind durchgängig gering. Die Kreuzladungen der Meta-Indikatoren sind jedoch z.T. beachtenswert, treten allerdings nur für die Indikatoren: Sicherheit, Wichtigkeit und Stärke auf.

Die Ergebnisse der Faktorenanalysen in Studie 2 sind widersprüchlich, wobei zu beachten ist, dass hier z.T. auf andere Indikatoren zurückgegriffen wurde. Bei dem Einstellungsobjekt "Frauenquote" wurden drei Faktoren mit einem Eigenwert größer als 1 extrahiert. Auf dem ersten Faktor laden in erster Linie die Metamaße der Wichtigkeit, Stärke, Meta-Ambivalenz und Meta-Extremität. Der zweite Faktor determiniert vor allem die operativen Maße der Extremität und Reaktionszeit und die Metamaße der Sicherheit

---

15) Meta-Extremität: "Verglichen mit ihren Gefühlen zu anderen Themen, sind ihre Gefühle gegen X extrem, moderat, schwach oder neutral". Meta-Ambivalenz: "Wieviel Konflikt empfinden sie zwischen den positiven und negativen Aspekten von X? Extremen, starken, schwachen Konflikt oder überhaupt keinen Konflikt". Meta-Reaktionszeit: "Als sie nach ihrer Bewertung von X gefragt wurden, wie schnell kam ihnen da ihre Bewertung in den Sinn? Extrem schnell, sehr schnell, recht schnell oder nicht allzu schnell?" Bei diesen Indikatoren zeigt sich, dass die Dimensionen der operativen Maße durchaus mittels Meta-Urteile erfasst werden können, was umgekehrt nicht möglich ist.

und Meta-Reaktionszeit. Auf dem dritten Faktor hat lediglich der Indikator der Ambivalenz eine Hauptladung. Bei der Analyse zum Einstellungsobjekt "Pornographie" stellte sich wieder eine zweifaktorielle Lösung ein. Der erste Faktor determiniert die Metamaße der Sicherheit, Wichtigkeit, Stärke, Meta-Extremität sowie Meta-Reaktionszeit. Auf dem zweiten Faktor laden die Indikatoren der Meta-Ambivalenz, der Ambivalenz sowie der Reaktionszeit.

Insgesamt betrachtet sind die Ergebnisse der zweiten Studie weniger gut interpretierbar als die der ersten Studie. Sie bieten zwar Hinweise dafür, dass die Trennung zwischen operativen und Metamaßen der Einstellungsstärke sinnvoll ist, doch sind die dementsprechenden Statistik-Resultate weniger überzeugend als bei Studie 1. Zudem bleibt unklar, ob die meta-operationalen Maße der Einstellungsstärke äquivalent zu den entsprechenden operationalen Maßen sind. Auf Basis der bivariaten Korrelationen ist dies zu verneinen. Zwischen Meta-Ambivalenz und Ambivalenz besteht keine bzw. eine sehr geringe positive Beziehung. Die meta-operationalen Maße können also keinen Ersatz für die operativen Maße darstellen.

In beiden Studien untersuchte Bassili den Beitrag der verschiedenen Maße der Einstellungsstärke zur Erklärung von Persistenz und Resistenz der Einstellungen. In Studie 1 wurde die Resistenz der Einstellungen analysiert. Den Einstellungsfragen folgten jeweils in Abhängigkeit von den vertretenen Positionen einige Gegenargumente, die von den Befragten zu bewerten waren. Hieraus wurde ein Maß der Resistenz (pliability) gebildet, dessen Varianz durch jeweils einen additiven Index der Meta-Maße und der operationalen Maße erklärt werden sollte (mittels logistischer Regressionsmodelle). Es zeigte sich, dass im multivariaten Modell der Meta-Index bei keinem der drei Einstellungsobjekte signifikant zur Erklärung der Resistenz der Einstellung beitragen konnte, die operative Einstellungsstärke jedoch stets einen signifikanten Einfluss auf die Einstellungsresistenz hatte. Wurden nicht Index-Konstruktionen sondern Einzel-Indikatoren zur Prognose der Einstellungsresistenz benutzt, waren vor allem drei Indikatoren erklärungsrelevant: Sicherheit, Extremität und Reaktionszeit.

Aus den berichteten Ergebnissen ist zu folgern, dass a) operative und Metamaße zwei verschiedenen Klassen von Maßen der Einstellungsstärke angehören, dass b) die operativen Maße besser geeignet sind als die Metamaße, um die Resistenz von Einstellungen vorherzusagen, dass c) die Unterscheidung zwischen operativen und Metamaßen nicht auf inhaltlichen Differenzen basiert, sondern auf der Art der Messung. Generell betrachtet, können die Reaktionszeitmessung und die Selbsteinschätzung von Einstellungssicherheiten als "the two stars among measures of strength" (Bassili 1996: 649) bezeichnet werden. Die Bedeutung der Reaktionszeit als Maß der Verfügbarkeit einer Einstellung lässt sich direkt aus dem MODE-Modell von Fazio (1989) erklären. Die Bedeutung des Indikators der Sicherheitseinschätzung sieht Bassili darin begründet, dass Sicherheit unmittelbar mit Konsequenzen der Einstellungsbildung wie Stabilität und Resistenz verbunden ist. Allerdings wird auch vom Autor vermutet, dass die Sicherheitsvorstellungen möglicherweise besser aus kognitiven und verhaltensbezogenen Hinweisreizen abgeleitet werden können als die übrigen Metamaße und deshalb eine so große Bedeutung erhalten.

Eine Zusammenschau der hier vorgestellten Forschungsarbeiten zur Dimensionalität von Einstellungsstärke erbringt folgende wichtigen Ergebnisse:

Als empirisch gesicherte Erkenntnis, um mit dem einfachsten Sachverhalt zu beginnen, ist festzuhalten, dass das Konstrukt der Einstellungsstärke nicht eindimensional angelegt werden kann. Keine der berichteten Studien kam zu dem Ergebnis, dass die verschiedenen Indikatoren der Einstellungsstärke auf einen einzigen latenten Faktor zurückführbar sind. Damit enden aber auch schon die Gemeinsamkeiten in den Resultaten der verschiedenen Arbeiten. Unter Verwendung verschiedener Indikatoren zeigen sich z.T. sehr unterschiedliche Strukturen in den Daten. Diese Unterschiede drücken sich sowohl in der Anzahl der extrahierten Faktoren (2 bis 4) als auch in der internen Struktur der Faktoren aus, denn in den verschiedenen Studien laden die gleichen Indikatoren auf je unterschiedlichen Faktoren. Mithin gilt: Sind die einzelnen Forschungsergebnisse und deren Interpretationen in sich auch schlüssig, so sind sie dennoch nicht zu verallgemeinern.

Wie sinnvoll ist es dann überhaupt, in Forschungsarbeiten das Konstrukt der Einstellungsstärke zu benutzen?

Bereits zu Beginn unserer Ausführungen wiesen wir darauf hin, dass eine theoretisch abgeleitete Definition von Einstellungsstärke nicht vorliegt bzw. dass das Konstrukt in der Forschungspraxis vor allem über die Konsequenzen starker Einstellungen definiert wird. So nützlich jedoch eine solche Vorgehensweise in einer ersten Forschungsphase auch sein kann, so sehr birgt sie im weiteren Forschungsverlauf aber auch die Gefahr, dass ein analytisch anspruchsvolles Konzept durch eine lose 'Indikatorensammlung' gekennzeichnet wird. Und während bei einführenden Erörterungen von einzelnen Dimensionen oder Indikatoren der Einstellungsstärke oftmals noch explizit auf deren substanzielle Relevanzen eingegangen wird, verschwindet dieser Bezug oftmals in weiteren Analysen nahezu vollständig, was sogar so weit gehen kann, dass in verschiedenen Studien des gleichen Forschungsprogramms die Operationalisierungen von einzelnen Dimensionen der Einstellungsstärke sehr unterschiedlich ausfallen können.

Sinnvoller als eine reine Indikatorensammlung zum Konzept der Einstellungsstärke erscheint eine Vorgehensweise, die unter Rückgriff auf bestehende Einstellungsmodelle die relevanten Variablen spezifiziert und dann in jedem spezifischen Anwendungsfall nach geeigneten Umsetzungen sucht.

Dann könnte auch deutlich werden, dass der unterstellte Zusammenhang zwischen der Einstellungsstärke und den Konsequenzen starker Einstellungen für deren Stabilität und Resistenz sowie für einstellungsbedingtes Verhalten keineswegs so eindeutig ist. Dies kann u.a. durch Analysen zur Entwicklung der Einstellungsresistenz im Kontext von Prozessmodellen der Einstellungsbildung und -änderung veranschaulicht werden:[16]

In Prozessmodellen der Einstellungsbildung wird davon ausgegangen, dass nur dann eine intensive und systematische Informationsverarbeitung von Personen betrieben wird, wenn sie dazu sowohl motiviert als auch fähig sind. Zudem wird unterstellt, dass Personen generell bestrebt sind, eine objektadäquate Einstellung auch zu halten (Akkuratheitsmotivation als Grundmotivation).

Dementsprechend sollte sich im Falle einer Darbietung inhaltlich überzeugender Argumente, die sich gegen eine bestimmte Einstellungsposition richten, insbesondere dann die Resistenz einer Einstellung abschwächen, wenn Personen (bei gegebener Fähigkeit) besonders hoch dazu motiviert sind, eine korrekte Einstellung zu halten. Denn hoch motivierte Personen werden am ehesten bereit sein, den mit einer intensiven Informationsverarbeitung verbundenen kognitiven Mehraufwand zu akzeptieren. Motivational 'starke' Einstellungen sollten unter dieser Bedingung also gerade nicht eine erhöhte Resistenz hervorbringen.

Dagegen könnte sprechen, dass die 'kognitive Stärke' einer Einstellung deren Resistenz auch erhöhen kann, da die einzelnen Argumente, die einer Einstellungsposition widersprechen, auf der Basis vorhandenen Wissens relativiert oder abgeblockt werden können.

Jedoch ist auch dieser Effekt nach den Aussagen von Prozessmodellen von speziellen Randbedingungen abhängig. Denn die kognitiven Fähigkeiten von Personen sind gleichzeitig die Voraussetzung dafür, dass komplexere inhaltliche Informationen überhaupt systematisch verarbeitet werden können. Entsprechend steigt unter sonst gleichen Bedingungen die Wahrscheinlichkeit einer Einstellungsänderung bei zunehmender 'kognitiver Stärke' (bedingt z.B. durch ausgeprägtes Objektwissen), wenn das Verstehen und Verarbeiten von kommunizierten Gegenargumenten ein Mindestmaß an kognitiven Fähigkeiten voraussetzt.

Und ein weiterer interessanter Analyseaspekt ergibt sich daraus, dass das Halten einer bestimmten Einstellungsposition nicht auf die oben als Grundmotivation bezeichnete Akkuratheitsmotivation beschränkt sein muss.[17] Einstellungen können für Personen auch andere Funktionen, wie etwa eine Wertausdrucksfunktion, eine Funktion der sozialen Anpassung oder eine Ich-Verteidigungsfunktion erfüllen. Ein inhaltlich bzw. 'sachlich'

---

16) Vgl. dazu Petty/Cacioppo 1986; Chaiken et al. 1989.
17) Vgl. Smith et al. 1956; Katz 1960; Chaiken et al. 1989.

bedeutsames Gegenargument (i.S. der Akkuratheitsmotivation) kann dann in Widerspruch zur Motivation eines Individuums stehen, nach der z.B. eine Einstellungsposition zur Dokumentation einer bestimmten Werthaltung wichtig wird. Die kognitive Basis der Einstellung kann in diesem Fall dazu dienen, die ursprüngliche Einstellungsposition aktiv zu verteidigen.

Die hier nur kurz skizzierten Überlegungen zu einigen analytischen Konsequenzen einer prozessualen Einstellungsforschung, können vielleicht verdeutlichen, dass die kausale Verbindung zwischen der Stärke einer Einstellung und den Konsequenzen starker Einstellungen, wie sie in vielen empirischen Forschungen zur Einstellungsstärke postuliert wird, vor dem Hintergrund theoretischer Modelle der Einstellungsbildung und -veränderung (sowie vor dem Hintergrund funktionaler Einstellungstheorien) nicht unbedingt aufrechtzuerhalten ist.

Im Folgenden soll deshalb eine stärker theoretisch ausgerichtete Konzeptualisierung für die empirische Analyse von Einstellungsstärke vorgestellt werden.

Für die Entwicklung eines theoretisch begründeten Konzepts zur Erforschung von Problemen der Einstellungsstärke wollen wir Ergebnisse aus drei Forschungsrichtungen nutzen: a) aus der empirischen Forschung zum Konstrukt der Einstellungsstärke (s.o.), b) aus der Forschung zu Prozessmodellen der Einstellungs-Verhaltens-Beziehung sowie der Einstellungsbildung und -veränderung, c) aus der Forschung zu funktionalen Einstellungstheorien.

Eine direkte Beziehung zwischen theoretischen Modellierungen und empirischen Analysen der Einstellungsstärke findet man insbesondere in Weiterentwicklungen des Elaboration Likelihood Modells (ELM) der Einstellungsforschung.[18] Darin wird an zentraler Stelle die Stärke einer Einstellung durch den Grad der Elaboration einstellungsrelevanter Informationen zum Zeitpunkt der Einstellungsbildung bestimmt.

Ausgangspunkt für die Modellkonstruktion ist die Frage, wann bzw. warum es bei der Bildung einer neuen Einstellung dazu kommt, dass die entsprechende Einstellung stark oder schwach ist. Die zentrale Aussage des ELM ist, dass der Grad der Stärke einer Einstellung auf dem Umfang des issue-relevanten Denkens (Elaboration) über ein Objekt basiert. Um die Stärke einer Einstellung zu begreifen, muss daher abgeklärt werden, ob die Einstellungsbildung auf sorgfältiger Elaboration oder lediglich auf einfacheren

---

18) Vgl. Petty/Cacioppo 1986; Petty et al. 1995.

(peripheren) Prozessen beruht. Die diese Prozesse determinierenden Faktoren und die damit verbundenen Konsequenzen werden in der folgenden Abbildung 2.3 verdeutlicht.

Unschwer findet man im Modell, das in Abb. 2.3 dargestellt wird, das ELM wieder. Als Determinanten für die Wahrscheinlichkeit der Elaboration von Informationen werden motivationale Faktoren (Wichtigkeit, persönliche Relevanz), Bedingungen, die die Fähigkeit zur Elaboration beeinflussen (Ablenkung, Wiederholung), und auch personale Faktoren (need for cognition) bestimmt. Demnach müssen Motivation und Fähigkeit beim Individuum vorhanden sein, damit eine sorgfältige Auseinandersetzung mit externen Informationen erfolgt. Als Faktoren, die die Fähigkeit der Elaboration herabsetzen gelten: geringes Wissen, rasche Darbietung der Information, Unverständlichkeit der Informationen, Zeitdruck sowie Ablenkung. Motivationale Faktoren, die sich positiv auf die Wahrscheinlichkeit der Elaboration auswirken, sind: persönliche Relevanz, Wichtigkeit (in einem weiten Sinne: vested interest, Werte, Gruppenidentität), unerwartete, überraschende Informationen, persönliche Verantwortung und die Verfügbarkeit der Einstellung.

Der Grad der Elaboration von Informationen hat Einfluss auf verschiedene Dimensionen der Einstellungsstärke. Denn die Auseinandersetzung mit vorhandenen Informationen ist förderlich für die strukturelle Konsistenz der Einstellung, aber auch für die Verfügbarkeit sowohl der Einstellung selbst als auch der Beliefs, auf welchen sie beruht. In der Elaboration wird ein Mehr an Wissen erworben und das Vertrauen in die eigene Einstellung steigt. Alle Konsequenzen der Elaboration stehen in positiver Beziehung zur Persistenz und Resistenz von Einstellungen sowie zur Konsistenz zwischen Einstellung und Verhalten.

Das in der folgenden Abbildung 2.3 skizzierte Modell von Petty et al. weist hohe Ähnlichkeiten mit anderen Modellen zum Zusammenhang zwischen Informationsverarbeitung und Einstellungsbildung auf (z.B. mit dem Modell von Boninger et al. 1995b). Entscheidende Unterschiede sind allerdings darin zu sehen, dass hier nicht lediglich motivationale Faktoren als entscheidende Determinanten des Grades und der Wahrscheinlichkeit der Elaboration genannt werden, sondern dass explizit auch Fähigkeiten, die sich sowohl auf situationale Aspekte als auch auf individuelle Unterschiede beziehen, als notwendige Voraussetzungen der Elaboration bestimmt werden.

Abbildung 2.3: Determinanten und Konsequenzen des Grades der Elaboration von Informationen (nach Petty et al. 1995: 120)

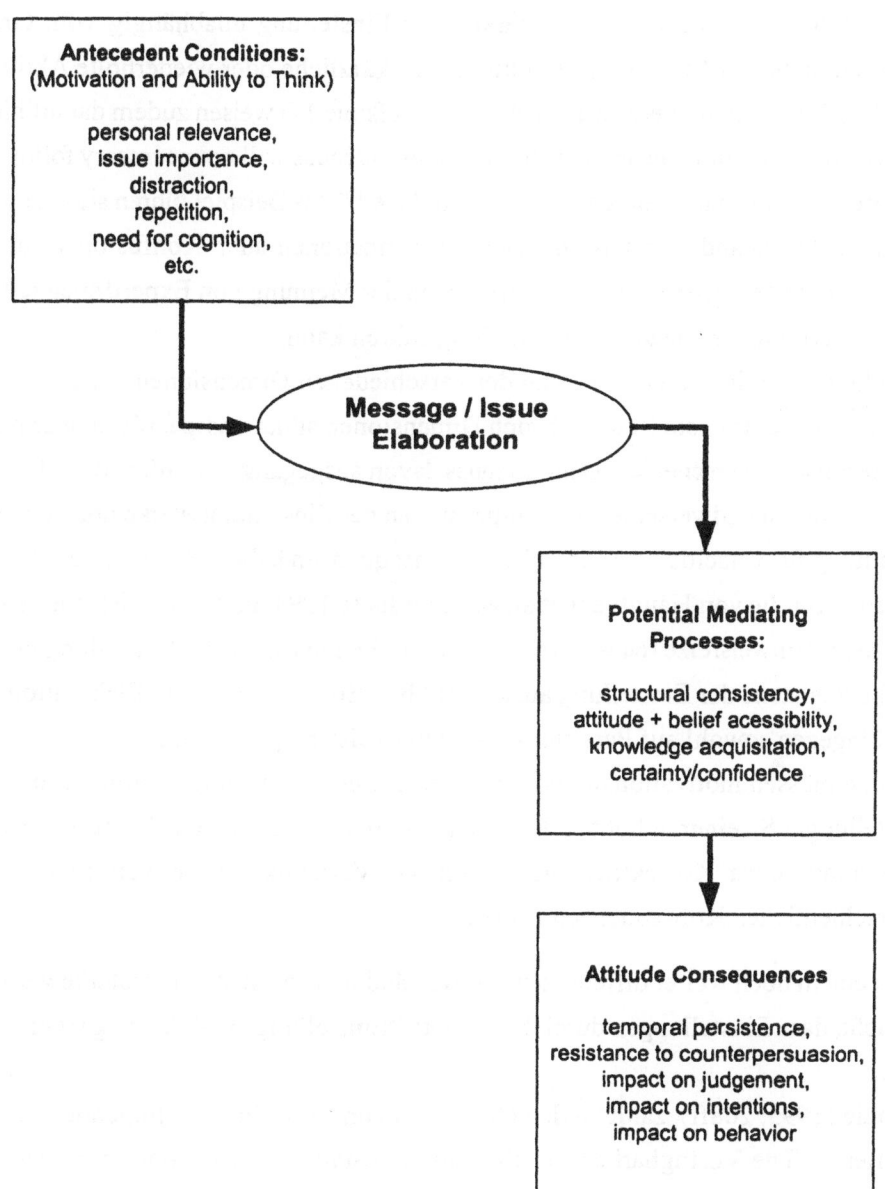

Wie erwähnt, wirkt sich nach den Annahmen des EL-Modells eine intensive Auseinandersetzung mit einem Einstellungsgegenstand positiv auf verschiedene Dimensionen der Einstellungsstärke aus. Allerdings darf daraus nicht geschlossen werden, dass sich keine anderen Prozesse als die Elaboration positiv auf die Einstellungsstärke auswirken können. So wird etwa die Verfügbarkeit der Einstellung unabhängig vom Grad der Elaboration bei der Einstellungsbildung durch kürzliche oder wiederholte Aktivierung der Einstellung erhöht. Petty et al. (1995: 121, Fußnote 17) weisen zudem darauf hin, dass "... even if elaboration occurs, the strength consequences will not necessary follow if one or more of the mediating processes are not induced." Als Beispiel führen sie an, dass eine intensive Auseinandersetzung mit vielen Informationen auch Konfusion verursachen kann, während ein (peripheres) Orientieren an der Meinung von ExpertInnen jedoch zu hohem Vertrauen in die eigene Einstellung führen kann.

Unklar bleibt im Modell, welche der verschiedenen Dimensionen der Einstellungsstärke die bedeutsamste ist und ob sich Dimensionen situationsspezifisch oder motivationsspezifisch unterscheiden. Denn es muss davon ausgegangen werden, dass die Effekte der Elaboration und verschiedener Dimensionen der Einstellungsstärke unterschiedliche Bedeutung für verschiedene Einstellungskonsequenzen haben. So berichten Petty et al. von einer Studie von Haugtvedt et al. aus dem Jahre 1994, in der sich die Wiederholung peripherer Hinweisreize (cues) zwar positiv auf die Persistenz der Einstellung nicht aber auf die Resistenz der Einstellung ausgewirkt hat. Ein hoher Grad an Elaboration wirkte sich hingegen sowohl auf Persistenz als auch Resistenz positiv aus.

Auch müssen motivationale Faktoren keineswegs notwendig zu einer Stärkung der Einstellung i.S. einer erhöhten Resistenz führen, sondern verschiedene Arten von Motivation (etwa Korrektheitsmotivation vs. Verteidigungsmotivation) können zu unterschiedlichen Konsequenzen führen.

Zu einem noch weiter differenzierten Verständnis von Einstellungsstärke verhilft die Einsicht, dass Einstellungen durch bestimmte "Einstellungsqualitäten" gekennzeichnet sind.

Fazio (1995: 268ff) zählt zu den Qualitäten von Einstellungen folgende drei Eigenschaften: 1. Die Verfügbarkeit der Einstellung (Stärke der Assoziation zwischen Einstellung und Einstellungsobjekt im Gedächtnis), 2. die Ambivalenz der Einstellung (die Wahrscheinlichkeit, dass das Einstellungsobjekt sowohl positive als auch negative Bewertungen aktiviert) und 3. die affektiv-kognitive Diskrepanz von Einstellungen (Ausmaß der Differenz zwischen affekt-basierten und kognitiv-basierten Reaktionen, die durch interne oder externe Hinweisreize aktiviert werden können). Zusätzlich wollen wir, anders als es von Fazio vorgeschlagen wurde, die in den oben referierten Forschungsbeispielen vorgestellte "subjektiv empfundene Sicherheit von Einstellungen" zu den immanenten Qualitäten von Einstellungen rechnen.[19] Dazu sollen ergänzend zu den Argumenten, die bereits in den oben skizzierten Forschungsbeispielen genannt wurden, einige weitere Begründungen gegeben werden:

Wie wir gesehen haben, wird in Theoriemodellen zur Informationsverarbeitung davon ausgegangen, dass eine zentrale Informationsverarbeitung im Gegensatz zu einer peripheren Informationsverarbeitung zur Ausbildung einer starken oder zumindest stärkeren Einstellung führt. Demnach wird der Grad der Elaboration (zumindest indirekt) zur zentralen Determinante der Einstellungsstärke.

Auch die Sicherheit in die Einstellung lässt sich in diesen Modellen als eine aus dem Grad der Informationselaboration abgeleitete Größe bestimmen. Zugespitzt formuliert, kann danach Einstellungssicherheit nur erreicht werden, wenn die Einstellungsbildung auf dem zentralen Weg der Informationsverarbeitung erfolgte.

Diese These wird aber von vielen Studien der Einstellungsforschung in Frage gestellt. Insbesondere Kruglanski (1989) betont in seiner Arbeit die Gemeinsamkeiten des peripheren und zentralen Wegs der Einstellungsbildung, da in beiden Fällen das Individuum seine Einstellung aus Informationen (Inhalt oder Kontext) ableitet. Demnach hängt die Entschlossenheit oder Persistenz einer Einstellung nicht generell vom Grad der inhaltlichen Elaboration ab. Vielmehr ist die Sicherheit, mit der eine Einstellung gehalten wird, davon abhängig, für wie subjektiv überzeugend eine Person die Argumente hält, die eine Einstellung unterstützen. Zudem ist für die Einstellungssicherheit relevant, in welchem Ausmaß die Einstellung durch bestimmte Umweltereignisse herausgefordert wird. Und variiert wird die Einstellungssicherheit nochmals durch das Ausmaß der Motivation, mit der eine Person bestrebt ist, ein sicheres Urteil zu bilden.

---

19) Alle übrigen, oftmals genannten Dimensionen der Einstellungsstärke betrachtet Fazio als potentielle Determinanten dieser Qualitäten und behandelt sie als Indikatoren der Einstellungsstärke.
  Dass Fazio den Indikator der Einstellungssicherheit nicht in seiner Auflistung der Indikatoren der Einstellungsstärke berücksichtigt, ist dabei besonders auffällig. Wie wir uns erinnern, bezeichnete Bassili (1996) diesen Indikator als den 'Star' unter den Metamaßen und sah seine Bedeutung darin begründet, dass Sicherheit entweder unmittelbar mit Einstellungsstabilität und -resistenz verbunden ist oder aus kognitiven bzw. externen Verhaltenshinweisen abgeleitet werden kann.

Die Sicherheit in eine Einstellung kann also sowohl aufgrund der Verarbeitung inhaltlicher Informationen als auch auf der Basis peripherer Hinweisreize (cues) erlangt werden. Besteht z.B. bei einer Person die Motivation, eine sichere Einstellung zu bilden, kann für sie die 'perceived epistemic authority' ein zentraler Faktor für ihre 'Art' der Einstellungsbildung werden. Denn wenn sich eine Person nicht in der Lage sieht, inhaltliche Argumente zu einem Einstellungsobjekt angemessen zu verarbeiten, oder sie nur ein geringes Vertrauen in ihre entsprechenden Fähigkeiten hat, ist es für diese Person effizienter, ihre Einstellung aus der Einstellungsposition einer Autorität abzuleiten, wobei etwa der Vertrauenswürdigkeit dieser 'Quelle' eine entscheidende Bedeutung zukommt.

Die Bedeutung von Meinungssicherheit für die Einstellungsanalyse wird auch durch die Leistungsfähigkeit dieses Konzepts zur Erklärung des oftmals beobachteten Auseinanderfallens von subjektivem und objektivem (Fakten-)Wissen unterstrichen. Einstellungssicherheit beruht auf dem Grad des subjektiven Vertrauens, welches eine Person in die ihr zur Verfügung stehenden Informationen - also in ihr subjektives Wissen - über das Einstellungsobjekt hat. Erlangt eine Person die Sicherheit in ihrer Einstellung durch Akzeptanz externer Informationsquellen, muss sie (prinzipiell betrachtet) über keinerlei objektspezifisches Attributwissen verfügen. Wenn eine Person jedoch ihre Einstellung auf der Basis von Attributwissen ("objektives Wissen") bildet, wird i.d.R. die Sicherheit in die Einstellung mit steigendem objektiven Wissen zunehmen, wird also eine positive Beziehung zwischen objektivem und subjektivem Wissen bestehen. Eine starke positive Beziehung zwischen subjektivem und objektivem Wissen ist also nur dann zu erwarten, wenn die Einstellungsposition tatsächlich und ausschließlich aus den Attributen des Objektes abgeleitet wird. Dies dürfte typischer Weise nur selten der Fall sein.

Wenn wir also Fazio hinsichtlich seiner Bestimmung von Einstellungsqualitäten folgen (mit der zuvor gemachten Ergänzung um die Qualität "Einstellungssicherheit"), können wir festhalten, dass nicht alle Indikatoren der Einstellungsstärke bestimmte Eigenschaften der Einstellung betreffen. Sie können auch Eigenschaften derjenigen Faktoren messen, die die eigentlichen Einstellungsqualitäten determinieren.

Dazu zählt auch der Faktor "subjektives Wissen", der als eigenständige Kategorie der Einstellungsanalyse beibehalten werden sollte. Dabei wird der Wissensbegriff relativ weit gefasst. Wissen wird als organisierte gespeicherte Informationen über das Einstellungsobjekt selbst und dessen eventuelle Integration in ein kognitives Netz verstanden. Und da wissensgebundene Überzeugungen (Beliefs) die informationelle Basis der Einstellung darstellen (Davidson 1995, Davidson et al. 1985), kann auf diese Weise eine Einstellung als Kategorisierung eines Objektes entlang eines evaluativen Kontinuums verstanden werden, die auf kognitiven, affektiven und konativen Informationen beruht (nach Zanna/Rempel 1988).

Wenden wir uns nun etwas ausführlicher der Frage zu, was die Qualitäten der Einstellung bestimmt. Dabei wollen wir uns der Vorgehensweise von Petty et al. anschließen (s.o.) und die Frage anhand des Prozesses der Einstellungsbildung klären. Auch soll zunächst die Position akzeptiert werden, dass bei der Einstellungsbildung grundsätzlich zwei Prozesse zu unterscheiden sind: die Einstellungsbildung kann zentral/systematisch oder peripher/heuristisch erfolgen.

Gemäß dem Prozessmodell der Einstellungsbildung erfolgt eine systematische Einstellungsbildung nur dann, wenn beim Individuum sowohl die subjektive Fähigkeit als auch die Motivation vorhanden ist, um in diesen aufwendigen kognitiven Prozess zu investieren. Ist eine entsprechende Motivation vorhanden, kommt es zu einer gesteigerten Elaboration von Informationen, wodurch Effekte in den Einstellungsqualitäten entstehen (insbesondere in Bezug auf die Einstellungsqualitäten: Verfügbarkeit, Ambivalenz und affektiv-kognitive Diskrepanz).

So plausibel die unterstellte Kausalbeziehung klingt, muss sie doch insbesondere aus dem Blickwinkel funktionaler Ansätze der Einstellungsforschung[20] modifiziert werden. Das Vorhandensein 'irgendeiner' Motivation bei gegebener Fähigkeit reicht nicht aus, um eine intensive Elaboration von Informationen auszulösen.

In den Prozessmodellen wird i.d.R. von einer Grundmotivation des Haltens einer korrekten Einstellung ausgegangen (Petty/Cacioppo 1986, Chaiken et al. 1989).[21] Diese Motivation entsteht dadurch, dass Personen befürchten, durch eine falsche Bewertung eines Objektes in nachfolgenden objektrelevanten Entscheidungen spürbare negative Konsequenzen zu erfahren. So können sie z.B. Angst vor einer falschen Beurteilung eines teuren Konsumgutes und damit vor einem verlustreichen Fehlkauf entwickeln. In einer solchen Situation ist davon auszugehen, dass Personen alle Informationen, die ihnen (intern und/oder extern) zur Verfügung stehen, nutzen, um sich ein 'korrektes' Urteil zu bilden. Und gerade dieses Streben nach Gültigkeit einer Bewertung bzw. einer Einstellung ist es, das innerhalb der Prozessmodelle als Motivation für eine erhöhte und intensive Elaboration von Informationen angesehen wird.

---

20) Vgl. Katz 1960; DeBonno 1987; Pratkanis/Greenwald 1989; Tesser/Shaffer 1990; Snyder/ DeBonno 1989.

21) Fazio (1990) spricht auch von der Angst vor falschen Entscheidungen.

Was wäre aber zu erwarten, wenn eine Person eine bestimmte Einstellungsposition einnimmt, um damit eine allgemeine, persönlich für wichtig erachtete Werthaltung zum Ausdruck zu bringen? Wenn also die Einstellung vor allem eine symbolische Funktion erfüllt. Dann läge eine intensive Verarbeitung von Gegenargumenten und deren Verwendung für das Einstellungsurteil nicht im Interesse des Individuums. Z.B. könnte eine Anerkennung solcher Argumente zentrale Wertorientierungen in Frage stellen. So geht Kruglanski (1989) davon aus, dass das Individuum in solchen Situationen den Prozess des Wissenserwerbs aufrechterhält und versuchen wird, die 'negative' Schlussfolgerung durch entgegengesetzte Indizien zu falsifizieren. Hingegen würden 'positive' Schlussfolgerungen zu einem Abschluss des Prozesses führen. Eine andere Reaktionsmöglichkeit des Individuums bestände darin, die Validität einer 'negativen' Schlussfolgerung anzuzweifeln und herabzusetzen oder auch 'negative' Informationen zu vermeiden. Auch für solche Strategien finden sich in der Literatur einige Belege.[22]

Das Gedankenmodell verdeutlicht, dass unterschiedliche Motivationen zu unterschiedlichen Konsequenzen hinsichtlich der Elaboration von Informationen führen können. Somit ist auch zu fragen, ob in Abhängigkeit von der Art der Motivation unterschiedliche Konsequenzen für die einstellungsbezogenen Effekte der Elaboration zu erwarten sind?

Das oben referierte Prozessmodell von Petty et al. (1995) und auch andere Prozessmodelle[23] sehen nicht vor, unterschiedliche Arten der Motivation zu berücksichtigen. Entsprechend kann es innerhalb dieser Modelle auch keine Möglichkeit geben, weitere Konsequenzen für die Elaboration differenziert zu betrachten. Untersuchen wir deshalb im Folgenden, ob eine Differenzierung verschiedener Formen von Motivation für die Erforschung der Einstellungsstärke überhaupt sinnvoll ist. Dazu sollen einige Auswirkungen unterschiedlicher Motivationslagen auf die vier oben genannten Einstellungsqualitäten (Verfügbarkeit, Ambivalenz, affektiv-kognitive Konsistenz, Sicherheit) und auf drei von deren Konsequenzen (Persistenz, Resistenz, Einstellungs-Verhaltens-Konsistenz) betrachtet werden. Dabei wird in Anlehnung an Katz (1960) zwischen drei Motivationslagen unterschieden:[24]

---

22) Vgl. Fazio 1989: 165f; Houston/Fazio 1989; Howard-Pitney/Borgida 1986.
23) Vgl. z.B. Boninger et al. (1995b).
24) Katz (1960) bestimmt zusätzlich noch eine vierte Motivationslage, die Motivation zur Ich-Verteidigung bzw. die Ich-Verteidigungsfunktion, die wir allerdings für unsere
(Fortsetzung...)

## 1. instrumentelle Funktion/Motivation

Ein nutzenmaximierendes Individuum wird jegliche relevanten Informationen bei der Bewertung eines Einstellungsobjektes berücksichtigen, geht es doch dabei um das Abwägen von damit verbundenen, individuell bedeutsamen Vor- und Nachteilen.[25] So werden auch Elaboration und Aufmerksamkeit gegenüber relevanten Informationen zu einem erweiterten (integrierten) Wissen führen. Und für die Verfügbarkeit der Einstellung ist anzunehmen, dass diese durch die Auseinandersetzung mit dem Objekt sowie die Absicherung der Einstellung durch eine größere Wissensbasis erhöht wird. Denn zum einen erhöht die intensive Auseinandersetzung mit dem Objekt die Stärke der kognitiven Verbindung zwischen Objekt und dessen Bewertung. Und zum anderen erhöht sich durch die extensivere Integration bzw. Vernetzung der Einstellung in ein größeres System von Beliefs die Wahrscheinlichkeit, die Einstellung über ihre verschiedenen Links mit anderen Kognitionen zu aktivieren.

Hinsichtlich der affektiv-kognitiven Konsistenz einer Einstellung ist der Einfluss einer instrumentellen Motivation nur schwer abzuschätzen. Es ist aber davon auszugehen, dass sich eine sorgfältige Elaboration positiv auf die kognitiv-evaluative Konsistenz, also auf die Konsistenz zwischen Einstellung einerseits und unterstützender Wissensbasis andererseits auswirkt.

Zwischen Elaboration und Ambivalenz sollte kein Zusammenhang bestehen, da das Ergebnis der Elaboration von der informationellen Basis abhängt, diese aber sowohl evaluativ konsistent als auch widersprüchlich sein kann. Allerdings ließe sich argumentieren, dass im Falle evaluativ inkonsistenter Informationen die intensivere Elaboration dazu führt, dass die assoziative Stärke zwischen Objekt, Informationen und den jeweils daraus resultierenden Bewertungen gestärkt wird. Damit steigt die Wahrscheinlichkeit, dass unabhängig von situationalen Faktoren sowohl die positiven als auch die negativen Aspekte automatisch aktiviert werden und daher eher mit Ambivalenz zu rechnen ist, als im Falle niedriger Elaboration, da hier die Aktivierung bestimmter Aspekte wesentlich stärker von situationalen Faktoren abhängt.

Auch die Sicherheit, mit der die Einstellung gehalten wird, kann positiv durch eine intensive Elaboration beeinflusst werden ('Nach Prüfung aller Argumente komme ich zu

---

24) (...Fortsetzung)
Analyseabsicht als nicht relevant erachten.

25) Dies gilt natürlich nur, wenn angenommen wird, dass keine Kosten der Informationsverarbeitung anfallen.

dem Schluss'). Ein Zustand der Ambivalenz kann dabei mit hoher Sicherheit gehalten werden. Die Sicherheit wird allerdings dann gering sein, wenn die vorhandenen Informationen als unsicher empfunden werden, oder wenn beim Individuum der Eindruck besteht, nicht genügend Informationen zur Herausbildung einer sicheren Meinung zur Verfügung zu haben.

Sowohl die Persistenz von Einstellungen als auch die Konsistenz zwischen Einstellung und Verhalten sollte im Falle instrumenteller Motivation hoch sein. Beides wird durch eine erhöhte Verfügbarkeit der Einstellung positiv beeinflusst. Die Resistenz von Einstellungen ist in Abhängigkeit von der inhaltlichen Stärke zentraler Gegenargumente zu bewerten. Starke Argumente sollten zu einer Einstellungsänderung führen, schwache Argumente sollten hingegen aufgrund einer hohen Elaboration erkannt werden und daher keine Änderung der Einstellung nach sich ziehen. Allerdings muss angemerkt werden, dass eine hohe instrumentelle Motivation in positiver Beziehung zur Wissensbasis des Individuums stehen kann. Dann gilt aber auch, dass der Einfluss jeder einzelnen Information c.p. mit zunehmender Wissensbasis abnimmt, die Resistenz gegen Änderungsversuche also erhöht wird (Davidson et al. 1985, Slaby 1997). Auch dafür ist die grundsätzliche Motivation beim Individuum wichtig, neue Informationen "objektiv" zu verarbeiten.

**2. Wissensfunktion/wissensbezogene Motivation**

Die Herstellung einer Verstehbarkeit und Stabilität ihrer Umwelt entspricht einem zentralen Bedürfnis von Menschen. Vor allem mittels seiner Einstellungen ist ein Individuum in der Lage, verschiedene Objekte auf einer Dimension von "Annäherung-Vermeidung" zu kategorisieren, was zu einer erheblichen kognitiven Entlastung des Alltagslebens führen kann.

Die Herstellung einer solchen Ordnung setzt natürlich voraus, dass Informationen über Einstellungsobjekte verarbeitet werden. Jedoch kann, anders als bei der instrumentellen Motivation, bei der die Aufmerksamkeit des Individuums in erster Linie auf die Attribute des Objektes bzw. auf die handlungsrelevanten Konsequenzen im Umgang mit dem Objekt gerichtet ist, das Ziel der Strukturierung der Umwelt auch auf der Basis 'heuristischer' Informationen erreicht werden (und würde so eigentlich nicht mehr der Zuordnung zur systematischen Verarbeitung entsprechen). Auch geht es, anders als bei einer instrumentellen Motivation, bei der der Einstellungsbildungsprozess quasi ständig aufrecht erhalten wird, bei der Wissensfunktion eher um das Erreichen einer stabilen Struktur. Ist diese einmal erreicht, hat das Individuum nur noch bedingt Interesse an weiteren relevanten Informationen. So wird das Individuum bei Vorliegen einer Wissensmotivation die Aufmerksamkeit gegenüber Informationen früher abbrechen, so dass die Wissensbasis der entsprechenden Einstellung i.d.R. geringer und mit hoher Wahrscheinlichkeit auch evaluativ konsistenter sein wird.

Einstellungen, die aufgrund einer Wissensfunktion gebildet wurden, sollten sich durch eine relativ hohe Verfügbarkeit auszeichnen, da ja gerade die Lokalisierung des Objektes auf einer evaluativen Dimension das Ziel des Individuums ist. Anders als bei der instrumentellen Funktion kann aber nicht davon ausgegangen werden, dass die Verfügbarkeit auf einer umfangreichen internen und externen Vernetzung beruht. Ferner kann über den Grad der affektiv-kognitiven Konsistenz allein aus theoretischen Überlegungen heraus keine Aussage gemacht werden. Allerdings ist das Vorhandensein einer kognitiv-evaluativen Konsistenz doch wohl wahrscheinlich. Und was die Ambivalenz angeht, sollte diese eher unwahrscheinlicher sein als im Falle der instrumentellen Motivation, da ja gerade eine eindeutige Kategorisierung des Objektes als positiv oder negativ angestrebt wird. Demgegenüber sollte der Grad der Sicherheit einer Einstellung hoch sein, wenn der Einstellungsbildungsprozess abgeschlossen ist. Denn dies entspricht einem einseitigen Abbruch der Informationssuche bei hinreichender Sicherheit der Einstellung.

Einstellungen, die zum Zwecke der Strukturierung der Umwelt gebildet werden, sind im engen Sinne per Definition persistent. Denn nur stabile Einstellungen erlauben eine Strukturierung. Hinsichtlich der Einstellungs-Verhaltens-Konsistenz ist zu erwarten, dass diese geringer ist als beim Vorliegen einer instrumentellen Motivation, da die Strukturierung der Umwelt oftmals auf einer höheren Abstraktionsebene als in konkreten Entscheidungssituationen erfolgt (vgl. Snyder/DeBonno 1989). Auch sollte eine Einstellung, die in erster Linie eine Wissensfunktion erfüllt, i.d.R. einen gewissen Grad an Resistenz aufweisen (vgl. oben Persistenz). Ist eine Hypothese akzeptiert, wird die Informationssuche eher eingestellt und werden Inkonsistenzen eher ignoriert.

Es bleibt anzumerken, dass der Grad der kognitiven Elaboration von Einstellungen, die lediglich eine Wissensfunktion erfüllen, nicht unbedingt sehr hoch sein muss. Deshalb sind Situationen vorstellbar, in denen bei geringer informationeller Basis -wie etwa bei kulturellen Truismen- eine Herausforderung einer Einstellung durch widersprechende Informationen nicht abgewehrt werden kann, wenngleich beim Individuum grundsätzlich die Motivation dazu bestehen kann, eine bestimmte Einstellung beizubehalten (vgl. Zanna/Fazio/Ross 1994).

## 3. wertexpressive Funktion/Motivation

Hat eine Einstellung für das Individuum eine wertexpressive Funktion, wird es bestrebt sein, diese als Ausdruck seines Selbst aufrechtzuerhalten. Dies hat zur Konsequenz, dass die Aufmerksamkeit gegenüber Informationen sowie der Informationsverarbeitungsprozess mit einer Verzerrung in Richtung des angestrebten Zieles erfolgen werden.

Die Wissensbasis der Einstellung wird daher, auch wenn sie sehr ausgeprägt ist, einseitig i.S. ihrer Dienlichkeit für die Aufrechterhaltung einer bestehenden Einstellung strukturiert sein. Bei Präsentation widersprechender Informationen ist zu erwarten, dass der Prozess der Informationsverarbeitung eingefroren wird (Kruglanski 1989).

Andererseits erscheint es nicht unwahrscheinlich, dass das Individuum bei Informationen, die der Einstellung widersprechen, mit Gegenargumenten und Widerlegungsversuchen reagieren wird. Für letzteres wirkt sich zum einen die oftmals vorhandene (einseitige) Wissensbasis positiv aus, zum anderen hilft dabei aber auch die hierarchische Vernetzung von Einstellungen mit übergeordneten Werten. Denn sie erlaubt es dem Individuum, die Gültigkeit einer Einstellung aus einer übergeordneten Ebene abzuleiten.

Insgesamt kann also davon ausgegangen werden, dass das Individuum auch bei wertexpressiver Motivationslage durchaus über eine kognitive Absicherung der Einstellung verfügt und gerade dann, wenn die Notwendigkeit einer aktiven Verteidigung der Position in der Vergangenheit bereits aufgetreten ist, Argumente sowie Gegenargumente intensiv verarbeitet hat.

Die Verfügbarkeit der Einstellung ist aufgrund der Beziehung zu zentralen Werten und dem Selbst hoch, sofern die funktionale Bedeutung der Einstellung, also deren Wert- bzw. Selbstrelevanz, in der Situation salient ist. Wiederum ist keine eindeutige Aussage hinsichtlich der affektiv-kognitiven Konsistenz möglich, dagegen erscheint ein hohes Maß an evaluativ-kognitiver Konsistenz als sehr wahrscheinlich, da ja gerade eine selektive Wissensbasis vorhanden ist. Ambivalente Einstellungen sollten bei Vorhandensein einer wertexpressiven Motivation eher selten sein, wenngleich die Möglichkeit besteht, dass immer dann Ambivalenz entsteht, wenn das spezifische Einstellungsobjekt eine Verbindung konkurrierender Werte erzeugt. Liegt eine solche Situation konkurrierender Werte nicht vor, ist davon auszugehen, dass die entsprechende Einstellung mit hoher Sicherheit gehalten wird.

Einstellungen mit wertexpressiver Funktion werden sich durch eine hohe Persistenz und Resistenz auszeichnen (vgl. Argumentation oben). Allerdings kann die Resistenz der Einstellung dann herabgesetzt werden, wenn das Individuum zur Überzeugung kommt oder gebracht wird, dass die Einstellung entgegen seiner Annahme nicht der ihr zugeschriebenen Funktion dienlich ist. Grundsätzlich ist eine hohe Einstellungs-Verhaltens-Konsistenz zu erwarten. Allerdings muss wiederum angemerkt werden, dass den situationalen Faktoren eine hohe Entscheidungsrelevanz zukommen wird.

Halten wir die wichtigsten Ergebnisse unserer Überlegungen zum Zusammenhang zwischen Einstellungsbildung und individuellen Motivationslagen noch einmal kurz fest:

Bei gegebener Fähigkeit kann es für die Elaboration von Informationen und damit für den kognitiven Prozess der Einstellungsbildung durchaus entscheidend sein, welche Motivationslage beim Individuum vorhanden ist.

Erfüllt eine Einstellung eine instrumentelle Funktion für das Individuum, wird eine "eher" objektive Informationsverarbeitung erfolgen (open-minded). Prinzipiell werden dann die zur Verfügung stehenden Informationen genutzt, und aufgrund der intensiven Verarbeitung der Informationen wird eine extensive und integrierte Wissensbasis ausgebildet werden.

Erfüllt die Einstellung hingegen eine Wissensfunktion oder eine wertexpressive Funktion, muss mit einer selektiven Informationsverarbeitung gerechnet werden, da ein spezifisches Ergebnis durch das Individuum angestrebt wird (closed-minded). Die Aufmerksamkeit und Akzeptanz gegenüber Gegenargumente ist eingeschränkt. Die Wissensbasis der Einstellung kann durchaus extensiv sein, jedoch ist sie aufgrund des verfolgten Zieles evaluativ einseitig.

Insbesondere bei Vorhandensein einer wertexpressiven Funktion gilt es weiterhin zu berücksichtigen, dass unterstützende Argumente durch Deduktion aus übergeordneten Werten erzeugt werden können. Für die Stabilität einer Einstellung ist damit nicht nur ihre interne Struktur von Bedeutung (spezifisches Wissen), sondern auch ihre kognitive Einbettung in ein System von Einstellungen und Werten (vgl. Martin/Tait 1992).

Unabhängig von der vorhandenen Motivationslage werden Einstellungen persistent sein. Auch ist eine hohe Konsistenz zwischen Einstellung und Verhalten zu erwarten, wenngleich zu vermuten ist, dass diese bei Einstellungen, die eine Wissensfunktion oder eine wertexpressive Funktion erfüllen, in konkreten Situationen geringer ist, da diese Einstellungen eher abstrakt sind. Dagegen werden sie eine hohe Resistenz aufweisen, da sie 'passiv' (durch selektive Informationsverarbeitung) oder auch aktiv verteidigt werden können.

Bei Vorhandensein einer instrumentellen Motivationslage nimmt die Resistenz der Einstellung mit der Qualität der Gegenargumente ab. Aber es gilt auch: je extensiver und gehaltvoller die kognitive Basis der Einstellung ist, desto höher wird die Resistenz der Einstellung sein. Bei gegebener Wissensbasis und Qualität der Gegenargumente wird die Resistenz von Einstellungen, die eine instrumentelle Funktion erfüllen, geringer sein, als dies bei Einstellungen der Fall ist, die eine wertexpressive oder Wissensfunktion erfüllen.

Weiterhin kommt in der bisherigen Diskussion zum Ausdruck, dass die kognitive Basis von Einstellungen in Umfang und Gehalt durch motivationale Faktoren determiniert ist sowie eine zentrale Rolle für die Resistenz der Einstellung spielt. Dabei sei nochmals betont, dass das Wissen um ein Einstellungsobjekt sich nicht allein auf die interne kognitive Repräsentation der Einstellung beschränkt, sondern gerade auch die Einbindung der Einstellung in ein kognitives System von anderen Einstellungen und Werten sehr bedeutsam sein kann.

Wir können somit resümieren, dass Einstellungen aus verschiedenen Motivationen heraus gehalten werden können. Zudem ist davon auszugehen, dass die Art der Motivation einen Einfluss auf die Art der Informationsverarbeitung hat. So wird z.B. eine extensive Elaboration von Informationen mit höherer Wahrscheinlichkeit dann stattfinden, wenn Hinweisreize (cues) in einer Situation vorhanden sind, die die entsprechende Funktion einer Einstellung ansprechen. Diese systematische Elaboration kann dann in Abhängigkeit vom individuell verfolgten Ziel sowohl 'objektiv' erfolgen (bei gegebener Akkuratheitsmotivation) als auch selektiv und damit ggf. verzerrend durchgeführt werden (bei Vorliegen einer Wissens- oder wertexpressiven Funktion).

Wie verhält sich jedoch der Prozess der Einstellungsbildung in Situationen der geringen Motivation? Die bisherigen Ausführungen konzentrierten sich allein auf die Konstellationen "vorhandene Motivation und vorhandene Fähigkeit/Möglichkeit" (sowie "vorhandene Motivation und geringe Fähigkeit/ Möglichkeit"). Deshalb soll im Folgenden noch auf die Konstellationen "geringe Motivation und hohe Fähigkeit" sowie "geringe Motivation und geringe Fähigkeit" eingegangen werden. Auch soll abschließend noch die Kombination "hohe Motivation und geringe Fähigkeit" kurz angesprochen werden.

Wenden wir uns zunächst der Kombination "geringe Motivation und hohe Fähigkeit" zu. Diese Kombination mutet bereits intuitiv etwas seltsam an, sofern man unter Fähigkeit nicht lediglich allgemeine kognitive Ressourcen versteht. Warum sollte etwa eine Person spezifische Informationen sammeln und verarbeiten, wenn sie dazu keinerlei Motivation besitzt? Investitionen in Informationsverarbeitung setzen Motivation voraus (Kruglanski

1989). Ohne Motivation scheidet eine aktive Informationssuche aus. Nur wenn Informationen frei Haus geliefert werden (hier ist insbesondere an Fernsehen und Hörfunk zu denken) und -vielleicht muss man das anfügen- zu einem gewissen Grade unausweichlich sind, werden Individuen von Dingen in ihrer Umwelt erfahren, die für sie zunächst irrelevant sind. So erscheint es doch als sehr unwahrscheinlich, dass bei Individuen mit geringer Motivation ein hohes Maß an Fähigkeit vorhanden ist. Es ist wohl eher die Konstellation "geringe Motivation bei gleichzeitiger geringer Fähigkeit", die für unser Analyseziel von Bedeutung ist.

Die Konstellation "geringe Motivation bei geringer Fähigkeit" ist typisch für die Entstehung von so genannten "nonattitudes". Eine fehlende Motivation zur Informationsaneignung und -verarbeitung verbunden mit einer geringen informationellen Basis (Fähigkeit) hat zur Konsequenz, dass bei Individuen keine abrufbare Einstellung gegenüber einem potentiellen Einstellungsobjekt vorhanden sein wird. Denn die Ausbildung einer Einstellung setzt Informationen über das Objekt voraus. So führt etwa auch Converse (1970) geringe Korrelationen zwischen Einstellungen, die zu zwei Zeitpunkten gemessen wurden, auf ein solches Nichtvorhandensein einer Einstellung zurück. In einer Befragung geben Personen dann Zufallsantworten, um ihr Unwissen zu verbergen.[26]

Wie bereits erwähnt, bedeutet eine geringe Motivation bei gleichzeitig bestehender geringer Fähigkeit keineswegs einen gänzlichen Verzicht auf Objekt-Wahrnehmung. Denn u.U. sind Informationen zu einem Einstellungsobjekt 'unausweichlich' und können nicht ignoriert werden. Dann ist zwar davon auszugehen, dass Personen mit geringem Themen-Interesse bzw. geringer Motivation ihre Aufmerksamkeit herabsetzen. Jedoch ist auch dann eine aktive Strategie der Informationsvermeidung eher unwahrscheinlich. Gerade Themengebiete, die sich in der öffentlichen Diskussion befinden und daher in den Medien präsent sind, sollten einen gewissen Grad an Unausweichlichkeit besitzen. Ist dies der Fall, erscheint es als wahrscheinlich, dass Personen selbst bei geringer Motivation schon einmal von dem entsprechenden Themengebiet gehört haben und sich vielleicht sogar eine Meinung gebildet haben. Diese wird selbstverständlich nicht auf einer intensiven inhaltlichen Informationsverarbeitung beruhen, sondern vielmehr aus peripheren Hinweisen abgeleitet sein. Deshalb ist auch eher eine geringe kognitive Basis der Einstellung zu erwarten.

---

26) Diese Position ist allerdings keineswegs unumstritten. So wird gerade im social cognition Ansatz der Umfrageforschung davon ausgegangen, dass Personen in der Befragungssituation systematische Sinnzuschreibungen durchführen. Vgl. dazu etwa Smith 1984; Strack 1995.

I.d.R. sollten sich solche Einstellungen aufgrund ihrer randständigen Bedeutung im Relevanzsystem des Individuums durch eine geringe Verfügbarkeit auszeichnen. Allerdings besteht die Möglichkeit, dass es durch eine permanente Medienpräsenz zur wiederholten Aktivierung einer Einstellung beim Individuum kommt, was sich positiv auf die Verfügbarkeit der Einstellung auswirkt. Folgt man Fazio (1989, 1995), der einen direkten Zusammenhang zwischen dem Grad der Verfügbarkeit und der Position auf dem Kontinuum "Einstellung-Nichteinstellung (nonattitude)" herstellt, impliziert dies, dass sich auch Einstellungen zu peripheren Einstellungsobjekten durch eine hohe Einstellungsstärke auszeichnen können.

Ebenso können die Einstellungen zu solchen peripheren Objekten mit hoher Sicherheit gehalten werden. Denn zum einen wurde bereits oben skizziert, dass Einstellungssicherheit keine systematische Informationsverarbeitung voraussetzt. Und zum anderen kann sich die geringe Motivation dadurch positiv auf die Sicherheit auswirken, dass bei geringer Motivation bereits wenige Beweise ausreichen, um die Validität eines Urteils zu akzeptieren.

In diesem Sinne kann auch die "sufficiency threshold" innerhalb des HSM interpretiert werden (vgl. Chaiken et al. 1989, Eagly/Chaiken 1993). Hiernach streben Individuen ein bestimmtes Vertrauensniveau in ihre Einstellung an. Ist das tatsächliche Vertrauensniveau geringer als dieser Schwellenwert, wird das Individuum jegliche Anstrengungen unternehmen, um das gewünschte Vertrauensniveau zu erreichen. Ist das gewünschte Vertrauensniveau bereits erreicht oder gar überschritten, wird das Individuum keine weiteren Anstrengungen unternehmen bzw. diese reduzieren. Die Differenz zwischen gewünschten und tatsächlichen Vertrauensniveau kann als Grad der subjektiven Sicherheit interpretiert werden. Bei sehr geringen angestrebten Vertrauensniveau ist subjektive Sicherheit entsprechend leicht zu erreichen.

Es gibt also Argumente, die dafür sprechen, dass Personen auch bei geringer Motivation und geringer Fähigkeit Einstellungen hoher Stärke halten können (vorausgesetzt sie bilden überhaupt eine Einstellung gegen ein Objekt von geringer Relevanz aus). Dies ist damit zu begründen, dass solche Einstellungen bereits auf Basis geringer Beweise mit hoher subjektiver Sicherheit gehalten werden können, und dass bei geringer Motivation zur Verarbeitung neuer Informationen eine Selbstverstärkung von Einstellungen durch selektive Wahrnehmungsprozesse eintreten kann.

Im allgemeinen wird allerdings davon ausgegangen, dass Personen mit geringer Motivation und geringer Fähigkeit keine oder nur schwache Einstellungen gegen ein entsprechendes Objekt halten und diese 'Einstellungen' daher sehr reagibel hinsichtlich externen Einflüssen sind. Dementsprechend ist auch keine hohe Stabilität, Persistenz oder Beziehung zwischen Einstellung und Verhalten zu erwarten. Jedoch ist eine eindeutige

Aussage hinsichtlich Einstellungsstabilität sowie Einstellungs-Verhaltens-Konsistenz für Personen mit niedriger Motivation und geringer Fähigkeit nicht möglich. Zum einen ist es möglich, dass diese Personen bestenfalls über vage Vorstellungen verfügen und daher besonders dem Einfluss von momentan verfügbaren Informationen unterliegen. Andererseits kann mangelnde Motivation zur Konsequenz haben, dass die Aufmerksamkeit für neue Informationen und der Grad der Informationsverarbeitung gering ist, was sich wiederum positiv auf die 'Stärke' einer Einstellung auswirken kann.

Abschließend ist noch kurz auf die Kombination "hohe Motivation und geringe Fähigkeit" einzugehen.

Bei mangelnder Fähigkeit ist die Möglichkeit einer intensiven, systematischen Informationsverarbeitung stark eingeschränkt. In einer solchen Situation ist zu erwarten, dass heuristische oder peripheren Hinweisreize von zentraler Bedeutung für den Prozess der Einstellungsbildung werden (vgl. Chaiken et al. 1989). Prinzipiell werden dann Personen ihre Aufmerksamkeit verstärkt auf diese Hinweisreize richten und sie in ihre 'systematische', intensive Informationsverarbeitung einfließen lassen. So sind unsere zuvor gemachten Aussagen zur Abhängigkeit des Informationsverarbeitungsprozesses von der Art der Motivation und zu den daraus resultierenden Konsequenzen auch hier anzuwenden. Denn Unterschiede sind nicht in der Intensität der Informationsverarbeitung zu sehen, sondern im Wesentlichen darin, dass im Prozess auf andere Inhalte zurückgegriffen wird (vgl. Kruglanski 1989).

In der folgenden Abbildung 2.4 wird die Logik des in diesem Kapitel entwickelten Prozessmodells zur kognitiven Analyse von Einstellungsbildung und -veränderung noch einmal in Form eines Blockdiagramms verdeutlicht.

In Kapitel 3.5 werden wir einige zentrale Komponenten dieses Modells nutzen, um den Zusammenhang zwischen Einstellungsstärke und der Bewertung neuer Technikanwendungen im Bereich der Gentechnik empirisch zu untersuchen.

Abbildung 2.4: Schematische Darstellung der Struktur eines kognitiven Prozessmodells zur Analyse von Einstellungsbildung und -veränderung

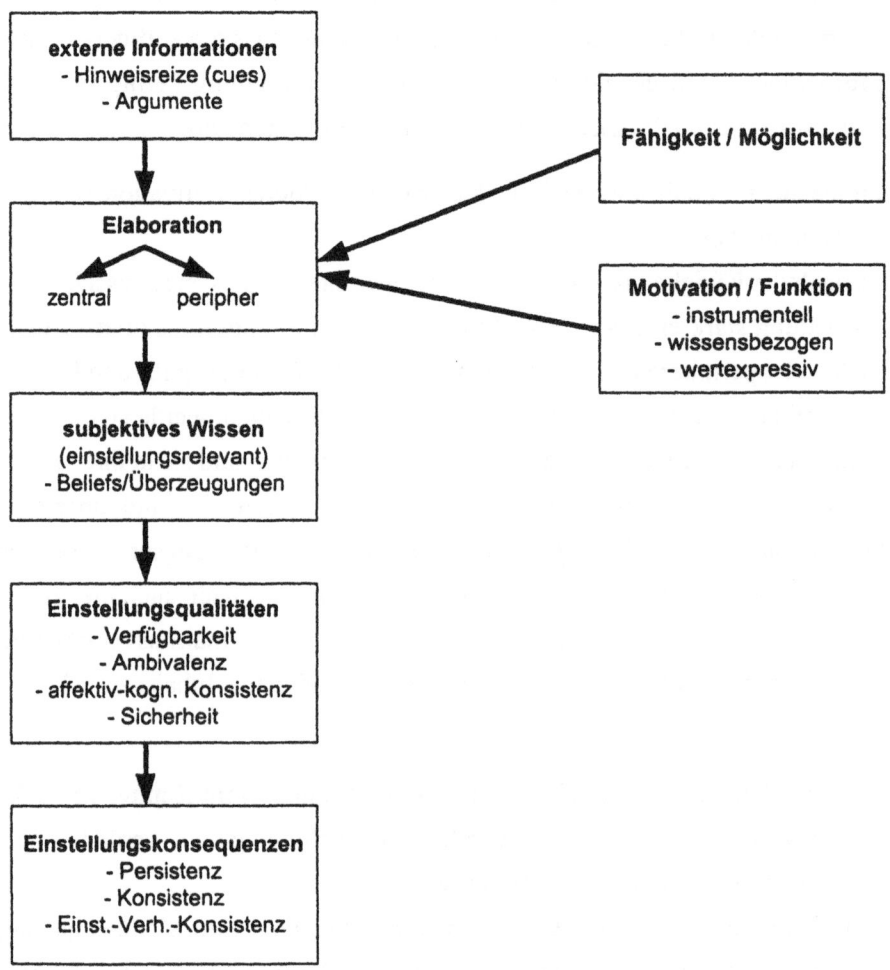

# 3 Empirische Analysen zur Einstellungsbildung gegenüber Gentechnik-Anwendungen

## 3.1 Wahrnehmung von Gentechnik und Gentechnik-Anwendungen

In unserer Studie sollen die in Kapitel 2 vorgestellten Modelle der kognitiven Einstellungsbildung für eine Analyse der Perzeption und Bewertung neuartiger Anwendungen der Gentechnik eingesetzt werden.

Dabei sind wir nicht an einer umfassenden Exploration gentechnik-bezogener Einstellungen in der allgemeinen Bevölkerung interessiert.[1] Vielmehr zielen alle unsere Analysen auf eine empirische Diskussion der zuvor präsentierten, theoretischen Modelle der kognitiven Einstellungsanalyse. Aus diesem Grunde ist es auch nicht notwendig, die gesamte Palette potentiell wichtiger Anwendungsgebiete der Gentechnik in dieser Untersuchung zu berücksichtigen. Die Studie kann auf die öffentliche Wahrnehmung von einigen wenigen, aber sinnvoll ausgewählten Anwendungsgebieten der Gentechnik beschränkt werden.

Für die Auswahl der hier thematisierten, einstellungsrelevanten Anwendungsgebiete der Gentechnik wurden mehrere Kriterien benutzt. Dazu gehörten u.a.: die Bekanntheit der Gentechnik-Anwendungen, das subjektive Wissen über spezifische "gentechnische" Anwendungen in der Bevölkerung sowie die Bewertung und Akzeptanz gentechnischer Anwendungen in der Bevölkerung.

**ad: Bekanntheit/subjektives Wissen/Vertrautheit**

Die Bekanntheit der Gentechnik und ihrer Anwendungen ist im Durchschnitt der Bevölkerung eher gering. Dies dürfte in erster Linie an der erst allmählich beginnenden Diffusion entsprechender Anwendungen in das Alltagsleben liegen. Daher wurde in unserer Studie angestrebt, nur die relativ bekanntesten Anwendungen der Gentechnik für die empirischen Untersuchungen auszuwählen. Da jedoch selbst bei den bekanntesten Anwendungsgebieten der Gentechnik die Vertrautheit mit deren Inhalten im Durchschnitt der Bevölkerung eher gering sein dürfte (dazu mehr im Folgenden), war bei der Auswahl gentech-

---

1) Eine solche Studie wurde von uns in einer eigenständigen Längsschnittuntersuchung durchgeführt. Vgl. Urban/Pfenning (1999).

nischer Anwendungsgebiete zusätzlich darauf zu achten, dass auch bei einem niedrigen Vertrautheitsniveau zumindest eine ausreichende Varianz der diesbezüglichen Messwerte in der Stichprobe vorzufinden ist.

Zur Ermittlung geeigneter Anwendungsbereiche der Gentechnik standen uns die aktuellen Daten aus dem Projekt 'Einstellungen zur Gentechnik' zur Verfügung (vgl. Urban/Pfenning 1999). In diesem Projekt war ein aufwendiges Paneldesign realisiert worden, bei dem die Datengewinnung zu drei Zeitpunkten zwischen dem Frühjahr 1996 und dem Frühjahr 1997 erfolgt war. Die nachfolgenden Analysen beschränken sich auf Personen aus einer regionalen Wohnbevölkerung (regionale Zufallsstichproben), die aus methodischen Gründen teilweise postalisch und teilweise telefonisch befragt worden waren (Instrumentensplit).

Zur Abschätzung der Bekanntheit gentechnischer Anwendungen wurden in der genannten Studie die vier Fragen eingesetzt: 'Haben Sie schon einmal von speziellen Anwendungen der Gentechnik bei Nutzpflanzen/Bakterien/Nutztieren/Menschen gehört oder gelesen?". Der Schwierigkeitsgrad dieser Wissensfragen ist relativ gering, da damit lediglich auf eine formal-begriffliche Bekanntheit abgezielt wird, nicht jedoch auf die Qualität eines diesbezüglichen Wissens. Die nachstehende Tabelle 3.1 zeigt den Grad der Bekanntheit einzelner gentechnischer Anwendungsbereiche.

Tabelle 3.1: Bekanntheit von verschiedenen Anwendungsbereichen der Gentechnik (Prozent der Ja-Angaben)

| Anwendungen im Bereich von: | postal. Befr. Ja-Angaben in % | tel. Befr. Ja-Angaben in % |
|---|---|---|
| Nutzpflanzen | 87.4 | 83.7 |
| Bakterien | 40.8 | 21.7 |
| Nutztiere | 57.7 | 44.1 |
| Mensch | 55.2 | 50.7 |

Wie der Tabelle 3.1 zu entnehmen ist, sind lediglich gentechnische Anwendungen bei Nutzpflanzen in weiten Kreisen der Bevölkerung bekannt. Ansonsten liegt der Bekanntheitsgrad von gentechnischen Anwendungen zwischen etwa 40 und 60% (mit Ausnahme des Bereichs gentechnischer Anwendungen bei Bakterien unter telefonisch befragten

Personen[2]). Es kann also festgehalten werden, dass außer im Bereich der Nutzpflanzen der Bekanntheitsgrad konkreter gentechnischer Anwendungen relativ gering ist.

Zur näheren Aufklärung über den Grad der Bekanntheit gentechnischer Anwendungen kann zusätzlich auch noch die offen gestellte Nachfrage "Können Sie uns diese bitte kurz nennen?" ausgewertet werden, womit die mit den einzelnen Anwendungsgebieten assoziativ verknüpften konkreten Anwendungen und sonstigen Vorstellungsinhalte ermittelt werden sollten.[3]

**a) Anwendungsbereich "Nutzpflanzen"**

Insgesamt finden sich bei den postalisch Befragten 504 Angaben und bei den telefonisch Befragten 534 Angaben auf die offene Frage zu konkreten Anwendungsbeispielen bei Gentechnikanwendungen im Bereich von Nutzpflanzen. Die weitaus meisten Nennungen sind dabei sehr unspezifisch. Aber 73/78 Nennungen (die erste Zahl bezieht sich auf die postalisch Befragten, die zweite Zahl auf die telefonisch Befragten) betreffen das Thema 'Pflanzenresistenz' und 45/41 Nennungen entfallen auf die Kategorie 'Freilandversuche'. Als konkreter Objektbezug werden am häufigsten "Lebensmittel" genannt (101/143).

**b) Anwendungsbereich "Bakterien"**

Aufgrund des geringen Anteils der Befragten, die angaben, Anwendungen bei Bakterien zu kennen, ist die Anzahl der Nennungen in diesem Bereich auch deutlich geringer als bei Nutzpflanzen (262/94). Wiederum enthält ein relativ großer Anteil der Nennungen sehr unspezifische Angaben (55/21). Im Konkreten werden z.B. Themen zu 'Mikroben im Umweltschutz' (35/10) und zur 'Produktion von Enzymen/Proteinen' (22/1) genannt.

---

2) Zwar gilt auch für die postalisch Befragten, dass gentechnische Anwendungen bei Bakterien am wenigsten bekannt sind, doch sind es dort immerhin über 40%, die angeben, solche Anwendungen zu kennen. Diese immense Abweichung kann nur schwerlich als zufällig angesehen werden. Naheliegender ist, dass es sich hier um einen Effekt der Erhebungsform handelt. Zu vermuten ist, dass gentechnische Anwendungen bei Bakterien den Befragten generell am wenigsten verfügbar waren, und dies insbesondere bei telefonischen Befragungen mit ihrem spezifischen Zeitdruck deutlich wird. Zudem werden postalisch befragte Personen, die den Fragebogen vor dem Ausfüllen zunächst durchblättern (oder auch nochmals zurückblättern) konnten, an anderer Stelle im Fragebogen von bestimmten Anwendungen bei Bakterien gelesen haben, die ihnen dann bei Beantwortung der Bekanntheitsfrage erinnerlich waren.

3) Alle hier nicht im Detail berichteten Ergebnisse sind im Tabellenband 'Assoziationen zur Gentechnik' der Projektgruppe 'Einstellungen zur Gentechnik' nachzulesen (Urban et al. 1998).

Ein beachtlicher Anteil der Nennungen entfällt auf den Bereich medizinischer Anwendungen (95/43).

### c) Anwendungsbereich "Nutztiere"

Für die Nachfrage zu konkreten Anwendungen bei Nutztieren liegen 329 bzw. 248 Angaben vor. Jeweils etwas über 50% der Nennungen enthalten sehr unspezifische Angaben (170/132). Die Nennungen mit konkretem Anwendungsbezug konzentrieren sich auf den Bereich der Lebensmittel (75/64).

### d) Anwendungsbereich "Mensch"

Für Anwendungen beim Menschen gaben die postalisch Befragten 478, die telefonisch Befragten 260 Nennungen ab. In beiden Samples findet sich eine eindeutige Konzentration der Nennungen im Bereich Medizin (247/144). Auch werden Themen im Umfeld von "Humangenetik" und zur "genetischen Manipulation am Menschen" genannt (126/80).

Wie dieser knappe Überblick erkennen lässt, sind die Vorstellungen über konkrete Inhalte der angewandten Gentechnik im Durchschnitt der Bevölkerung nicht sehr ausdifferenziert. Allerdings können zwei Anwendungsbereiche der Gentechnik identifiziert werden, die offenbar maßgeblich das Bild der Gentechnik in der Öffentlichkeit bestimmen. Dabei handelt es sich um die Bereiche Lebensmittel und Medizin. Dies wird auch durch die freien Assoziationen auf die Frage "Woran denken Sie, wenn Sie das Wort 'Gentechnik' hören?" bestätigt. Sieht man von den sehr unspezifischen Äußerungen einmal ab, entfallen jeweils etwa 15% der Nennungen in der postalischen und der telefonischen Befragung auf den Bereich "Medizin" sowie weitere 12% bzw. 19% der Nennungen auf den Bereich "Lebensmittel". Insgesamt betrachtet ist also davon auszugehen, dass in weiten Kreisen der Bevölkerung zumindest rudimentäre Informationen über die Möglichkeiten der Gentechnik im medizinischen Sektor und über den Einsatz der Gentechnik in der Lebensmittelherstellung vorliegen. Aufgrund des geringen Grades an Vertrautheit mit Fragen der Gentechnik insgesamt (vgl. hierzu den nachfolgenden Abschnitt) bieten sich auch gerade diese beiden Bereiche für eine Analyse von kognitiven Prozessen der technikbezogenen Informationsverarbeitung und Einstellungsbildung an.

Die Sicherheit der Meinung und das Ausmaß subjektiven Wissens bezüglich der Gentechnik bzw. gentechnischer Anwendungsgebiete wurde in der o.g. Studie mittels folgender zehn Fragen erhoben:

- Wie sicher sind Sie sich Ihrer Meinung zur Gentechnik insgesamt (zur Anwendung der Gentechnik bei Nutzpflanzen/zur Anwendung der Gentechnik bei Bakterien/zur Anwendung der Gentechnik bei Nutztieren/zur Anwendung der Gentechnik beim Menschen)? Sind Sie sich .... (1) sehr sicher, (2) ziemlich sicher, (3) eher unsicher, (4) oder sehr unsicher?

- Meinen Sie, dass Sie über Themen der Gentechnik (Anwendungen der Gentechnik bei Nutzpflanzen/Anwendungen der Gentechnik bei Bakterien/ Anwendungen der Gentechnik bei Nutztieren/Anwendungen der Gentechnik beim Menschen) ... (1) sehr gut Bescheid wissen, (2) eher gut Bescheid wissen, (3) eher schlecht Bescheid wissen (4) oder sehr schlecht Bescheid wissen, oder (5) beschäftigt Sie das nicht?

In Bezug auf diese Fragen gibt die Mehrzahl der Personen an, ziemlich sicher oder eher unsicher zu sein (die beiden Extremkategorien sind nur relativ schwach besetzt). Auch verläuft die Entwicklung der Meinungssicherheit im Untersuchungszeitraum keineswegs einheitlich. Während die Meinungssicherheit in einigen Bereichen abnimmt, steigt sie in anderen an. Insgesamt betrachtet zeigt sich, dass weder für die Gentechnik insgesamt noch für einzelne Anwendungsbereiche ein hoher Grad an Meinungssicherheit vorhanden ist. In weiten Kreisen der Bevölkerung hat noch keine Kristallisation der Einstellungen gegenüber der Gentechnik und ihrer Anwendungen stattgefunden.

Dies wird auch durch die Antworten zum selbst eingeschätzten, subjektiven Wissen bestätigt. Der Anteil an Personen, die ihr Wissen als eher schlecht oder sehr schlecht erachten, liegt bei den postalisch befragten Personen zwischen 68% (Gentechnik allg., 3. Welle) und 84% (Bakterien, 1. Welle) sowie bei den telefonisch Befragten zwischen 64% (Nutzpflanzen, 3. Welle) und 90% (Bakterien, 1. Welle). Es ist also davon auszugehen, dass auch in den Bereichen mit den relativ höchsten Graden an Meinungskristallisation nur bedingt stabile Einstellungen gegenüber der Gentechnik und ihrer Anwendungen ausgebildet sind. Gerade diese Bereiche, zu denen insbesondere die Lebensmittelherstellung und die medizinische Anwendung gehören, sollten deshalb für unsere Studie ausgewählt werden.

**ad: Bewertung/Akzeptanz**

Als ein weiteres Kriterium für die Auswahl der zu untersuchenden Anwendungsbereiche der Gentechnik wurde zuvor auch der Grad der Akzeptanz entsprechender Anwendungen genannt. Idealer Weise sollte es sich um Anwendungsgebiete handeln, die sich a) durch ein unterschiedliches Akzeptanzniveau unterscheiden, und b) eine ausreichende Varianz ihrer Bewertung aufweisen. Im Folgenden gilt es daher zu klären, ob dies für die Anwendungsbereiche Lebensmittel und Medizin zutreffend ist.

Für die Überprüfung der genannten Kriterien kann wiederum auf die Daten des o.g. Panelprojektes zurückgegriffen werden. Dort wurde mit verschiedenen Indikatoren die Bewertung von 16 konkreten Anwendungsbeispielen erhoben, u.a. auch von konkreten Anwendungen aus den Bereichen Lebensmittel und Medizin. Zusätzlich konnten entsprechende Daten aus einer repräsentativen Umfrage zur Bewertung der Gentechnik genutzt werden (vgl. Hampel/Renn 1999), so dass die empirische Basis für die folgenden Analyse aus zwei unabhängigen Erhebungen besteht.

Wenden wir uns zunächst der Frage der Akzeptanz verschiedener Anwendungen aus den beiden Bereichen Medizin und Lebensmittel zu. Die Ergebnisse zeigen ein deutliches Akzeptanzgefälle zwischen medizinischen Anwendungen der Gentechnik und dem Einsatz gentechnischer Verfahren im Bereich der Lebensmittelproduktion. Der Durchschnitt der Bevölkerung steht gentechnischen Anwendungen im Bereich Lebensmittel ablehnend gegenüber, dagegen fällt die Bewertung medizinischer Anwendungen -bis auf eine Ausnahme- positiv bis sehr positiv aus. Die Ausnahme im Bereich der Medizin stellt der Indikator 'Gentechnik, um Labortiere zum Einsatz für die Arzneimittelforschung zu züchten' dar. Dort kommt die grundsätzlich skeptische Haltung in der Bevölkerung gegenüber dem Einsatz der Gentechnik bei Tieren zum Ausdruck, die nur z.T. durch den zu erwartenden Nutzen revidiert wird. Ganz parallel zu diesem Befund fällt die Bewertung gentechnischer Anwendungen im Bereich der Lebensmittel aus. Auch dort zeigt sich, dass eine gewisse Toleranz gegenüber Verfahren besteht, die sich auf Pflanzen beziehen. Sobald es sich jedoch bei den betroffenen Organismen um Tiere handelt, sind für den Großteil der Bevölkerung entsprechende Anwendungen nicht akzeptabel. Somit erweisen sich die angestrebten gentechnischen Anwendungsgebiete Medizin und Lebensmittel hinsichtlich des Auswahlkriteriums 'unterschiedliches Akzeptanzniveau' als außerordentlich geeignet.

Alle ausgewerteten Indikatoren weisen (sehr) schiefe Verteilungen und z.T. relativ niedrige Varianzen auf. Es sollten also bei einer Einstellungsanalyse zur Gentechnik möglichst breite Skalen eingesetzt werden, um so zwischen unterschiedlichen Graden der Akzeptanz stärker differenzieren zu können. Auch ist es gerade für Analysen im Bereich Medizin notwendig, zur Messung von bilanzierenden Bewertungen nur sorgfältig ausgewählte Stimuli zu benutzen, um dadurch zu vermeiden, dass die Befragten ausschließlich auf äußerst positiv bewertete Anwendungen, wie z.B. die Herstellung von Impfstoffen oder die Therapie von Zellkrankheiten, in ihrer generellen Bewertung zurückgreifen. Ganz ähnlich gilt für den Bereich Lebensmittel, dass eine ausreichende Varianz in den Bewertungen nur bei Anwendungen zu erwarten ist, die keinen Bezug zu Tieren aufweisen, da diese Anwendungen sehr stark abgelehnt werden. Der Stimuli Lebensmittel wird also notwendig mit dem Zusatz pflanzlich zu präzisieren sein.

Abschließend soll untersucht werden, ob die festgestellte Dominanz der Assoziationen zu konkreten Anwendungen aus den Bereichen Medizin und Lebensmittel auch tatsächlich die maßgeblichen Dimensionen der kognitiv- evaluativen Repräsentation der Gentechnik in der Bevölkerung darstellen. Eine angemessene Methode zur statistischen Klärung dieser Frage ist die konfirmatorische Faktorenanalyse (CFA).[4] Mittels dieser kann überprüft werden, ob die unterstellte Repräsentationsstruktur auch empirisch haltbar ist. Für die folgenden CFA-Analysen wird wiederum auf den Datensatz der regionalen Panelstudie (1. Welle) und den Datensatz der bundesweit repräsentativen Studie (alte Bundesländer ohne Berlin) über empirische Ausprägungen von Einstellungen zur Gentechnik zurückgegriffen.

In einem ersten Modell (Modell 3.1) wird unterstellt, dass in der Bevölkerung eine undifferenzierte, latente Einstellung zur Gentechnik zu beobachten ist, bei der nicht zwischen gentechnischen Anwendungen im Bereich "Medizin" und im Bereich "Lebensmittel" unterschieden wird. Alle Indikatoren, mit denen die subjektive Bewertung von gentechnischen Anwendungen in beiden Anwendungsbereichen ermittelt wurde, sind demnach nur Ausdruck dieses einen, umfassenden Einstellungsmusters.[5]

---

4) Vgl. dazu die erläuternden Informationen in Kapitel A3 (im Anhang).

5) Folgende Indikatoren werden in den Modellen 3.1 und 3.2 benutzt (die V-Indikatoren wurden in der regionalen Panelstudie gemessen, die I-Indikatoren wurden in der bundesweiten Repräsentativstudie ermittelt):
Was meinen Sie zum Einsatz der Gentechnik bei der Herstellung von Impfstoffen? (V34/I20); Was meinen Sie zum Einsatz der Gentechnik zur Kreuzung verschiedener Tierarten, um deren landwirtschaftlichen Nutzen zu steigern? (V35); Was halten Sie davon, wenn Gene von einer Tierart -z.B. Schaf oder Ziege- auf eine andere Tierart -z.B. Schwein- übertragen werden, um deren landwirtschaftlichen Nutzen zu steigern? (I21); Und was meinen Sie zum Einsatz der Gentechnik in der Schwangerschaft, um körperliche und geistige Krankheiten von ungeborenen Kindern zu erkennen? (V36); Wie beurteilen Sie den Einsatz von Gentechnik in der Schwangerschaft, um körperliche und geistige Krankheiten von ungeborenen Kindern zu erkennen? (I22); Was meinen Sie zum Einsatz der Gentechnik, um Geschmack, Haltbarkeit oder Aussehen von Lebensmitteln zu verändern? (V38); Man kann die Gentechnik einsetzen, um Geschmack, Haltbarkeit oder Aussehen von

(Fortsetzung...)

Abbildung 3.1 zeigt die Grundstruktur des CFA-Modells, mit der diese Hypothese überprüft werden soll. Sie zeigt einen einzigen, oval umrandeten Faktor (F), der durch die gemeinsame Varianz von 11 einzelnen V-Indikatoren bzw. 9 einzelnen I-Indikatoren definiert wird. Die in der Abbildung ebenfalls ausgewiesene Korrelation zwischen diesem latenten Einstellungsfaktor und einer manifest erhobenen, generellen Bewertung der Gentechnik (V1/I1) soll dabei der externen Validierung des als gültig unterstellten 1-Faktor-Modells dienen.

Zusätzlich verdeutlicht Abb. 3.1, dass in der Modellspezifikation auch noch eine Besonderheit der Bewertung der Gentechnik und ihrer Anwendungen in der Bevölkerung berücksichtigt wird: Das Modell berücksichtigt die durchgehend skeptische Haltung der Bevölkerung gegenüber Anwendungen der Gentechnik, die mit Eingriffen bei Tieren verbunden sind, und die im analytischen Sinne als eine gesonderte Bewertungsdimension der Gentechnik verstanden werden kann. Dies wird im CFA-Modell dadurch erreicht, dass auch die Korrelationen zwischen den Meßfehlern von Indikatoren mit tierbezogenen Inhalten zur freien Schätzung zugelassen werden und somit die spezielle Indikator-Varianz, die durch die Bewertung tierbezogener Inhalte entsteht, in einer separaten Kovarianzstruktur aufgefangen wird.

Die Ergebnisse der beiden Schätzungen des CFA-Modells 3.1 (mit einem regionalen Panel-Datensatz und mit einem Repräsentativ-Datensatz) werden in den Tabellen 3.2a und 3.2b zusammengefasst.

---

5) (...Fortsetzung)
Lebensmitteln zu verändern. Was halten Sie davon? (I23); Was meinen Sie zum Einsatz der Gentechnik, um Labortiere zum Einsatz für die Arzneimittelforschung zu züchten? (V40/I25); Und was meinen Sie zum Einsatz der Gentechnik zur Diagnose von unheilbaren Krankheiten, die möglicherweise erst später im Leben auftreten? (V41); Und wie beurteilen Sie die Anwendung der Gentechnik zur Diagnose unheilbarer Krankheiten? (I26); Was meinen Sie zum Einsatz der Gentechnik, um das Wachstum von Nutzpflanzen zu beschleunigen? (V42/I27); Und was meinen Sie zum Einsatz der Gentechnik zur Behandlung von Immun- und Zellkrankheiten beim Menschen? (V43); Wie beurteilen Sie den Einsatz von Gentechnik zur Behandlung von Immun- und Zellkrankheiten beim Menschen? (I28); Und was meinen Sie zum Einsatz der Gentechnik, um die Widerstandskraft von Nutzpflanzen gegen Insekten und Pflanzenkrankheiten zu verändern? (V46/I29); Und was meinen Sie zu gentechnischen Veränderungen bei Nutztieren, so dass diese fettärmeres Fleisch liefern oder mehr Milch geben? (V44); Was meinen Sie zum Einsatz gentechnisch veränderter Bakterien und Hefepilze, um z.B. Käse, Joghurt oder Bier herzustellen? (V45).

Abbildung 3.1: Die Grundstruktur von Modell 3.1

a) für die regionale Panelstudie

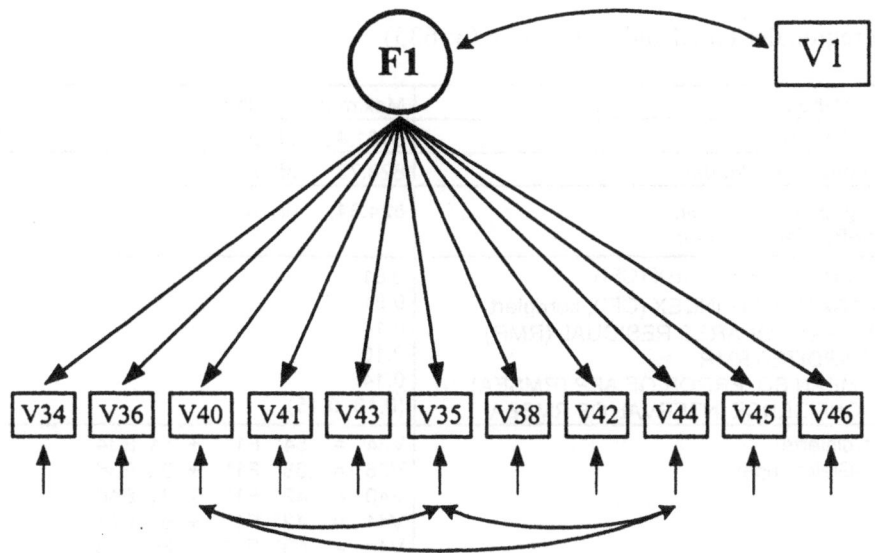

b) für die bundesweite Repräsentativstudie

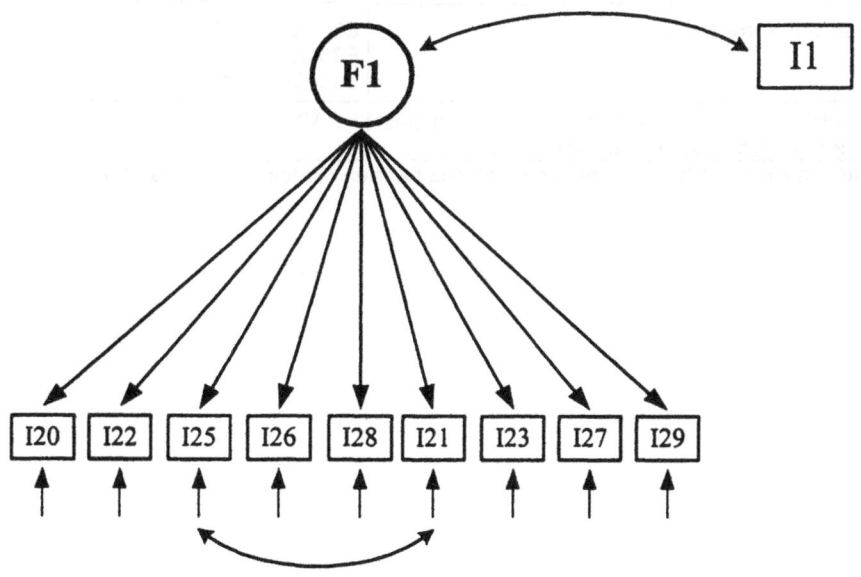

Tabelle 3.2: CFA-Modellschätzung der kognitiv-evaluativen Repräsentation von Gentechnik (Modell 3.1)

a) mit regionaler Panelstudie, 1. Welle (n=635)

| Schätzmethode | Maximum Likelihood |
|---|---|
| chi², Null-Modell | 3491.45,  df: 66 |
| chi², angepasstes Modell | 828.72,  df: 54 |
| chi², angepasstes Modell, Satorra-Bentler-Korrektur | 624.34,  df: 54 |
| COMPARATIVE FIT INDEX (CFI)<br>COMPARATIVE FIT INDEX (CFI), korrigiert<br>ROOT MEAN SQUARED RESIDUAL (RMR)<br>STANDARDIZED RMR<br>ROOT MEAN SQ. ERROR OF APP.(RMSEA)<br>90% CONFIDENCE INTERVAL OF RMSEA | 0.81<br>0.81<br>0.14<br>0.10<br>0.14<br>(0.13, 0.15) |
| standardisierte<br>Modell-Gleichungen | V34 =  .54* F1*  + .84 E34<br>V36 =  .38* F1*  + .92 E36<br>V40 =  .42* F1*  + .91 E40<br>V41 =  .42* F1*  + .91 E41<br>V43 =  .53* F1*  + .85 E43<br>V35 =  .61* F1*  + .79 E35<br>V38 =  .74  F1*  + .68 E38<br>V42 =  .79* F1*  + .61 E42<br>V44 =  .72* F1*  + .69 E44<br>V45 =  .73* F1*  + .69 E45<br>V46 =  .76* F1*  + .65 E46 |
| Residuen-Korrelationen | E35, E40 = .20*<br>E35, E44 = .42*<br>E40, E44 = .12* |
| Korrelation zwischen latentem Faktor und manifest gemessener, bilanzierender Bewertung | F1, V1 = .67* |

* markiert einen Modellparameter, der im spezifizierten Modell frei geschätzt wurde

b) mit bundesweiter Repräsentativstudie (n=1115)

| Schätzmethode | Maximum Likelihood |
|---|---|
| chi², Null-Modell | 3439.61, df: 45 |
| chi², angepasstes Modell | 806.07, df: 34 |
| chi², angepasstes Modell, Satorra-Bentler-Korrektur | 680,73, df: 34 |
| COMPARATIVE FIT INDEX (CFI)<br>COMPARATIVE FIT INDEX (CFI), korrigiert<br>ROOT MEAN SQUARED RESIDUAL (RMR)<br>STANDARDIZED RMR<br>ROOT MEAN SQ. ERROR OF APP.(RMSEA)<br>90% CONFIDENCE INTERVAL OF RMSEA | 0.77<br>0.78<br>0.11<br>0.09<br>0.14<br>(0.13, 0.15) |
| standardisierte<br>Modell-Gleichungen | I20 = .67* F1* + .75 E20<br>I22 = .48* F1* + .88 E22<br>I25 = .41* F1* + .91 E25<br>I26 = .60* F1* + .80 E26<br>I28 = .65* F1* + .76 E28<br>I21 = .44* F1* + .90 E21<br>I23 = .51  F1* + .86 E23<br>I27 = .63* F1* + .78 E27<br>I29 = .60* F1* + .80 E29 |
| Residuen-Korrelationen | E25, E21 = .24* |
| Korrelation zwischen latentem Faktor und manifest gemessener, bilanzierender Bewertung | F1, I1 = .69* |

\* markiert einen Modellparameter, der im spezifizierten Modell frei geschätzt wurde

Wie die Ergebnisse der Modellschätzungen 3.1a und 3.1b zeigen, erreicht das spezifizierte Modell zwar mit beiden Datensätzen eine wesentlich bessere Anpassung an die beobachteten Datenstrukturen als das Null-Modell (der $\chi^2$-Wert fällt von 3491 auf 624 bzw. von 3439 auf 680), jedoch zeigen die Werte der verschiedenen Fit-Indizes, dass der damit erreichte Anpassungsgrad noch nicht akzeptabel ist. Auch eine naheliegende Modifikation der Modelle, bei der zusätzlich noch Fehlerkorrelationen zwischen bereichsspezifischen Anwendungen zugelassen wurden, erbrachte keine zufriedenstellende Anpassungsqualität.

Deshalb sollen in einer alternativen Modellspezifikation (Modell 3.2) die Indikatoren der verschiedenen Anwendungsbereiche auf zwei separate, bereichsspezifische latente Konstrukte aufgeteilt werden: auf die beiden latenten Konstrukte 'Bewertung der Gentechnik bei Lebensmitteln' (F2) und 'Bewertung der Gentechnik bei medizinischen Anwendungen' (F1).

Wie Abbildung 3.2 zeigt, werden in Modell 3.2 die Indikatoren der verschiedenen gentechnischen Anwendungsbereiche zur Definition von zwei bereichsspezifischen latenten Faktoren erster Ordnung verwendet (F1 und F2). Diese beiden latenten Faktoren sind Ausformungen eines latenten Faktors zweiter Ordnung (F3), der als 'generalisierende Bewertung der Gentechnik' bezeichnet werden kann.

Die Ergebnisse dieser Modellschätzung sind den beiden Tabellen 3.3a/b zu entnehmen.

Tabelle 3.3: CFA-Modellschätzung zweiter Ordnung der kognitiv-evaluativen Repräsentation von Gentechnik (Modell 3.2)

a) mit regionaler Panelstudie, 1. Welle (n=635)

| Schätzmethode | Maximum Likelihood |
|---|---|
| chi², Null-Modell | 3491.45, df: 66 |
| chi², angepasstes Modell | 202.83, df: 49 |
| chi², angepasstes Modell, Satorra-Bentler-Korrektur | 184,31, df: 49 |
| COMPARATIVE FIT INDEX (CFI)<br>COMPARATIVE FIT INDEX (CFI), korrigiert<br>ROOT MEAN SQUARED RESIDUAL (RMR)<br>STANDARDIZED RMR<br>ROOT MEAN SQ. ERROR OF APP.(RMSEA)<br>90% CONFIDENCE INTERVAL OF RMSEA | 0.96<br>0.95<br>0.08<br>0.06<br>0.07<br>(0.06, 0.08) |
| standardisierte Modell-Gleichungen | F34 = .70  F1* + .71 E34<br>F36 = .62* F1* + .79 E36<br>F40 = .40* F1* + .92 E40<br>F41 = .63* F1* + .78 E41<br>F43 = .83* F1* + .56 E43<br>F35 = .61* F2* + .79 E35<br>F38 = .77  F2* + .64 E38<br>F42 = .82* F2* + .57 E42<br>F44 = .74* F2* + .67 E44<br>F45 = .75* F2* + .66 E45<br>F46 = .75* F2* + .66 E46<br>F1  = .73* F3  + .68 D1<br>F2  = .73* F3  + .68 D2 |
| Residuen-Korrelationen | E35, E40 = .27*<br>E35, E44 = .39*<br>E40, E44 = .23* |
| Korrelation zwischen latentem Faktor 2. Ordnung u. manifest gemessener, bilanzierender Bewertung | F3, V1 = .83* |

\* markiert einen Modellparameter, der im spezifizierten Modell frei geschätzt wurde

b) mit bundesweiter Repräsentativstudie (n=1115)

| Schätzmethode | Maximum-Likelihood |
|---|---|
| chi², Null-Modell | 3439.61, df: 45 |
| chi², angepasstes Modell | 192.11, df: 32 |
| chi², angepasstes Modell, Satorra-Bentler-Korrektur | 172.57, df: 32 |
| COMPARATIVE FIT INDEX (CFI)<br>COMPARATIVE FIT INDEX (CFI), korrigiert<br>ROOT MEAN SQUARED RESIDUAL (RMR)<br>STANDARDIZED RMR<br>ROOT MEAN SQ. ERROR OF APP.(RMSEA)<br>90% CONFIDENCE INTERVAL OF RMSEA | 0.95<br>0.95<br>0.07<br>0.06<br>0.07<br>(0.06, 0.08) |
| standardisierte<br>Modell-Gleichungen | I20 = .74 F1* + .67 E20<br>I22 = .53* F1* + .85 E22<br>I25 = .32* F1* + .95 E25<br>I26 = .70* F1* + .71 E26<br>I28 = .78* F1* + .63 E28<br>I21 = .47* F2* + .88 E21<br>I23 = .62 F2* + .79 E23<br>I27 = .79* F2* + .61 E27<br>I29 = .74* F2* + .68 E29<br>F1 = .72* F3 + .69 D1<br>F2 = .71* F3 + .70 D2 |
| Residuen-Korrelation | E25, E21 = .25* |
| Korrelation zwischen latentem Faktor 2. Ordnung und manifest gemessener, bilanzierender Bewertung | F3, I1 = .81* |

\* markiert einen Modellparameter, der im spezifizierten Modell frei geschätzt wurde

Wenngleich die chi²-Werte der Modelle 3.2a und 3.2b wieder hoch signifikant sind, zeigen die verschiedenen Fit-Indizes doch, dass das neu spezifizierte Modell eine wesentlich bessere Anpassung an die empirischen Daten ermöglicht als das Modell 3.1. Auch die Korrelationen zur externen Validierung zeigen im Vergleich zur Modellschätzung 3.1 wesentlich verbesserte Werte. Wir wollen deshalb für die folgenden Analysen von zwei selbständigen gentechnischen Anwendungsbereichen "Lebensmittel" und "Medizin" ausgehen. Denn diese Unterscheidung scheint eine angemessene statistische Abbildung der kognitiv-evaluativen Repräsentation der Gentechnik zu ermöglichen. Dies gilt insbesondere dann, wenn tierbezogene Gentechnik-Anwendungen aus der Betrachtung ausgeblendet werden können (auch in den Modellschätzung 3.2a/b sind die diesbezüglich zugelassenen Residuenkorrelationen statistisch signifikant und weisen das erwartete positive Vorzeichen auf).

Abbildung 3.2: Die Grundstruktur von Modell 3.2

a) für die regionale Panelstudie

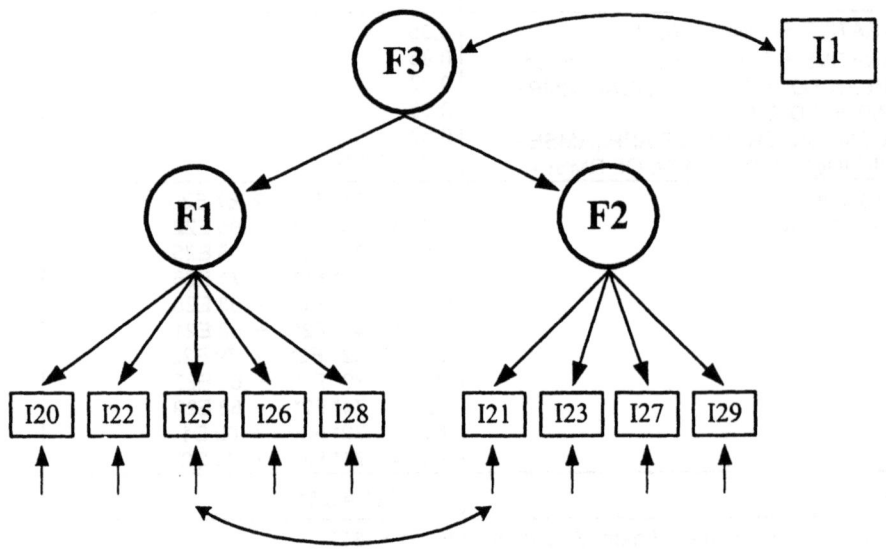

b) für die bundesweite Repräsentativstudie

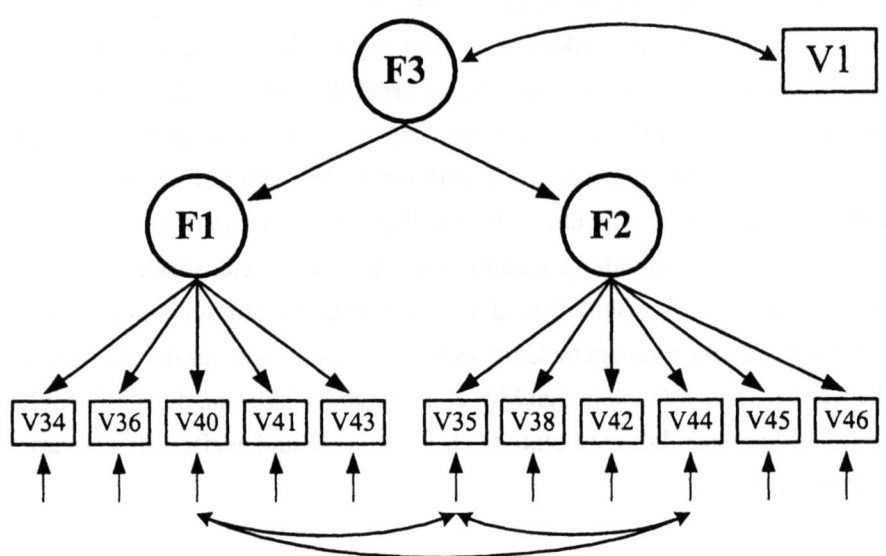

## 3.2 Modal-saliente Beliefs zu Gentechnik-Anwendungen

Wie in Kapitel 2 dargestellt, ist die Identifikation von wissensgleichen Überzeugungen bzw. Beliefs eine Grundlage für die Anwendbarkeit kognitiver Modelle der Einstellungsbildung und -änderung.

Im Folgenden soll überprüft werden, ob modal-saliente Beliefs zu Gentechnik-Anwendungen in den Bereichen von Lebensmittelerzeugung und medizinischer Diagnostik/Therapie zu identifizieren sind und damit eine Voraussetzung für die hier beabsichtigte Einstellungsanalyse erfüllt ist.

Die Untersuchungen, über die hier berichtet wird, wurden im Anwendungsbereich "Lebensmittel" als sekundäranalytische Auswertungen vorhandener Datensätze und im Anwendungsbereich "Medizin" als Auswertungen von Daten, die eigens im Rahmen der hier vorgestellten Studie erhoben wurden, durchgeführt.

**ad: Beliefs zu Gentechnik-Anwendungen im Lebensmittelbereich**

Zur Identifikation von salienten Beliefs bei Gentechnik-Anwendungen im Bereich der Lebensmittelproduktion kann auf die Daten mehrerer Studien zugegriffen werden, deren Ziel es war, Vorstellungen über die Gentechnik insgesamt und ihre verschiedenen Anwendungen in der deutschen Bevölkerung zu ermitteln. Diese Studien wurden zwischen 1990 und 1995 im Auftrag der Bundesforschungsanstalt für Ernährung (BFE) durchgeführt und nutzen die Befragungsdaten aus mehreren repräsentativen Bevölkerungsstichproben (vgl. Folkers 1992; Urban 1996). Für die folgende Auswertung wurde allein die Studie aus dem Jahre 1995 herangezogen, die die Befragungsdaten von 2426 Personen aus dem gesamten Bundesgebiet enthält.[1]

Gegenstand dieser Studie waren u.a. die Vorstellungen und Bewertungen in der allgemeinen Bevölkerung gegenüber spezifischen, gentechnisch veränderten Lebensmitteln. Dabei wurden einige geschlossene, aber auch offene Fragen zu den Vor- und Nachteilen der fraglichen Produkte gestellt, und auf diese Weise auch Antworten ermittelt, die sich durchaus als "freie" Assoziationen gegenüber gentechnisch hergestellten Lebensmitteln interpretieren lassen. Wenn sich die geäußerten Assoziationen auf mögliche Verhaltens-

---

1) BFE-Studie U5110.1.2

konsequenzen der angesprochenen Themen beziehen, können darin auch modal-saliente Beliefs im Sinne der TRA identifiziert werden.

Allerdings müssen bei solch einer Interpretation auch einige Einschränkungen, wie stets bei sekundäranalytischen Untersuchungen, berücksichtigt werden.

Eine erste Einschränkung bezieht sich auf mögliche Reihenfolgeeffekte in der Befragung. Die gentechnik-bezogenen Assoziationen wurden erst an relativ später Stelle im Interview abgefragt. So wurden zuvor u.a. Wertorientierungen, die Bezüge zum Umweltschutz, zur Lebensmittelherstellung allgemein, zu religiös- moralischen Fragen und zur allgemeinen Technikakzeptanz aufweisen, erhoben. Voraus gingen zudem Abfragen zum Konsum spezifischer Getränke, aber auch zur Bekanntheit und Nutzung neuer Produkte im Lebensmittelbereich, ohne dabei direkte Bezüge zur Gen- oder Biotechnologie herzustellen. Auch wurden Assoziationen, Vor- und Nachteile sowie Bewertungen von Lebensmitteln abgefragt, deren Zusammensetzungen synthetisch manipuliert wurden (z.B. Fettersatzstoffe in Eis). Die daran anschließenden Fragen zu verschiedenen, gentechnisch veränderten Lebensmitteln könnten somit Antworten erbringen, die aus Sicht kognitionspsychologischer Ansätze der Einstellungsforschung als "verzerrte" Antworten zu betrachten sind (vgl. u.a. Fazio 1990; Strack 1985). So ist z.B. zu erwarten, dass die Befragten aufgrund des eindeutigen Umweltschutzbezuges der vorausgegangenen Fragen überproportional häufig umweltbezogene Assoziationen im Kontext gentechnischer Anwendungen nennen.

Eine zweite Einschränkung betrifft den Kontext der Frage-Präsentation. Die Assoziationen wurden nicht in unmittelbarem Bezug zu spezifischen Handlungen, wie etwa dem Kauf oder dem Konsum derartiger Produkte, erfragt, sondern erst nach Abfrage bilanzierender Bewertungen von gentechnisch veränderten Lebensmitteln. Nur wenn die Befragten selbst Assoziationen äußerten, die als Verhaltenskonsequenzen aufgefasst werden können, wird diese Einschränkung hinfällig.

Als dritte Einschränkung ist zu nennen, dass im Fragebogen drei spezielle Anwendungsbeispiele gentechnisch veränderter Lebensmittel vorgestellt und mit einigen Sätzen erläutert werden. So können die Beschreibungstexte zusätzliche Hinweisreize enthalten, die evtl. die Verfügbarkeit von bestimmten Bewertungen und Assoziationen beeinflussen.

Im Folgenden werden die Assoziationsleistungen der Befragten zu den drei in der Studie thematisierten gentechnischen Anwendungsbeispielen vorgestellt. Dabei werden hier vor allem diejenigen Assoziationen näher betrachtet, die als Verhaltenskonsequenzen im Sinne der TRA aufgefasst werden können. Dies sind diejenigen Nennungen, die als "konkrete Vorteile" oder "konkrete Nachteile" der gentechnisch veränderten Lebensmittel geäußert wurden. Sie kommen, mit den oben genannten Einschränkungen versehen, den nach der TRA-Methodik ermittelten Beliefs am nächsten. Ob die Verhaltenskonsequenzen dabei als Vor- oder Nachteile betrachtet werden, ist für unsere Zwecke unerheblich.

**(-) Käse mit gentechnisch veränderten Enzymen ("Gen-Käse")**

In der Befragung wurde nach einer kurzen Information über die Rolle von Enzymen bei der Käsegerinnung auf den Einsatz gentechnisch veränderter Enzyme hingewiesen, die durch Genmanipulation von Mikroorganismen gewonnen werden, statt sie aus Kälbermägen zu entnehmen. Nach dieser Beschreibung wurden zunächst offene Assoziationen abgefragt. Danach sollten die Befragten das Lebensmittel bewerten und konkrete Vor- und Nachteile nennen.

Von den insgesamt 2462 befragten Personen nehmen 18% in ihren Nennungen von Vor- und Nachteilen auf Aspekte Bezug, die mit dem Herstellungsprozeß oder mit daraus resultierenden Konsequenzen für die Hersteller zusammenhängen. Diese Nennungen können durch die Frageformulierung beeinflusst sein, die auch eine Beschreibung des Herstellungsprozesses enthält. Da diese Nennungen aber nur schwerlich persönlich relevante Vor- oder Nachteile betreffen, ist davon auszugehen, dass derartige Aspekte keinen direkten Einfluss auf individuelle Kauf- oder Konsumentscheidungen im Sinne des TRA-Modells ausüben werden.

Als modal-saliente Beliefs sind Nennungen zu den Aspekten von "Geschmack" (2%), "Haltbarkeit" (5,3%), "Preis" (3,6%), "Gesundheit" (17%), "Natürlichkeit/ Künstlichkeit" (10,6%) und "Arbeitsplätze" (1,2%) zu beobachten. Dabei hat sicherlich der zuletzt aufgeführte Aspekt nur einen mittelbaren Bezug zu möglichen persönlichen Vor- und Nachteilen des gentechnischen Verfahrens für den Konsum.

Die relativ geringe Anzahl von geäußerten Beliefs lässt darauf schließen, dass das betreffende Verfahren zur Käseherstellung zum Erhebungszeitpunkt in der Bevölkerung weitgehend unbekannt war. Stabile Bewertungen des konkreten Anwendungsbeispiels dürften daher nicht häufig sein.

Berücksichtigt man die Positionierung der Frage im Interviewablauf, ist davon auszugehen, dass ein Großteil der Nennungen zum Aspekt "Künstlichkeit/ Natürlichkeit" als Resultat einer methoden-bedingt erhöhten Verfügbarkeit technologie- und umweltbezogener Einstellungen betrachtet werden muß. Denn durch die vorausgegangene Abfrage umwelt- und technologiebezogener Einstellungen und Verhaltensweisen dürften bei vielen Befragten entsprechende Einstellungen aktiviert worden sein.

Demgegenüber ist in der im Fragebogen verwandten Produktbeschreibung keine semantische Nähe zu den wie oben kategorisierten Assoziationen der Befragten zu finden. Auch der Text, der zur Abfrage konkreter Vor- und Nachteile eingesetzt wurde, enthält keine Hinweisreize, die das Auftreten bestimmter Nennungen begünstigen.[2]

**(-) Gentechnisch veränderte Tomaten ("Gen-Tomaten")**

Ähnlich wie im vorherigen Anwendungsbeispiel wurde den offenen Abfragen zur Bewertung gentechnisch veränderter Tomaten ein kurzer Erläuterungstext vorangestellt.[3] Nach diesem Text erfolgte die offene Abfrage von konkreten Vor- und Nachteilen eines solchen Lebensmittels. Uns interessieren wiederum nur diejenigen Assoziationen, die mit Verhaltenskonsequenzen verbunden sein könnten.

Zum Stimulus "Gen-Tomate" wurden bedeutend mehr Nennungen beobachtet als zum gentechnisch veränderten Käse. Dieses Anwendungsbeispiel scheint zum Erhebungszeitpunkt eine größere Bekanntheit aufzuweisen. Dabei ist die relativ hohe Anzahl von Nennungen, die sich auf Aspekte des Herstellungsprozesses beziehen, wiederum mit den Inhalten des Erläuterungstextes zu erklären (272 Nennungen, geäußert von 11,5% aller befragten Personen). Denn darin wurden u.a. auch Vor- und Nachteile angesprochen, die mit der Herstellung der Tomaten in direkter Verbindung stehen. Da diese aber nur in den seltensten Fällen für konkrete Kauf- oder Konsumentscheidungen entscheidend sein dürften, kommen auch hier als "echte" modal-saliente Beliefs nur Nennungen in Frage, die folgende verhaltensrelevanten Aspekte betreffen: "Geschmack" (geäußert von 19,3% aller befragten Personen), "Haltbarkeit" (42,3%), "Preis" (4,8%), "Natürlichkeit/ Künstlichkeit" (11,4%) und "Gesundheit" (15,3%). Insgesamt betrachtet liegt die Häufigkeit von Nennungen deutlich höher als beim Anwendungsbeispiel "Gen-Käse". Abgesehen

---

2) Der Fragetext lautete: "Wenn man sich ein Lebensmittel vorstellt, hat man ja meistens auch bestimmte Vorstellungen davon, was daran gut oder schlecht sein könnte. Welche Vorteile oder welchen Nutzen können sie sich konkret für dieses Produkt und seine Herstellung vorstellen?" "Und welche Nachteile oder welchen Schaden?"

3) Der Text lautete: "Es handelt sich um eine Tomate, die im Gegensatz zur herkömmlichen Tomate nicht so schnell matschig wird. Dies wird erreicht, indem bei der Tomatenpflanze das Gen, das die Erbinformation für das Weichwerden enthält, mit Hilfe der Gentechnik ‚blockiert' wurde. Die Tomate kann dadurch reif geerntet werden und wird deutlich später matschig als eine vergleichbare ‚klassische' Tomate."

von Äußerungen zu "Preis" und "Festigkeit/Qualität" wird jeder verhaltensrelevante Aspekt von mehr als 10 Prozent der befragten Personen angesprochen.

Besonderes Gewicht kommt dabei dem Aspekt der "Haltbarkeit" zu. Dieser ist offensichtlich für mehr als 40 Prozent der Befragten eine relevante Verhaltenskonsequenz. Allerdings ist bei der Interpretation auch eine der eingangs genannten Einschränkungen zu berücksichtigen. Der Erläuterungstext zu Gen-Tomaten weist ausdrücklich auf die längere Haltbarkeit des Produkts hin. Die Verfügbarkeit dieser Urteilsdimension könnte "künstlich" erhöht sein, wenn auch über das Ausmaß dieses methodisch bedingten Effekts keine genauen Angaben gemacht werden können. Dass die Prominenz dieses Aspektes aber nicht allein ein Frageeffekt sein kann, zeigt sich an der relativ geringen Anzahl von Nennungen zum Aspekt "Festigkeit/Qualität". Denn auch davon können inhaltliche Bezüge zum Beschreibungstext erkannt werden (Festigkeit korrespondiert inhaltlich mit dem darin verwandten Attribut "matschig").

### (-) gentechnisch veränderter Zucker ("Gen-Zucker")

Vor der Abfrage von Vor- und Nachteilen gentechnisch veränderten Zuckers wurde analog zu den zuvor erläuterten Anwendungsbeispielen verfahren. So wurde dem entsprechenden Fragenkomplex auch hier ein informierender Text vorangestellt.[4] Und auch hier hat diese Frageformulierung wiederum zur Folge, dass bei den Nennungen von Vor- und Nachteilen sehr häufig herstellungsbezogene Konsequenzen angesprochen werden (bei 46,2% aller befragten Personen). Äußerungen zu den Aspekten von "Haltbarkeit" und "Preis" werden ähnlich wie beim gentechnisch veränderten Käse nur recht selten gemacht (1,7% bzw. 4,8%). Beide Produkt-Aspekte sind nur bei wenigen Personen als mögliche verhaltensrelevante Entscheidungskriterien von Bedeutung. Assoziationen zu den Aspekten "Geschmack/Aussehen" (23,0%), "Natürlichkeit/Künstlichkeit" (12,2%) und "Gesundheit" (13%) sind die prominentesten, verhaltensbezogenen Beliefs, die von den Befragten geäußert werden.

---

4) Der Informationstext lautete: "Es handelt sich um Zucker aus Zuckerrüben, die widerstandsfähiger gegen bestimmte Viren sind. Dies wurde durch einen gentechnischen Eingriff erreicht. Eine Infektion mit diesen Viren hat bei konventionellen Rüben in einigen Gegenden Deutschlands hohe Ernteverluste zur Folge. Der Zucker aus diesen Rüben unterscheidet sich nicht von dem aus konventionellen Rüben."

Insgesamt betrachtet, lassen sich die hier vorgestellten Auswertungen zu nicht-standardisiert ermittelten, subjektiven Bewertungsdimensionen einzelner gentechnisch veränderter Lebensmittel wie folgt zusammenfassen:

Es ergeben sich deutliche Hinweise darauf, dass die Identifikation von Vor- und Nachteilen bei gentechnisch veränderten Lebensmitteln produkt-übergreifenden Bewertungskategorien unterliegt. Diese lassen sich als modal-saliente Beliefs im Sinne von Ajzen und Fishbein (1980) auffassen. Als modal-saliente Beliefs kristallisieren sich vor allem Kognitionen zu "Gesundheitskonsequenzen" sowie zu Aspekten heraus, die mit dem Begriffspaar "natürlich/künstlich" zusammengebracht werden können. Hierzu zählen auch Nennungen im Kontext von "Umweltschutz" oder "Eingriff in die Natur", die für diese Sekundärauswertung mit dem Aspekt "Natürlichkeit/Künstlichkeit" zusammengefasst werden mussten, da die vom Umfrageinstitut gelieferten Verkodungen keine eindeutige Trennung der beiden Dimensionen zuließen. Möglicherweise sind aber Aspekte der Natürlichkeit und des Umweltschutzes inhaltlich nicht äquivalent. Es ist zu vermuten, dass Umweltaspekte verallgemeinerte Handlungskonsequenzen ansprechen, die nur bedingt entscheidungsrelevant sind, während Nennungen zur "natürlichen Beschaffenheit" eher persönlich relevante, unmittelbare Entscheidungskonsequenzen betreffen.

Wie zu Beginn dieses Kapitels bereits angesprochen, müssen wir zur Durchführung der hier beabsichtigten Einstellungsanalysen darauf achten, dass die ausgewählten Einstellungsobjekte auch die Umsetzung der zentralen theoretischen Konzepte der kognitiven Einstellungsanalyse gestatten. Denn die Umsetzung der TRA erfordert ein Minimum an Wissen bei den Einstellungsträgern, damit die im TRA-Einstellungskonzept angelegten Nutzenkalküle modelliert werden können. D.h. es müssen für jedes auszuwählende Einstellungsobjekt einige modal-saliente Beliefs (erwartete Handlungskonsequenzen) vorhanden sein, die im Sinne der TRA gegeneinander abgewägt werden können.

Für den Bereich gentechnischer Anwendungen im Lebensmittelbereich verweisen die hier berichteten Sekundäranalysen darauf, dass dies dort der Fall sein könnte. Gentechnisch veränderte Lebensmittel scheinen in der Bevölkerung hinreichend bekannt zu sein, um Einschätzungen von Kosten und Nutzen gegenüber dem Konsum solcher Lebensmittel durchführen zu können. Wird beispielsweise dem Konsum von gentechnisch manipulierten Lebensmitteln ein erhöhtes Risiko zugeschrieben (z.B. unkalkulierbare Spätfolgen, undefinierbare gesundheitliche Gefahren), so ist zu erwarten, dass die meisten Personen versuchen werden, diese Produkte zu meiden und auf herkömmliche oder organisch produzierte Lebensmittel auszuweichen, selbst wenn Preisunterschiede bestehen. Allerdings trifft dies vermutlich nur in Low-Cost- Situationen zu, wie beim Kauf und Konsum von Lebensmitteln.

**ad: Beliefs zu Gentechnik-Anwendungen im Medizinbereich**

In high-cost-Situationen, die sich besonders gut in Form von simulierten Entscheidungen pro oder contra von Anwendungen der medizinischen Gentechnik modellieren lassen, ist zu erwarten, dass wahrgenommene Nachteile und Risiken ganz anders verarbeitet und bewertet werden als im Lebensmittelbereich (Tversky/Kahneman 1981). Denn medizinische Anwendungen zeichnen sich dadurch aus, dass sie mit einem der wichtigsten menschlichen Güter verbunden sind: der Gesundheit.

Problematisch für eine kognitive Einstellungsanalyse im Medizinbereich könnte jedoch sein, dass die bundesdeutsche Bevölkerung ihr Wissen um Themen aus diesem Bereich subjektiv als eher gering einschätzt (vgl. Urban/Pfenning 1999; Hennen/Stöckle 1992). Und es ist äußerst schwierig, Einstellungen bei fehlendem Wissen in Form eines Werterwartungsmodell zu operationalisieren: wenn keine salienten Beliefs vorhanden sind, können auch keine Nutzen gegeneinander abgewägt werden.

Eine Analyse der Antworttexte aus der Studie von Urban/Pfenning (1999) ergab, dass dort nur wenige freie Assoziationen protokolliert worden sind, die sich auch als Handlungskonsequenzen auffassen lassen. Die meisten Textberichte betreffen in erster Linie allgemeine Einstellungen zur Gentechnik im medizinischen Bereich, handeln also nicht von Einstellungen gegenüber Handlungen, sondern von Einstellungen gegenüber Objekten. Des Weiteren wurde dort weuer nach persönlichen Konsequenzen des Konsums spezifischer Anwendungen der Gentechnik im Medizinbereich, noch nach möglichen Vor- und Nachteilen solcher Konsumhandlungen gefragt.

Nach unseren Recherchen fand sich auch keine weitere brauchbare Untersuchung, die auf das Vorhandensein salienter Beliefs zu gentechnischen Anwendungen im Medizinbereich schließen ließe.[5] Von daher führten wir eigens zum Zwecke der beabsichtigten Einstellungsanalyse eine selbständige Vorstudie durch. Sollte es darin gelingen, modal-saliente Beliefs zu gentechnischen Verfahren in der Medizin zu finden, so war z.B. in Anlehnung an die Forschungsergebnisse von Urban/Pfenning (1999) zu erwarten, dass die Befragten zu gentechnisch veränderten Medikamenten, sofern sie als wesentlich

---

5) Auch die qualitative Studie von Schütz et al. (1997) ließ sich aufgrund ihrer methodischen Anlage nicht im TRA-Kontext verwenden.

wirksamer als herkömmliche Medikamente wahrgenommen werden, keine echte Alternative sehen, und sich aus diesem Grund "pro Gentechnik" entscheiden. Allerdings waren auch geringere Zustimmungsraten zu erwarten, wenn die Wirksamkeit der gentechnisch hergestellten Medikamente nicht höher eingeschätzt werden würde, als diejenige von herkömmlichen Medikamenten. Ähnliches wurde für Gentherapien oder gentechnische Diagnoseverfahren erwartet.

Die Ziele der Vorstudie lassen sich in zwei Punkten zusammenfassen: Erstens sollten Einstellungsobjekte im medizinischen Bereich gefunden werden, die in der Bevölkerung bekannt genug sind, um sie zur Analyse "bewusster" Handlungen im Sinne der TRA in den Anwendungsbereichen von Medikamenteneinsatz, Gentherapie und Gendiagnostik benutzen zu können.Und zweitens sollten modal-saliente Beliefs zu den verschiedenen Anwendungsbereichen ermittelt werden, wobei beide Ziele forschungspraktisch nicht sauber voneinander zu trennen sind. Denn erst die Nennung einer hinreichenden Anzahl salienter Beliefs zum jeweiligen Einstellungsobjekt macht das Einstellungsobjekt auch für unsere Zwecke verwertbar.

Grundsätzlich hat die Ermittlung modal-salienter Beliefs die Aufgabe, weit verbreitete Begründungsmuster aufzuspüren, die die evaluativen Urteile gegenüber Einstellungsobjekten in maßgeblicher Weise bestimmen. In den Arbeiten von Ajzen und Fishbein (Ajzen/Fishbein 1980; Fishbein/Ajzen 1975) finden sich allerdings nur wenige konkrete Hinweise darauf, wie bei der Ermittlung salienter beliefs vorzugehen ist:

"Perhaps the simplest and most direct procedure involves asking the person to describe the attitude object, using a free-response format. For example he could be asked to list the characteristics, qualities and attributes' of the object in question. Since salient beliefs are uppermost in the individual's mind, we can assume that the first five to nine beliefs he emits are his salient beliefs about the object. It is possible, however, that only the first two or three beliefs emitted are salient for a given individual and that additional beliefs emitted beyond this point are not primary determinants of his attitude. (i.e. are not salient). Unfortunately, it is impossible to determine with any precision the exact point at which a person starts to emit nonsalient beliefs. Recommending the use of the first five to nine beliefs is therefore merely a rule of thumb." (Ajzen/Fishbein 1980: 63)

Fishbein und Ajzen schlagen also offene Interviews für die Exploration salienter Beliefs vor. Interviews mit ca. 20 Personen sollten nach ihren Untersuchungen dafür genügen. In späteren Arbeiten weisen die Autoren darauf hin, dass getrennt nach Vor- und Nachteilen der Einstellungsobjekte (Handlungen) zu fragen sei (z.B. Ajzen 1993). Erwartet wird dabei, dass die befragten Probanden eine ganze Reihe von Konsequenzen äußern, wobei die eigentlich salienten Beliefs aufgrund ihrer höheren Verfügbarkeit zuerst genannt werden. Demnach müssen ab einem gewissen Zeitpunkt also auch nicht-saliente Beliefs in einer Befragung geäußert werden. Wann dieser Zeitpunkt eintritt, ist allerdings unklar. Als Daumenregel wird allein empfohlen, die ersten fünf bis acht Nennungen als saliente Beliefs zu betrachten.

Zum TRA-Modell gehört eine Spezifitätshypothese, deren Berücksichtigung zu besseren Vorhersageergebnissen führen kann. Demnach gilt: Je spezifischer das Einstellungsobjekt definiert wird (in zeitlicher, sozialer und/oder sachlicher Hinsicht), desto höher werden die zu beobachtenden Zusammenhänge zwischen den verschiedenen Modellvariablen sein. Folglich war auch für unsere Untersuchung zu empfehlen, besonders klar definierte Einstellungsobjekte von Gentechnik-Anwendungen zu benutzen. Zu klären war allerdings, (a) ob ganz konkrete Anwendungen (z.B. Keimbahntherapie, Insulin oder Interferon) oder breitere Kategorien (Medikamente, Gentherapie, pränatale Diagnostik) als Einstellungsobjekte ausgewählt werden sollten, und ob (b) zeitlich klar definierte Situationen in der Befragung vorzugeben seien.

Letzteres (b) schied u.E. deshalb aus, weil die meisten gentechnischen Anwendungen im Medizinbereich für den "Endverbraucher" noch gar nicht verfügbar sind, und darüber hinaus nicht feststeht, wann diese Anwendungen zum Einsatz freigegeben werden. In einer solchen Situation konkrete Zeitperspektiven, örtliche Umstände oder weitere situative Definitionsmerkmale vorzugeben, käme einer nicht zweckmäßigen Abfrage fiktiver Einstellungsobjekte gleich.

Weniger leicht war die erste Frage (a) zu beantworten. Da die subjektive Wissensbasis der Bevölkerung für Anwendungen der Gentechnik im medizinischen Bereich eher klein ist, dürfte die Auswahl ganz konkreter Stimuli u.a. dazu führen, dass in den Pretests wenige Beliefs genannt werden und dass in der Hauptstudie die Varianzen der verschiedenen Einstellungen, Beliefs und der Variablen "Wissen" (sowie weiterer Indikatoren der Einstellungsstärke) sehr gering sein könnten. Darüber hinaus war für den Pretest zu befürchten, dass die Assoziationsleistungen dadurch verringert werden, dass nur sehr wenige Befragte von Krankheitsbildern (aktuell oder potentiell) betroffen sind, die mit den entsprechenden medizinischen Anwendungen in Verbindung stehen.

Deshalb wurde angenommen, dass die Benutzung breiterer Kategorien zur Bezeichnung der Einstellungsobjekte die Anzahl der geäußerten Konsequenzen erhöhen und darüber hinaus auch zu höheren Varianzen der gemessenen Indikatoren führen kann. Allerdings musste auch damit gerechnet werden, dass Pretests mit solchen Stimuli mit dem Problem behaftet sein könnten, weniger konkrete Assoziationen auszulösen.

Ob derart ermittelte Assoziationen im strengen, analytischen Sinne als erwartete Handlungskonsequenzen betrachtet werden können, war zunächst unklar. Deshalb wurde beschlossen, bei der Verwendung breiter Kategorien konkrete Hinweisreize zu setzen, um (a) die Assoziationsleistungen der Befragten zu erhöhen, und (b) diese durch Bezüge zu persönlichen Betroffenheitslagen oder persönlichen Erfahrungen mit entsprechenden Krankheitsbildern zu konkretisieren.

Im Folgenden sollen zunächst die in der Vorstudie angesprochenen Anwendungsfelder "Gentherapie", "gentechnisch hergestellte Medikamente" und "gentechnische, pränatale Diagnostik" ein wenig näher vorgestellt werden:

Die Gentherapie betrifft vermutlich ein ganz besonders kritisches Themengebiet. Umfragedaten, die Aussagen über die Bekanntheit des Begriffs und die kognitive Repräsentation diesbezüglicher Einstellungsobjekte in der bundesdeutschen Bevölkerung erlauben, liegen u.W. nicht vor. Dennoch kann vermutet werden, dass das Verfahren aufgrund seiner Komplexität schwerer zu beurteilen ist, als beispielsweise gentechnisch veränderte Medikamente oder Diagnoseverfahren. Eingriffe in die Erbanlagen lebendiger Organismen zu verstehen und im Sinne der TRA anhand der erwarteten Konsequenzen "rational" zu bewerten, setzt wahrscheinlich ein breiteres Wissen voraus, als andere Anwendungsgebiete der Gentechnik. Wenn es zutrifft, dass sich die Befragten nur schwerlich das Verfahren der Gentherapie vorstellen können, ist zu erwarten, dass auch ihre Assoziationsleistungen in Bezug auf persönliche Vor- und Nachteile eher gering sein werden. Die Hoffnung, in diesem Bereich eine ausreichende Anzahl von modal-salienten Belief vorzufinden, ist demnach nicht allzu groß.

Da sich jedoch die meisten der hier geäußerten Erwartungen und Annahmen im spekulativen Bereich befinden, sollte auch im Pretest der Versuch unternommen werden, diesen Anwendungsbereich durch offene Abfragen abzudecken. Da zudem für den Medizinbereich grundsätzlich anzustreben ist, anhand der Einstellungsstimuli eine high-cost und eine low-cost-Bedingung zu schaffen (s.o.), bietet es sich an, jeweils nach den Vor- und Nachteilen von gentherapeutischen Verfahren zu fragen, die einerseits bei schweren Erkrankungen und andererseits bei leichten Erkrankungen eingesetzt werden können.

Medikamente, die gentechnisch verändert oder unter Verwendung der Gentechnik hergestellt wurden, sind in der breiten Bevölkerung vermutlich eher bekannt als gentherapeutische Anwendungen. Diese Vermutung wird auch durch Auswertungen von offenen Abfragen im Medizinbereich der o.g. Panelstudie gestützt. Dennoch sollte auch im Bereich „Medikamentenkonsum" bei Durchführung der Vorstudie zur Ermittlung modal-salienter Beliefs die Entscheidungssituation für oder gegen den Gebrauch gentechnisch hergestellter Medikamente so beschrieben werden, dass darin die jeweilige Schwere

## 3.2 Modal-saliente Beliefs zu Gentechnik-Anwendungen   87

der zu behandelnden Erkrankung variiert werden kann. Auf diese Weise kann auch hier erreicht werden, dass die Entscheidungssituation von den Befragten als high-cost- oder low-cost-Situation wahrgenommen wird.

Die pränatale Diagnostik als Anwendungsgebiet zu verwenden, ist sicherlich mit einigen Problemen behaftet, die in engem Zusammenhang mit möglichen Betroffenheitslagen stehen. Persönliche Nutzungsintentionen, die der Spezifitätshypothese entsprechen, lassen sich nur für einen eingeschränkten Teil der Bevölkerung erfragen. Der Großteil von Frauen über 40 Jahre und die meisten Männer über 50 dürften nicht mehr vor eine solche Entscheidung gestellt sein, und die über Fünfzigjährigen (Männer und Frauen) werden wahrscheinlich nur in ihrer Rolle als (potentielle) Großeltern in die Lage kommen, Verfahren der pränatalen Diagnostik unterstützen oder ablehnen zu müssen.

Jedoch ist eine gleichzeitige Abfrage der Handlungsintention als persönliche Nutzungsbereitschaft und als Bereitschaft zur Unterstützung einer Nutzung in ein und derselben Frage aus methodischen Gründen ausgeschlossen (vgl. Diekmann 1995). So beschlossen wir, auch um das Erhebungsinstrument möglichst einfach zu halten, nur noch allgemein nach Vor- und Nachteilen, die die Befragten mit der pränatalen Diagnostik verbinden, zu fragen.

Zudem wurde in der Befragung zwischen low- und high-cost-Situationen beim Einsatz pränataler Diagnoseverfahren unterschieden, indem die Befragten diese Verfahren sowohl zur Diagnose von Erbkrankheiten bzw. Behinderungen als auch zur Diagnose äußerer Merkmale des ungeborenen Kindes zu bewerten hatten.

Die Vorstudie zur Ermittlung modal-salienter Beliefs wurde als telefonische Befragung mit offenen Fragen durchgeführt. In dieser Vorstudie waren entsprechend der Vorschläge von Fishbein/Ajzen etwa 20 Probanden pro Anwendungsgebiet zu befragen. Auch wurde für jedes Anwendungsgebiet zunächst eine high-cost- und danach eine low-cost- Situation thematisiert. Dadurch sollte u.a. der geringen Varianz von Einschätzungen der medizinischen Gentechnik in der Bevölkerung begegnet werden. Denn wenn medizinische Gentechnik-Anwendungen überwiegend positiv beurteilt werden (vgl. Urban/Pfenning 1999), lässt die Gegenüberstellung von schweren und leichten Indikationen hoffen, dass in fragetechnisch simulierten low-cost-Situationen im Durchschnitt geringere Akzeptanzwerte und möglicherweise sogar höhere Varianzen in den Beurteilungen zu erlangen sind, als in high-cost-Situationen.

Um die Kosten der Vorstudie (im Juli 1998) zu reduzieren, wurde die Stichprobe auf Telefonanschlüsse im Ortsnetzbereich Stuttgart beschränkt. Die anzurufenden Anschlüsse wurden aus einer Telefon-CD-Rom (1998) gezogen, die für den Ortsnetzbereich Stuttgart insgesamt 295916 Einträge auswies. Da insgesamt 60 Interviews zu realisieren waren (20 für jeden der drei Anwendungsbereiche), wurde bei einer sehr niedrig angesetzten Abschlussquote von 20% eine Zufallsstichprobe von N=300 privaten Telefonanschlüssen gezogen. In dieser verblieben nach einer Bereinigung (Ausschluss von Faxnummern, ungültigen Einträgen und gewerblichen Einträgen) insgesamt 226 Anschlüsse. Für die Zufalls-Personenauswahl pro Anschluss wurde die last-birthday-Methode eingesetzt. Mit den 226 ausgewählten Telefonanschlüssen konnten 63 Interviews (=28%) erfolgreich abgeschlossen werden (Verweigerung: 43%, kein Kontakt: 29%).

Die nachfolgende Auswertung der Vorstudie gliedert sich nach den drei medizinischen Anwendungsgebieten: "gentechnische Medikamente", "Gentherapie" und "pränatale Diagnostik".

**Gentherapie: Vorteile/Nachteile**

Insgesamt sind 32 Nennungen von Vorteilen unter der Bedingung "schwere Erkrankung" zu verzeichnen, die sich im Bereich "Wirkung/Heilung" konzentrieren (18). Andere Themenschwerpunkte sind nicht zu erkennen. Im Vergleich dazu ist die Anzahl der Nennungen von Vorteilen unter der Bedingung "leichte Erkrankungen" deutlich geringer. Dort sind lediglich zehn Vorteilsnennungen zu verzeichnen, die sich wiederum auf Erwartungen hinsichtlich von Wirkung/ Heilung (6) konzentrieren. Bedeutsam ist jedoch, dass immerhin 13 Personen angeben, dass sie keine Vorteile der Gentherapie bei leichten Erkrankungen sehen. Offensichtlich hängt die Akzeptanz von gentechnischen Therapieverfahren ganz entscheidend vom Vorhandensein möglicher Alternativen ab.

Die insgesamt 29 Nennungen von Nachteilen bei schweren Erkrankungen betreffen vor allem die mit der Gentherapie verbundenen, unbekannten Risiken (8) sowie mögliche negative Nebenwirkungen (9). Daneben spielen Befürchtungen des Mißbrauchs und moralische Bedenken eine gewisse Rolle (insgesamt 8 Nennungen). Immerhin acht Personen sehen keine mit der Gentherapie verbundenen Nachteile im Falle von schweren Krankheiten. Unter der Bedingung "leichte Erkrankungen" werden insgesamt 32 Nachteile angeführt. Wiederum stehen die möglichen Risiken (6) und negativen Nebenwirkungen (11) im Vordergrund. Insgesamt acht Personen geben an, dass die Gentherapie bei leichten Erkrankungen unnötig ist, da Alternativen zur Verfügung stehen. Zu vermuten ist, dass der Einsatz der Gentherapie von vielen Befragten dann als nicht gerechtfertigt angesehen wird, wenn alternative Heilungsverfahren zur Verfügung stehen.

Resümee: Im Bereich "gentechnische Therapie" sind auf Basis dieser Ergebnisse nur wenige Beliefs zu identifizieren, denen man unter Umständen das Attribut "modal salient" zuschreiben könnte. Hierbei handelt es sich um Erwartungen hinsichtlich der Wirksamkeit und Heilungschancen. Weiterhin sind Risiken und Nebenwirkungen (auch im Sinne von "weniger Nebenwirkungen") von besonderer Bedeutsamkeit sowie das Vorhandensein von Alternativen.

**gentechnisch hergestellte Medikamente: Vorteile/Nachteile**

Die Nennungen von Vorteilen konzentrieren sich ausschließlich auf Erwartungen hinsichtlich der Wirksamkeit und Heilung durch gentechnische Medikamente. Unter der Bedingung "schwere Erkrankung" werden deutlich mehr Vorteilsnennungen (39) abgegeben als unter der Bedingung "leichte Erkrankungen" (13). Bei schweren Erkrankungen gibt lediglich eine Person an, dass sie sich keine Vorteile von gentechnisch hergestellten Medikamenten verspricht. Deutlich über die Hälfte der Personen (13) sehen bei leichten Erkrankungen keine Vorteile in der Verwendung gentechnisch hergestellter Medikamente.

Sowohl unter der Bedingung "schwere Erkrankungen" als auch unter der Bedingung "leichte Erkrankungen" werden jeweils 34 Nachteile von den Befragten benannt. Parallel zu den Befunden bei der Gentherapie stehen auch bei gentechnisch hergestellten Medikamenten die Befürchtungen hinsichtlich unbekannter Risiken (schwere Erkrankungen 14, leichte Erkrankungen 9) und etwaiger Nebenwirkungen im Vordergrund (14/8). Auch wird unter der Bedingung "leichte Erkrankungen" von fünf Personen darauf verwiesen, dass Alternativen ja vorhanden sind bzw. werden gentechnisch hergestellte Medikamente als wirkungslos und unnötig angesehen (2).

Resümee: Ganz analog zum Bereich "Gentherapie" gilt auch im Bereich "gentechnisch hergestellte Medikamente", dass lediglich Erwartungen hinsichtlich einer möglichen Wirkung/Heilung einerseits und möglicher Risiken und Nebenwirkungen andererseits den Charakter von modal salienten Beliefs aufweisen. Ebenso spielt die Wahrnehmung von Alternativen eine entscheidende Rolle bei der Bewertung gentechnisch hergestellter Medikamente.

**pränatale Diagnose: Vorteile/Nachteile**

Der Stimulus "Diagnose zur Feststellung schwerer Erkrankungen" löst insgesamt 36 Vorteilsassoziationen bei den Befragten aus. Ein beachtlicher Anteil der Assoziationen bezieht sich auf Möglichkeiten der Heilung von Krankheiten (8) und damit nur bedingt auf den Stimuli "Diagnose". In nicht geringem Umfang (7) erfolgen Vorteilsnennungen, die sich auf die Informationssicherheit für (werdende) Eltern beziehen (zusätzlich könnten noch 5 Nennungen zu Früherkennung/Vorsorge, Feststellung von Erbkrankheiten und Risikoabschätzung hinzu gezählt werden). In fünf Nennungen wird der Aspekt der Entscheidungsfreiheit/Abtreibungsmöglichkeit angesprochen. Unter der Bedingung "Diagnose äußerer Merkmale" finden sich lediglich fünf Vorteilsnennungen, davon entfallen vier auf die dadurch gewonnene „Sicherheit". Der überwiegende Teil der Befragten sieht hier keine Vorteile des Einsatzes gentechnischer Verfahren.

Insgesamt werden unter der Bedingung "Feststellung schwerer Erkrankung" 45 Nachteile genannt. Hier dominiert eindeutig die Befürchtung, dass es aufgrund der pränatalen Diagnose vermehrt zu Abtreibungen kommt (18). Weiterhin, wenngleich in deutlich geringerem Umfang, werden mögliche Gefahren für Mutter und ungeborenes Kind benannt (je 5 Nennungen). Interessant ist, dass offensichtlich von einigen Befragten die evtl. gewonnene Entscheidungsfreiheit für die Eltern durchaus negativ als Entscheidungszwang bewertet wird (3). Ethisch/moralische Bedenken sowie die Problematisierung von Mißbrauch und Kontrolle spielen eine untergeordnete Rolle. Unter der Bedingung "Feststellung äußerer Merkmale" werden insgesamt 32 Nachteilsassoziationen ausgelöst. Wiederum findet sich eine gewisse Konzentration bei Nennungen bezüglich der Problematik der Abtreibung und 'positiver' Selektion (5). Eine relativ starke Bedeutung kommt ethisch/ moralischen Bedenken (8) sowie Befürchtungen des Mißbrauchs (9) bei leichten Erkrankungen zu.

Resümee: Beschränkt man sich auf die diagnoserelevanten Assoziationen, ist als zentrale Dimension der Bewertung der pränatalen Diagnose die Frage nach dem Recht (in positiver und negativer Konnotation) auf Abtreibung zu identifizieren. Hier spielen sicherlich in nicht geringem Umfang auch moralisch/ethische Überlegungen bei den Befragten eine Rolle. Deutlich wird dies insbesondere unter der Bedingung "Feststellung äußerer Merkmale". Dagegen sind Überlegungen zu Entscheidungsfreiheit bzw. Entscheidungszwang, Erwartungssicherheit für die Eltern sowie Befürchtungen für die Gesundheit von Mutter und ungeborenem Kind von weniger großer Bedeutung. Wiederum ist auffällig, dass zwischen den Bedingungen "leicht/ schwer" ein eindeutiges Akzeptanzgefälle besteht, das sich vor allem in der hohen Anzahl von Personen widerspiegelt, die keine Vorteile der pränatalen Diagnose unter leichten Bedingungen (d.h. zur Diagnose „äußerer Merkmale") sehen.

## 3.2 Modal-saliente Beliefs zu Gentechnik-Anwendungen

Ingesamt betrachtet, ergibt sich im Vergleich der von uns ermittelten Beliefs aus allen drei Anwendungsbereichen folgendes Resultat:

Für alle drei untersuchten medizinischen Anwendungsbereiche der Gentechnik gilt, daß nur wenige Bewertungsdimensionen als "modal salient" bezeichnet werden können. Die Unterscheidung zwischen schweren und leichten Erkrankungen erweist sich als bedeutsam, da damit ein wichtiges und verbreitetes Argumentationsmuster aufgedeckt werden kann: unabhängig vom konkreten Anwendungsbereich der Gentechnik, sind gentechnische Anwendungen für viele Befragte überhaupt nur dann akzeptabel, wenn keine Alternativen zur Verfügung stehen. Die Befragten bringen dies zum einem explizit zum Ausdruck, zum anderen weist die deutliche Differenz in der Anzahl der Vorteilsnennungen unter den entsprechenden Bedingungen darauf hin.

Für die Anwendungen "Gentherapie" und "gentechnisch hergestellte Medikamente" finden sich hinsichtlich der erwarteten Vor- und Nachteile kaum Unterschiede. Bei den Vorteilen steht jeweils der Aspekt "Wirksamkeit/Heilung" im Vordergrund. Die genannten Nachteile konzentrieren sich eindeutig auf negative Folgen, die mit der Anwendung der Gentherapie bzw. Einnahme von gentechnisch hergestellten Medikamenten verbunden werden. Dabei kann gegebenenfalls zwischen Befürchtungen differenziert werden, die sich auf unmittelbare Nebenwirkungen beziehen und Befürchtungen, bei denen Aspekte des unbekannten Risikos, der möglichen Langzeitfolgen und der mangelnden Erprobung thematisiert werden.

Die von den Befragten genannten Vor- und Nachteile bewegen sich typischerweise auf einem eher abstrakten Niveau. Allerdings werden moralisch/ethische oder gesellschaftliche Konsequenzen in gewissem Ausmaß nur beim Stimulus "Gentherapie" thematisiert.

Nach diesen Ergebnissen müßte eine belief-basierte Einstellungsmessung für therapeutische und medikamentöse Anwendungen der Gentechnik mittels der Beliefs: (1) "Wirksamkeit/Heilung", (2) "Nebenwirkungen" und (3) "Risiken und Spätfolgen" erfolgen. Des weiteren könnte im Bereich "Therapie" als vierter Belief "moralische Erwägungen" aufgenommen werden.

Für den Bereich pränatale Diagnostik zeigte sich, wenn auch wenig überraschend, ein anderes Bild. Danach erscheint es dort als gerechtfertigt, zwischen Beliefs zu persönlichen Vor- und Nachteilen sowie Argumenten auf eher gesellschaftlicher Ebene zu unterscheiden. Auf der individuellen Ebene sind Erwartungssicherheit und Entscheidungsmöglichkeit/-zwang die zentralen Gesichtspunkte der Betrachtung. Daneben sind, wenn auch weniger ausgeprägt, noch Befürchtungen für die Gesundheit der schwangeren Frau und des ungeborenen Kindes zu nennen. Auf der eher gesellschaftlichen Ebene ist vor allem die Befürchtung von Abtreibungen anzuführen, die sicherlich in Verbindung mit ethisch/moralischen Überlegungen zu sehen ist. Deutlich weniger ausgeprägt sind Befürchtungen hinsichtlich des Mißbrauchs der pränatalen Diagnostik i.S. von mangelnder Kontrolle und einer "Züchtung/ Veränderung" von Menschen.

Eine belief-basierte Messung von Einstellungen zur Gentechnik im Bereich der pränatalen Diagnostik müßte demnach folgende Dimensionen berücksichtigen: "Sicherheit der Erwartungen", "Entscheidungsfreiheit/-zwang", "Abtreibung behinderter Kinder und damit verbundene ethische Bedenken".

Auf der Basis dieser Ergebnisse erscheinen alle angesprochenen Anwendungsgebiete der Gentechnik als gleich geeignet bzw. ungeeignet für die Durchführung einer belief-basierten Einstellungsmessung. Allerdings muss eine geringe Anzahl von Beliefs im medizinischen Bereich, denen die Eigenschaft "modal salient" zugeschrieben werden kann, keineswegs spezifisch für gentechnische Anwendungen sein, denn auch bei herkömmlichen Methoden ist wohl kaum damit zu rechnen sein, dass der/die DurchschnittsbürgerIn im diesem Bereich über ein differenzierteres Beurteilungsschema verfügt.

Äußerst problematisch, und deshalb von uns aus der weiteren Analyse ausgeschlossen, ist jedoch der Anwendungsbereich "pränatale Diagnostik". Wie bereits oben angeführt, spricht gegen die Verwendung der pränatalen Diagnostik als Einstellungsstimulus, dass nur ein relativ geringer Anteil der Bevölkerung direkt davon betroffen ist und dies zudem in unterschiedlichen Rollen erfolgt (Mutter/Vater/ Großeltern). Darüber hinaus stellt sich aufgrund unserer Erkenntnisse die Frage, ob in der Bevölkerung gentechnische und herkömmliche Diagnoseverfahren tatsächlich als Alternativen wahrgenommen werden, oder ob nicht die Bewertung pränataler Diagnoseverfahren unabhängig von der eingesetzten Methode erfolgt.

Die beiden Anwendungsbereiche "Medikamente" und "Therapie" erscheinen daher, zumindest insgesamt betrachtet, als geeigneter zur Verwendung als Stimulusobjekte in der hier beabsichtigten Einstellungsanalyse. Zudem könnte in Ergänzung zur Verwendung des Stimulusobjektes "gentechnische Medikamente" eine Verwendung der Gentherapie als Stimulusobjekt den Vorteil haben, dass neben persönlichen Vor- und Nachteilen auch noch moralische Überlegungen bei den Befragten eine Rolle spielen und damit ein direkter Bezug zum entsprechenden externen Bereich der Einstellungsdetermination (vgl. Kap. 2.1) hergestellt werden kann.

## 3.3 Nutzenbezogene Beliefs und Technikeinstellungen

In den folgenden Analysen soll die Herausbildung von subjektiven Technikbewertungen im Kontext des zuvor in Kap. 2.1 vorgestellten, kognitiven TRA-Modells untersucht werden.

Wie in Kap. 2.1 ausgeführt, wird im TRA-Modell davon ausgegangen, dass die subjektive Bewertung eines bestimmten Objekts, hier also die subjektive Bewertung von Technikanwendungen im Bereich der modernen Gentechnik, allein durch die mit dem Objekt verbundenen, subjektiv wahrgenommenen Vor- und Nachteile bestimmt wird. Die aus der Bewertung dieses Objekts bzw. der Bewertung diesbezüglicher Handlungsweisen entstehende „Einstellung" ist dann neben der „subjektiven Norm" (dazu mehr in Kap. 3.4) die einzige Determinante für die Herausbildung einer Handlungsintention.

Im Folgenden werden entsprechend der in Kap. 3.1 vorgestellten Ergebnisse zur öffentlichen Wahrnehmung von Gentechnik und Gentechnik-Anwendungen drei prospektive Verhaltensentscheidungen in die Analyse einbezogen:
1. der Verzehr von gentechnisch verändertem Obst oder Gemüse,[1]
2. die Anwendung einer Gentherapie bei einer schweren Krankheit,[2]
3. die Anwendung einer Gentherapie bei einer leichten Krankheit.[3]

Zu diesen drei prospektiven Verhaltensentscheidungen sollen im vorliegenden Kapitel einige Analysen vorgestellt werden, die die Bedeutung verschiedener Wissensüberzeu-

---

1) Erhebung der Handlungsintention: "Wie sicher würden Sie gentechnisch verändertes Obst oder Gemüse essen?" (1=ganz sicher ... 5=ganz sicher nicht).

2) Erhebung der Handlungsintention: "... stellen Sie sich bitte einmal vor, Sie wären schwer zuckerkrank oder hätten Krebs. Wie sicher würden Sie sich bei einer schweren Krankheit für oder gegen eine Gentherapie entscheiden?" ("1 bedeutet, dass Sie auf jeden Fall eine Gentherapie machen würden ... 5 bedeutet, dass Sie auf keinen Fall eine Gentherapie machen würden.").

3) Erhebung der Handlungsintention: "Stellen Sie sich bitte einmal vor, Sie hätten eine Erkältung oder eine weniger schwere Grippe. Wie sicher würden Sie sich bei einer leichten Krankheit für oder gegen eine Gentherapie entscheiden?" ("1 bedeutet, dass Sie auf jeden Fall eine Gentherapie machen würden ... 5 bedeutet, dass Sie auf keinen Fall eine Gentherapie machen würden.").

gungen (Beliefs) für die Herausbildung verhaltensrelevanter Einstellungen ermitteln wollen und sich dabei an den Vorgaben des TRA-Modells orientieren.

Alle Analysen verfahren "kognitivistisch". Dies bedeutet, wie in Kap. 2.1 näher ausgeführt, dass in der jeweiligen theoretischen und statistischen Modellierung davon ausgegangen wird, dass die Einstellungsbildung und damit auch das Entscheidungsverhalten (allerdings auf indirektem Wege) in erster Linie von wissensgebundenen Handlungsüberzeugungen (Beliefs) bestimmt werden.

Welche Beliefs dabei im Einzelnen eine Rolle spielen können, wurde in Kap. 3.2 anhand der Ergebnisse von Sekundäranalysen und einer eigenen empirischen Vorstudie diskutiert.[4]

**ad 1: Verzehr von gentechnisch verändertem Obst oder Gemüse**

Für die kognitive Einstellungsbildung gegenüber gentechnisch verändertem Obst oder Gemüse werden in der Bevölkerung fünf verhaltensrelevante Beliefs als wichtig erachtet:

a) "eine lange Haltbarkeit" (Haltbarkeit),

b) "ein guter Geschmack" (Geschmack),

c) "ein geringer Einsatz von Dünger" (Düngereinsatz),

d) "dass es gut für die Gesundheit ist" (Gesundheit),

e) "die natürliche Beschaffenheit" (Natürlichkeit).

Diese fünf Beliefs wurden in unserer Hauptstudie von den Befragten hinsichtlich der damit verbundenen Wichtigkeit für die Bewertung von gentechnisch hergestelltem Obst und Gemüse auf einer 5-Punkte-Skala eingestuft (1=sehr wichtig ... 5=sehr unwichtig).[5] Zudem schätzten alle Befragten die Wahrscheinlichkeit dafür ein, dass jede im Belief angesprochene Eigenschaft (z.B. "guter Geschmack") auch für gentechnisch hergestelltes Obst und Gemüse zutrifft (mit Prozentwerten zwischen 0% und 100%).

Aus den jeweiligen Wichtigkeits- und Wahrscheinlichkeitsurteilen wurden mittels Multiplikation nach der TRA-Gleichung 2.1 (in Kap. 2.1) belief-bezogene, kognitive Erwartungswerte errechnet (EW-Haltbarkeit, EW-Geschmack usw.). Zusätzlich wurde ein belief-übergreifender Erwartungswert durch Berechnung eines additiven Indexes

---

4) Vgl. dazu auch Kap. A1 (im Anhang).

5) Aus statistischen Gründen wurde diese Skala für die folgenden Analysen gedreht (1=sehr unwichtig ... 5=sehr wichtig).

über alle fünf belief-bezogenen Erwartungswerte gebildet (EW-Index). Alle fünf beliefspezifischen Erwartungswerte und der beliefübergreifende Erwartungswert wurden auf einer 11er Skala reskaliert (0= geringstmöglicher Nutzenwert, 10=höchstmöglicher Nutzenwert).

Tabelle 3.4 zeigt einige statistische Kennwerte für die empirischen Häufigkeitsverteilungen der fünf beliefbasierten Erwartungswerte und des einen beliefbasierten Erwartungswertes im Anwendungsbereich "gentechnisch verändertes Obst/Gemüse". Zudem enthält Tabelle 3.4 auch Sample-Informationen über die unmittelbare Bewertung der Gentechnik-Anwendung im Lebensmittelbereich (Urteil 1, Urteil 2)[6] sowie über die subjektiv eingeschätzte Absicht, gentechnisch modifizierte Lebensmittel zu konsumieren (Handlungsintention).

Wie die Mittelwerte der Erwartungswerte erkennen lassen, bestehen gegenüber gentechnisch verändertem Obst und Gemüse eher unterdurchschnittliche Nutzenerwartungen. Auf der 11-Punkte-Skala (von 0 bis 10) liegen die Mittelwerte aller beliefbasierten Erwartungswerte im Bereich von 2.6 bis 4.4 (Tab. 3.4). Die geringsten Nutzenerwartungen bestehen hinsichtlich möglicher Auswirkungen auf die natürliche Beschaffenheit und die Gesundheit von gentechnisch verändertem Obst und Gemüse (mit einer hohen interpersonellen Streuung dieser Werte), während die Auswirkungen der gentechnischen Veränderung auf Haltbarkeit, Geschmack und Düngereinsatz deutlich höher eingestuft werden und eher im mittleren Bereich der Skala liegen. Mit einem Wert von 3.7 indiziert der beliefübergreifende Erwartungswert (EW-Index) eine aggregierte Nutzenerwartung, die eindeutig unterhalb des Skalenmittelwertes von 5 angesiedelt ist.

Entsprechend der geringen Nutzenerwartung fällt das subjektive Urteil über die Gentechnikanwendung im Lebensmittelbereich stark ablehnend aus (vgl. Tab. 3.4). Auf der 5er-Notenskala tendieren die Befragten eindeutig zur Note 4 (ausreichend). Und auch die Intention, gentechnisch modifizierte Lebensmittel zu konsumieren, ist nur äußerst schwach ausgeprägt. Im Durchschnitt wird sie von den Befragten mit einem Wert von 4 (= eher nicht) bezeichnet.

---

6) Die Urteile wurden jeweils zu Beginn (Urteil 1) und am Ende (Urteil 2) eines jeden Fragenblocks zu Anwendungen der Gentechnik abgegeben: "... wie beurteilen Sie gentechnisch verändertes Obst und Gemüse?" 1=sehr gut ... 5=sehr schlecht.

Tabelle 3.4: Statistische Kennwerte der empirischen Häufigkeitsverteilung von beliefbasierter Erwartungswertmessung, direkter Urteilsmessung und der Messung der Handlungsintention im Bereich "gentechnisch verändertes Obst/Gemüse"

|  | Mean | Std. Dev. | Schiefe | Kurtosis |
| --- | --- | --- | --- | --- |
| EW-Haltbarkeit | 4,10 | 2,14 | 0,59 | 0,11 |
| EW-Geschmack | 4,43 | 2,55 | 0,22 | - 0,66 |
| EW-Düngereinsatz | 4,10 | 2,48 | 0,39 | - 0,52 |
| EW-Gesundheit | 2,85 | 2,66 | 0,95 | 0,19 |
| EW-Natürlichkeit | 2,56 | 2,71 | 1,12 | 0,47 |
| EW-Index | 3,71 | 1,72 | 0,63 | 0,60 |

Skalierung: 0 = geringster Erwartungswert ... 10 = höchster Erwartungswert

| | | | | |
| --- | --- | --- | --- | --- |
| Urteil 1 (vorher) | 4,03 | 1,07 | - 0,83 | - 0,29 |
| Urteil 2 (nachher) | 3,72 | 1,13 | - 0,41 | - 0,85 |
| Handlungsintention | 3,99 | 1,18 | - 0,93 | - 0,19 |

Skalierung: 1= sehr gutes Urteil/hohe Intention ... 5= schlechtes Urteil/geringe Intention

Kehren wir zurück zum TRA-Modell. Nach den Annahmen des TRA-Modells kann danach gefragt werden, welche Beziehung zwischen den einzelnen beliefbasierten Erwartungswertmessungen und einer direkten Einstellungsmessung besteht, die auf einer unmittelbaren Beurteilung des entsprechenden gentechnischen Anwendungsgebietes "Lebensmittel" beruht?

Zur Beantwortung dieser Frage stehen in unserer Studie zwei Urteilsmessungen (Urteil 1, Urteil 2) als direkte Einstellungsindikatoren zur Verfügung. Zudem können auch die TRA-relevanten Zusammenhänge zwischen den beliefbasierten Erwartungswertmessungen und der entsprechenden Handlungsintention (Variable: "Handlungsintention") analysiert werden. Die diesbezüglichen Korrelationswerte werden in Tabelle 3.5 ausgewiesen.

In Tabelle 3.5 ist zu erkennen, dass die Zusammenhänge zwischen den subjektiven Nutzenerwartungen, den Direkt-Urteilen und der Handlungsintention im Bereich "gentechnisch verändertes Obst/Gemüse" auf geringem bis durchaus beachtlichem, mittleren Niveau liegen. Das eindeutig wichtigste Entscheidungskriterium zur Beurteilung von gentechnisch verändertem Obst und Gemüse sind gesundheitsbezogene Nutzenaspekte. Diese beeinflussen auch am stärksten die Bereitschaft, solche Produkte zu konsumieren. Erst an zweiter Stelle und mit deutlichem Abstand folgen Aspekte der natürlichen Beschaffenheit, während Produkteigenschaften wie "Haltbarkeit" und "Geschmack" eher von tertiärer Bedeutung sind. Weitgehend unbedeutend für die Bewertung von gentechnisch verändertem Obst und Gemüse sind Nutzenaspekte, die den damit verbundenen geringeren Düngereinsatz betreffen.

Die Korrelation des beliefbasierten Erwartungswertindexes mit den direkten Einstellungsmaßen und dem Intentionsmaß liegt bei Werten von 0.48 bzw. 0.45 (vgl. Tab. 3.5). Diese Werte indizieren eine relativ große, substanzielle Bedeutung der entsprechenden Zusammenhänge und sprechen durchaus für die Gültigkeit des TRA-Modells im Objektbereich „Konsum von gentechnisch verändertem Obst oder Gemüse".

Zur weiteren Validierung der TRA-Annahmen kann auch ein alternativer Produktsummenindex gebildet werden, der die am wenigsten bedeutsame Nutzenerwartung (Düngemitteleinsatz) aus der Berechnung ausschließt. Die Korrelationen von "Urteil 1", "Urteil 2" und "Handlungsintention" mit diesem Index liegen oberhalb der in Tab. 3.5 ausgewiesenen Werte (statt: 0.48, 0.48, 0.45 nunmehr: 0.53, 0.52, 0.50) und ermöglichen so eine nochmals verbesserte Vorhersage von gentechnik-relevanten Beliefs auf der Basis der direkten Einstellungs- und Intentionsmaße.

Die Ergebnisse der bivariaten Analysen können auch mit einer multivariaten Analyse überprüft werden, bei der die Parameter eines umfassenden Strukturgleichungsmodells, welches alle hier diskutierten Variablen enthält, in simultaner Weise geschätzt werden (vgl. Abb. 3.3). Mit dieser Modelltechnik können die gegenseitigen Abhängigkeiten zwischen den verschiedenen EW-Messungen berücksichtigt werden und können die daraus möglicherweise resultierenden, verzerrenden Einflüsse bei der Schätzung der EW-Effekte für die Einstellungsbildung kontrolliert werden. Zudem kann mit dieser Modelltechnik die Einstellungshaltung gegenüber gentechnisch modifizierten Lebensmitteln als latenter Faktor spezifiziert werden, der über zwei Indikatoren (Urteil 1, Urteil2) operationalisiert wird.[7] Die folgende Abbildung 3.3 zeigt die Struktur eines solchen Modells, das alle hier vorgestellten TRA-Variablen umfasst.

Allein die Variable „EW-Natürlichkeit" wurde aus dem Modell ausgeschlossen. Diese Variable weist eine sehr hohe Korrelation mit der Variablen „EW-Gesundheit" auf

---

7) Für weitere Informationen über Modelltechnik und Modellschätzung vgl. die Ausführungen in Kap. A3 (im Anhang).

(r=0.66), so dass die partiellen Effekte dieser beiden Prädiktoren nicht eindeutig voneinander zu unterscheiden wären. Allerdings wäre auch in einem Modell, das beide Prädiktoren enthält, der (unsichere) partielle Effekt von EW-Gesundheit sehr gering (Pfadkoeffizient: 0.13).

Tabelle 3.5: Korrelationen (Pearson Corr.) zwischen beliefbasierter Erwartungsmessung (subjektive Nutzenerwartungen), direkter Einstellungsmessung (erstes und zweites Urteil) und Handlungsintention im Bereich "gentechnisch verändertes Obst/Gemüse"[8]

|  | Urteil 1 (vorher) „Lebensmittel" | Urteil 2 (nachher) „Lebensmittel" | Handlungsintention „Lebensmittel" |
|---|---|---|---|
| EW-Haltbarkeit | .32 | .31 | .29 |
| EW-Geschmack | .34 | .31 | .31 |
| EW-Düngereinsatz | .10 | .11 | .09 |
| EW-Gesundheit | .48 | .50 | .48 |
| EW-Natürlichkeit | .39 | .41 | .36 |
| EW-Index | .48 | .48 | .45 |

alle Werte sind signifikant (p ≤ 0.01, zweiseitig)

Die in Abbildung 3.3 veranschaulichte Modellspezifikation legt fest, dass der Effekt eines jeden einzelnen beliefbasierten Erwartungswertes und nicht der Effekt eines einzigen Produktsummenindexes zu schätzen ist. Sie weicht somit von der Effekt-Modellierung ab, die von der TRA vorgeschlagen wird. Jedoch können wir durch diese Neu-Spezifikation die relative Bedeutung von jeder einzelnen Eigenschaftszuschreibung für das Gesamturteil (auf Gruppenebene) ermitteln, was bei Verwendung eines einzigen Summenindexes nicht möglich wäre.

Wie die Abb. 3.3 ausweist, können 38% der Varianz des latenten Faktors "Einstellung gegenüber gentechnisch modifizierten Lebensmitteln" durch Effekte der vier beliefbasierten Erwartungswertmessungen erklärt werden. Dabei sind die Einschätzungen im Bereich der gesundheitsbezogenen Nutzenerwägungen mit großem Abstand am wichtigs-

---

[8] Damit hier keine schwer zu verstehenden Negativkorrelationen entstehen, wurden die Skalen für die Variablen "Urteil 1", "Urteil 2" und "Handlungsintention" gedreht: 5=sehr gut bzw. ganz sicher... 1=sehr schlecht bzw. ganz sicher nicht.

ten (standardisierter Effekt: 0.49). Alle anderen Beliefs (Überzeugungen) haben nur eine sehr eingeschränkte Bedeutung für die Einstellungsbildung (mit standardisierten Effekten zwischen 0.10 und 0.17).

Abbildung 3.3 zeigt auch, dass ein sehr starker, direkter Effekt von der latenten Einstellungsvariablen zur manifesten Variablen „Handlungsintention" führt. Mit einer standardisierten Effektgröße von 0.88 können 77% der Varianz des Messwertes zur Bereitschaft, gentechnisch modifizierte Lebensmittel zu konsumieren, ausgeschöpft werden. Dies ist nicht nur inhaltlich relevant, sondern es zeigt auch, dass ein wichtiger Teilaspekt des TRA-Modells, nämlich die theoretisch postulierte, direkte Abhängigkeit der Handlungsintention von verhaltensbezogenen Einstellungen und die nur indirekte Abhängigkeit der Handlungsintention von verhaltensrelevanten Beliefs in diesem Strukturmodell in empirisch überzeugender Weise abzubilden ist. Nur ca. 23% der insgesamt 77% ausgeschöpften Varianzanteile der Handlungsintention lassen sich auf indirekte Einflüsse von Beliefs zurückführen, wobei allerdings allein schon 19% auf das Konto von gesundheitsbezogenen Erwartungen gehen.

Abbildung 3.3: Nutzenbezogene Determinanten der Einstellung und der Handlungsintention im Bereich gentechnisch veränderter Lebensmittel

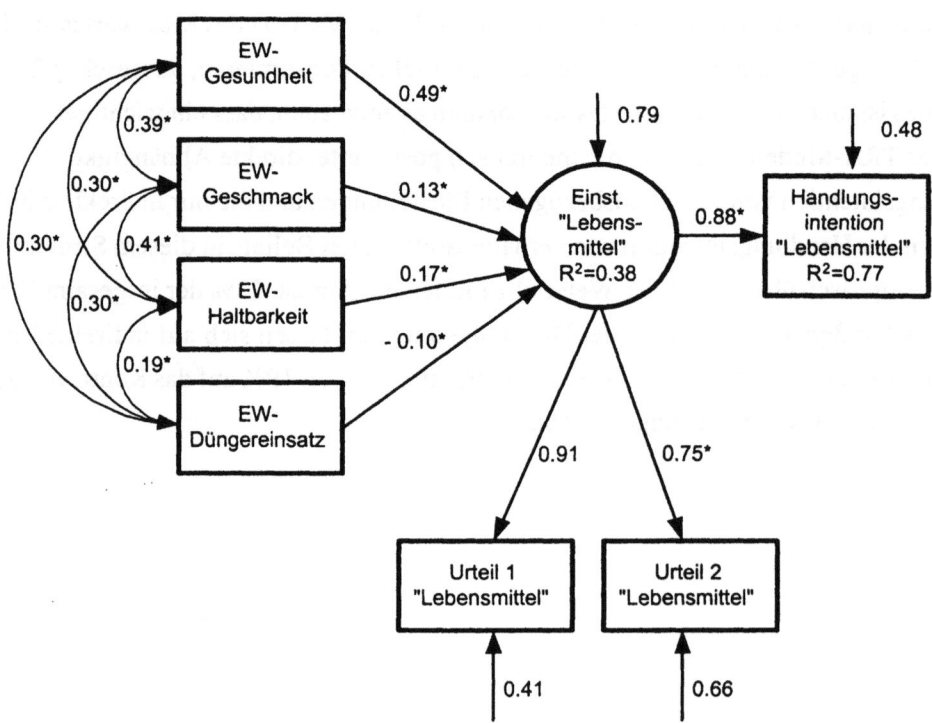

Anmerkungen:
Anpassungswerte für die Modellschätzung (Maximum-Likelihood-Verfahren) mit 1746 Fällen: $\chi^2$(df=21, Nullmodell)=4688.62; $\chi^2$(df=8, angepasstes Modell)=59.01; $\chi^2$-robust (df=10, angepasstes Modell)=53.06; CFI=0.99; CFI-robust=.99; RMSR(stand.)=0.02; RMSEA=0.06 (90%-Konfidenzintervall: 0.05-0.08).
Alle ausgewiesenen Parameter-Schätzwerte sind voll standardisiert. Die mit * versehenen Koeffizienten wurden frei geschätzt. Alle nicht mit (n.s.) ausgewiesenen Werte sind signifikant (p<=0.01).
Damit hier keine verwirrenden Negativschätzungen ausgewiesen werden müssen, wurden die Skalen für die Variablen "Urteil 1", "Urteil 2" und "Handlungsintention" gedreht: 5=sehr gut bzw. ganz sicher... 1=sehr schlecht bzw. ganz sicher nicht (zur ursprünglichen Kodierung dieser Variablen vgl. Tab. 3.4).
Zur Modelltechnik und Modellschätzung der eingesetzten SEM-Methodik vgl. die Informationen in Anhang A3.

**ad 2: Anwendung einer Gentherapie bei einer schweren Krankheit**

Analog zur Analyse der Einstellungsbildung gegenüber gentechnisch veränderten Lebensmitteln können auch in einer Einstellungsanalyse im Bereich "Gentherapie bei schwerer Krankheit" mehrere verhaltensrelevante Beliefs untersucht werden. Dazu werden im Folgenden die Effekte von vier verhaltensrelevanten Beliefs untersucht, die nach den Ergebnissen unserer Vorstudie von einer Mehrzahl der befragten Personen zur Beurteilung der Gentherapie bei schweren Erkrankungen herangezogen werden:

a) "eine hohe Wirksamkeit" (Wirksamkeit),

b) "keine direkten Nebenwirkungen" (Nebenwirkungen),

c) "erforschte Spätfolgen"(Spätfolgen),

d) "Beachtung moralischer Grenzen" (Moral).

Auch für diese vier Beliefs wurden, wie oben beschrieben, die jeweiligen Erwartungswerte als Produkt aus Wichtigkeitseinstufung und Wahrscheinlichkeitseinschätzung gebildet. Tabelle 3.6 informiert über die empirische Häufigkeitsverteilung eines jeden dieser Erwartungswerte, über die Verteilung des über alle vier Erwartungswerte gebildeten Erwartungswertindexes, sowie über die Verteilung der Urteilsmessungen und der Messung der Handlungsintention im Einstellungsbereich "Gentherapie bei schweren Krankheiten".

Die Einschätzungen der Befragten im Einstellungsbereich "Gentherapie bei schwerer Krankheit" fallen positiver aus als im Bereich "gentechnisch modifizierte Lebensmittel". Dort erreichte der EW-Index einen Wert von 3.71 (Tab. 3.4), während er nunmehr bei 4.28 liegt (Tab. 3.6). Auf der Ebene der einzelnen Beliefs fallen die Unterschiede noch deutlicher aus. Nunmehr erreicht der mit Abstand höchste Erwartungswert ein Ausmaß von 5.60 (Belief "Wirkung") und die Erwartungswerte der drei weiteren Beliefs liegen zwischen 3.6 ("Moral") und 4.1 ("Nebenfolgen").

Berücksichtigt man bei der Interpretation der Erwartungswerte allerdings die zur Messung benutzte 11-Punkte-Skalenbreite (0 ... 10), fallen auch in diesem Einstellungsbereich die erwarteten Nutzenwerte noch immer relativ niedrig aus. Dies gilt insbesondere auch dann, wenn zusätzlich die Noten der Direkt-Urteile (2.16, 2.45) und das Ausmaß der Handlungsintention (1.91) im Bereich der Gentherapie bei schweren Erkrankungen betrachtet werden. Somit steht der eher bei der Note "gut" liegenden Bewertung der Gentherapie eine vergleichsweise eher skeptische Nutzenerwartung gegenüber. Diese liegt zwar immer noch deutlich oberhalb der Nutzenerwartung bei gentechnisch modifizierten Lebensmitteln, fällt aber auch deutlich hinter dem Vergleichsmaßstab einer generalisierten, nutzenunabhängigen Bewertung zurück.

Tabelle 3.6: Statistische Kennwerte der empirischen Häufigkeitsverteilung von beliefbasierter Erwartungswertmessung, direkter Urteilsmessung und Messung der Handlungsintention im Bereich "Gentherapie bei schweren Erkrankungen"

|  | Mean | Std. Dev. | Schiefe | Kurtosis |
|---|---|---|---|---|
| EW-Wirkung | 5,60 | 2,25 | - 0,15 | - 0,49 |
| EW-Nebenfolgen | 4,09 | 2,03 | 0,33 | 0,08 |
| EW-Spätfolgen | 3,90 | 2,10 | 0,34 | - 0,07 |
| EW-Moral | 3,58 | 2,44 | 0,56 | - 0,25 |
| EW-Index | 4,28 | 1,53 | 0,26 | 0,74 |

Skalierung: 0 = geringster Erwartungswert ... 10 = höchster Erwartungswert

| | | | | |
|---|---|---|---|---|
| Urteil 1 (vorher) | 2,16 | 0,97 | 0,68 | 0,27 |
| Urteil 2 (nachher) | 2,45 | 0,89 | 0,47 | 0,34 |
| Handlungsintention | 1,91 | 1,08 | 1,22 | 0,95 |

Skalierung: 1= sehr gutes Urteil/hohe Intention ... 5= schlechtes Urteil/geringe Intention

Die Zusammenhänge zwischen beliefbasierten Erwartungswerten und direkter Einstellungsmessung sind für den Produktaspekt "Wirkung" am stärksten (vgl. Tab. 3.7). Dort werden Korrelationswerte von 0.47 bzw. 0.48 ermittelt. Kein anderer Produktaspekt erreicht vergleichbar hohe Zusammenhangswerte. Vielmehr liegen dort die Korrelationswerte eher bei Größen von 0.20. Ähnliches gilt auch für den Zusammenhang zwischen beliefbasierten Erwartungswerten und Handlungsintention. Allerdings liegen dort die Korrelationswerte durchgängig etwas niedriger, was auch der Annahme des TRA-Modells entgegen kommt, dass es im Einstellungsbereich eines integrierten Effektenmodells keinen direkten Einfluss der kognitiven Wahrnehmung auf die Handlungsintention geben sollte (vgl. Kap. 2.1).

Wie im Falle der Urteilsbildung zu gentechnisch modifizierten Lebensmitteln scheint es auch im Bereich der Beurteilung der Gentherapie eine einzige Wahrnehmungsebene zu geben, die die Einstellungsbildung dominiert. Dies ist derjenige Produktaspekt, auf dem auch die höchsten Erwartungswerte liegen ("Wirkung"). Dies ist nicht selbstverständlich. Denn dass die Produktaspekte mit den höchsten Erwartungswerten nicht immer die Produktbeurteilung bestimmen, zeigten die statistischen Resultate im Lebensmittelbereich. Dort werden zwar die höchsten Erwartungswerte mit den Produktaspekten "Haltbarkeit", "Geschmack" und "Düngereinsatz" verbunden, aber die Beurteilung gentechnisch modifizierter Lebensmittel wird fast ausschließlich von Nutzenerwartungen beim Produktaspekt "Gesundheit" bestimmt (vgl. Tab. 3.5 und Abb. 3.3).

Eine Konsequenz der starken Stellung eines einzigen Nutzenaspekts für die Beurteilung der Gentherapie bei schweren Erkrankungen ist der im Vergleich zum Lebensmittelbereich deutlich reduzierte Zusammenhang zwischen dem Index aller vier beliefspezifischen Erwartungswerte und der generalisierten Beurteilung dieser Gentechnikanwendung. Die entsprechenden Korrelationen liegen nunmehr bei etwa 0.40 im Bereich der Direkt-Urteile und bei 0.35 im Bereich der Handlungsintention (Tab. 3.7).

Tabelle 3.7: Korrelationen (Pearson Corr.) zwischen beliefbasierter Erwartungswertmessung (subjektive Nutzenerwartungen), direkter Einstellungsmessung (erstes und zweites Urteil) und Handlungsintention im Bereich "Gentherapie bei schweren Erkrankungen".[9]

|  | Urteil 1 (vorher) „schwere Krankheit" | Urteil 2 (nachher) „schwere Krankheit" | Handlungsintention „schwere Krankheit" |
|---|---|---|---|
| EW-Wirkung | .47 | .48 | .45 |
| EW-Nebenfolgen | .18 | .20 | .15 |
| EW-Spätfolgen | .20 | .25 | .19 |
| EW-Moral | .20 | .23 | .18 |
| EW-Index | .38 | .43 | .35 |

alle Werte sind signifikant (p ≤ 0.01, zweiseitig)

Abbildung 3.4 zeigt die Struktur und die Parameterschätzwerte des multivariaten Kausalmodells für den Anwendungsbereich "Gentherapie bei schweren Erkrankungen", das wiederum nach Annahmen des TRA-Ansatzes allerdings ohne EW-Produktsummenindex[10] spezifiziert wurde.

---

9) Damit hier keine schwer zu verstehenden Negativkorrelationen entstehen, wurden die Skalen für die Variablen "Urteil 1", "Urteil 2" und "Handlungsintention" gedreht: 5=sehr gut bzw.ganz sicher... 1=sehr schlecht bzw. ganz sicher nicht.

10) Vgl. dazu die Ausführungen zur Spezifikation des in Abb. 3.3 veranschaulichten Modells.

Auch in diesem Modell wurde eine Belief-Variable, nämlich die Variable „EW-Spätfolgen", aus der Analyse herausgenommen, weil sie eine sehr hohe Korrelation mit der Variablen „EW-Nebenfolgen" aufweist (r=0.65) und damit die partiellen Pfadkoeffizienten von beiden Prädiktoren nicht eindeutig zu bestimmen gewesen wären. In einer Modellschätzung, die alle fünf Prädiktoren umfasst, zeigt sich jedoch, das der partielle Effekt von EW-Spätfolgen in einem nicht-reduzierten Modell extrem klein und nicht signifikant wäre (partieller Pfadkoeffizient: 0.04).

Wie anhand der in Abbildung 3.4 ausgewiesenen Schätzwerte zu erkennen ist, können 41% der Varianz des latenten Faktors "Einstellung gegenüber einer Gentherapie bei schweren Krankheiten" durch Effekte der vier beliefbasierten Erwartungswertmessungen erklärt werden. Die Varianzaufklärung liegt damit auf etwas höherem aber vergleichbarem Niveau wie im Falle der Erklärung von Einstellungen gegenüber gentechnisch verändertem Obst und Gemüse (vgl. Abb. 3.3). Und auch im vorliegenden Fall dominiert ein bestimmter Erwartungswert die Erklärung, nämlich die Erwartung hinsichtlich Wirksamkeit einer Gentherapie. Mit einem standardisierten Pfadkoeffizienten von 0.57 ist dieser Effekt ca. viermal so stark, wie der zweitwichtigste Effekt, der durch moralbezogene Überlegungen ausgelöst wird (Pfadkoeffizient: 0.14). Im Unterschied dazu, dominierte bei der Einstellungsbildung zu gentechnisch veränderten Lebensmitteln der wichtigste Effekt (EW-Gesundheit) den zweitwichtigsten Effekten (EW-Haltbarkeit) "nur" etwa um das Dreifache. So betrachtet, ist die kognitive Basis der Einstellungshaltung zur Gentherapie bei schweren Krankheiten noch um eine zusätzliche Stufe "einfacher" und eindeutiger strukturiert als die kognitive Basis der lebensmittelbezogenen Einstellungshaltung.

Allerdings wird im Anwendungsbereich "Gentherapie bei schweren Krankheiten" die Handlungsintention deutlich weniger stark von Einstellungen geprägt als dies im Bereich "gentechnisch veränderte Lebensmittel" der Fall ist. Hier sind es "nur" noch 62% der Varianz, die auf das Konto von Einstellungsvariationen gehen (im Lebensmittelbereich waren es noch 77%). Und ein Anteil von insgesamt ca. 20% dieser 62% lässt sich dem indirekten Einfluss des Beliefs "EW-Wirkung" zuschreiben, der über die Einstellung an die Handlungsintention vermittelt wird. Zwar ist, absolut betrachtet, ein Anteil von 62% ausgeschöpfter Varianz noch immer sehr beachtlich und korrespondiert in beeindruckender Weise mit zentralen Annahmen des TRA-Modells (wie z.B. die direkte Abhängigkeit der Handlungsintention von verhaltensbezogenen Einstellungen und die nur indirekte Abhängigkeit der Handlungsintention von verhaltensrelevanten Beliefs). Er verweist aber auch darauf, dass es noch einen bedeutenden Anteil von Varianz bei der Handlungsintention gibt (38%), der möglicherweise entsprechend der Konstruktionslogik des

TRA-Modells durch Effekte der Norm-Komponente der Modells (vgl. Abb. 2.1) ausgeschöpft werden kann. Eine diesbezügliche Analyse werden wir im anschließenden Kapitel 3.4 durchführen.

Abbildung 3.4: Nutzenbezogene Determinanten der Einstellung und der Handlungsintention im Bereich "Gentherapie bei schweren Krankheiten"

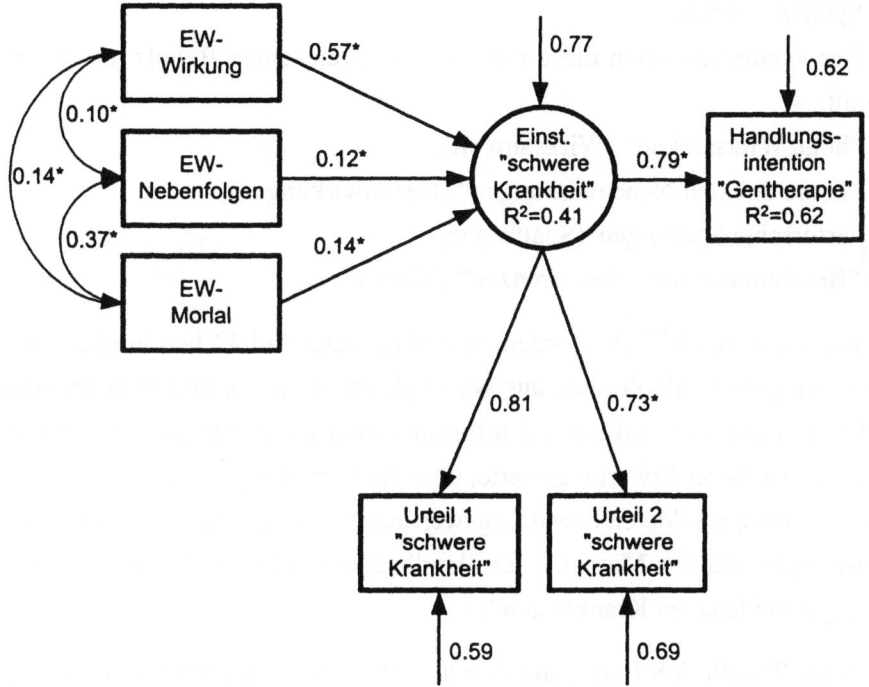

Anmerkungen:
Anpassungswerte für die Modellschätzung (Maximum-Likelihood-Verfahren) mit 1754 Fällen: $\chi^2$(df=15, Nullmodell)=2889.59; $\chi^2$(df=6, angepasstes Modell)=47.84; $\chi^2$-robust(df=6, angepasstes Modell)=42.92; CFI=0.99; CFI-robust=.98; RMSR(stand.)=0.02; RMSEA=0.06 (90%-Konfidenzintervall: 0.05-0.08).
Alle ausgewiesenen Parameter-Schätzwerte sind voll standardisiert. Die mit * versehenen Koeffizienten wurden frei geschätzt. Alle nicht mit (n.s.) ausgewiesenen Werte sind signifikant (p<=0.01).
Damit hier keine verwirrenden Negativschätzungen ausgewiesen werden müssen, wurden die Skalen für die Variablen "Urteil 1", "Urteil 2" und "Handlungsintention" gedreht: 5=sehr gut bzw.ganz sicher... 1=sehr schlecht bzw. ganz sicher nicht (zur ursprünglichen Kodierung dieser Variablen vgl. Tab. 3.6).
Zur Modelltechnik und Modellschätzung der eingesetzten SEM-Methodik vgl. die Informationen im Anhang A3.

**ad 3: Anwendung einer Gentherapie bei einer leichten Krankheit**

Die in der vorangegangenen Analyse untersuchten, vier verhaltensrelevanten Beliefs werden im Folgenden auch für die Einstellungsanalyse im Gentechnik-Anwendungsbereich "Gentherapie bei leichter Krankheit" benutzt. Auch dort soll, gemäß der Annahmen des TRA-Modells, die direkte Bedeutung dieser Beliefs für die Herausbildung einer diesbezüglichen Einstellung und die indirekte Bedeutung der Beliefs für die Entstehung der Handlungsintention "Gentherapie" in einem multivariaten Strukturmodell aufgeklärt werden.

Zur Erinnerung seien diese vier verhaltensrelevanten Beliefs hier noch einmal genannt:

a) "hohe Wirksamkeit" (Wirksamkeit),
b) "keine direkten Nebenwirkungen" (Nebenwirkungen),
c) "erforschte Spätfolgen"(Spätfolgen),
d) "Beachtung moralischer Grenzen" (Moral).

Für diese vier Beliefs wurden, wie oben unter "ad 1" beschrieben, die jeweiligen Erwartungswerte als Produkt aus Wichtigkeitseinstufung und Wahrscheinlichkeitseinschätzung gebildet. Tabelle 3.8 informiert über die empirische Häufigkeitsverteilung eines jeden dieser Erwartungswerte, über die Verteilung des über alle vier Erwartungswerte hinweg gebildeten Erwartungswertindexes sowie über die Verteilung der Urteilsmessungen und der Messung der Handlungsintention im Einstellungsbereich "Gentherapie bei leichten Krankheiten".

Nach Tabelle 3.8 liegen die durchschnittlichen Nutzenerwartungen bei allen vier untersuchten Beliefs im Bereich "Gentherapie bei leichten Erkrankungen" knapp unterhalb des Skalenmittelwertes von 5.0 (allerdings mit deutlichen Streuungen). Sie unterscheiden sich damit nicht wesentlich von den entsprechenden Werten im Anwendungsbereich "Gentherapie bei schweren Erkrankungen" (vgl. Tab. 3.6).

Im Unterschied dazu sind jedoch stark ausgeprägte Unterschiede zwischen den durchschnittlichen Beurteilungen der Gentherapie bei leichten und schweren Erkrankungen festzustellen. Liegt das mittlere Urteil über Gentherapien bei schweren Erkrankungen doch eindeutig bei der Note "gut", so liegt es im Falle der Gentherapie bei leichten Erkrankungen im Bereich der Note "ausreichend" und entspricht damit der Bewertung von gentechnisch verändertem Obst und Gemüse. Insgesamt 65% bzw. 50% aller Befragten beurteilen sie mit der schlechtesten Note von "5".

Somit korrespondiert bei der Bewertung der Gentherapie zur Heilung leichter Erkrankungen eine eher geringe Nutzenerwartung mit einem eindeutig negativen Urteil. Anders als im Falle der Bewertung der Gentherapie zur Heilung schwerer Erkrankungen weisen nunmehr Nutzenerwartung und Beurteilung der Gentherapie nicht mehr in zwei verschiedene Richtungen, sondern indizieren ein eher konsistentes soziales Repräsentationsmuster für diese gentechnische Anwendung in der Bevölkerung.

Die Stärke des Zusammenhangs zwischen dem jeweiligen subjektiven Erwartungsnutzen der vier verhaltensrelevanten Beliefs und der Beurteilung der Gentherapie zur Heilung leichter Erkrankungen zeigt Tabelle 3.9.

Die bivariaten Korrelationen lassen nicht mehr eine bestimmte Nutzenerwartung erkennen, die in ganz besonders hervorgehobener Weise mit der Beurteilung der Gentherapie verbunden ist. Insbesondere fällt auf, dass die "Supervariable" der erwarteten Wirksamkeit ("EW-Wirkung"), die bei der Gentherapie für schwere Erkrankungen noch mit großem Abstand die höchsten Korrelationswerte aufwies (vgl. Tab. 3.7), nunmehr die geringsten Korrelationswerte zeigt. Das gilt auch für ihre Korrelation mit der Handlungsintention.

Tabelle 3.8: Statistische Kennwerte der empirischen Häufigkeitsverteilung von beliefbasierter Erwartungswertmessung, direkter Urteilsmessung und Messung der Handlungsintention im Bereich "Gentherapie bei leichten Erkrankungen"

|  | Mean | Std. Dev. | Schiefe | Kurtosis |
|---|---|---|---|---|
| EW-Wirkung | 4,94 | 2,61 | - 0,02 | - 0,79 |
| EW-Nebenfolgen | 4,21 | 2,29 | 0,32 | - 0,29 |
| EW-Spätfolgen | 4,22 | 2,41 | 0,35 | - 0,43 |
| EW-Moral | 4,22 | 2,79 | 0,33 | - 0,78 |
| EW-Index | 4,40 | 1,73, | 0,17 | 0,09 |

Skalierung: 0 = geringster Erwartungswert ... 10 = höchster Erwartungswert

|  | Mean | Std. Dev. | Schiefe | Kurtosis |
|---|---|---|---|---|
| Urteil 1 (vorher) | 4,17 | 1,02 | - 1,06 | 0,23 |
| Urteil 2 (nachher) | 3,85 | 1,08 | - 0,56 | - 0,63 |
| Handlungsintention | 4,35 | 1,04 | - 1,60 | 1,69 |

Skalierung: 1= sehr gutes Urteil/hohe Intention ... 5= schlechtes Urteil/geringe Intention

Tabelle 3.9: Korrelationen (Pearson Corr.) zwischen beliefbasierter Erwartungswertmessung (subjektive Nutzenerwartungen), direkter Einstellungsmessung (erstes und zweites Urteil) und Handlungsintention im Bereich "Gentherapie bei leichten Erkrankungen".[11]

|  | Urteil 1 (vorher) „leichte Krankheit" | Urteil 2 (nachher) „leichte Krankheit" | Handlungs-intention „leichte Krankheit" |
|---|---|---|---|
| EW-Wirkung | .16 | .19 | .13 |
| EW-Nebenfolgen | .25 | .30 | .20 |
| EW-Spätfolgen | .27 | .36 | .24 |
| EW-Moral | .21 | .31 | .20 |
| EW-Index | .32 | .42 | .28 |

alle Werte sind signifikant (p ≤ 0.01, zweiseitig)

Welche Bedeutung diese veränderten bivariaten Beziehungen für die Effektschätzungen in dem nach TRA-Vorgaben spezifizierten multivariaten Strukturmodell haben, in dem (als TRA-Modifikation) nicht ein einziger EW-Produktsummenindex als alleiniger Prädiktor für Einstellungshaltungen sondern mehrere selbständige EW-Prädiktoren benutzt werden, wird in Abbildung 3.5 deutlich gemacht.

Auch in diesem Modell wurde wieder eine bestimmte Belief-Variable aus der Analyse herausgenommen. Diesmal ist es die Prädiktorvariable „EW-Nebenfolgen", die im nicht-reduzierten Strukturmodell hoch mit dem Prädiktor „EW-Spätfolgen" korreliert (r=0.71) und nur eine sehr geringe Effektbedeutung hat (partieller Pfadkoeffizient: 0.10). Vgl. die weiteren Erläuterungen zur Prädiktor-Selektion im Abschnitt „ad 1".

Die geschätzten Parameter des in Abbildung 3.5 dargestellten Strukturmodells zeigen, dass die kognitive Basis für Einstellungen zur Anwendung der Gentherapie bei leichten Krankheiten ausgesprochen schwach zur Erklärung der Einstellung beitragen. Nur insgesamt 13% der Varianz des diesbezüglichen latenten Einstellungsfaktors können durch die drei hier untersuchten Beliefs (operationalisiert in Form von Erwartungswerten) "erklärt" werden. Gemessen am Ausmaß erklärter Einstellungsvarianz in den Strukturmodellen zur Gentherapie bei schwerer Krankheit (41%) und zum Konsum gentechnisch modifizierter Lebensmittel (38%) ist das eine Drittelung der Erklärungskraft kognitiver Beliefs für die Herausbildung von verhaltensbezogenen Einstellungen.

---

11) Damit hier keine schwer verständlichen Negativkorrelationen entstehen, wurden die Skalen für die Variablen "Urteil 1", "Urteil 2" und "Handlungsintention" gedreht: 5=sehr gut bzw. ganz sicher... 1=sehr schlecht bzw. ganz sicher nicht.

## 3.3 Nutzenbezogene Beliefs und Technikeinstellungen 109

Gänzlich anders verhält sich hingegen der Sachverhalt bei der "Erklärung" der Bereitschaft zur Anwendung der Gentherapie im Falle einer leichten Erkrankung. Die Varianz dieser Handlungsintention kann zu 71% erklärt werden und liegt damit zwischen den ausgeschöpften Varianzanteilen von 62% und 77% in den beiden anderen Anwendungsbereichen.

Aufgrund der starken Determination der Handlungsintention durch die diesbezügliche Einstellungshaltung können auch die verhaltensbezogenen Beliefs einen nicht unerheblichen, indirekten Effekt auf die Handlungsintention ausüben. So kann z.B. die Belief-Variable "EW-Spätfolgen" auf dem Weg über den Einstellungsfaktor hin zur Variablen "Handlungsintention" eine standardisierte Effektgröße von 0.21 erreichen. Damit reicht diese Effektstärke knapp an die Höhe der zuvor berechneten, bivariaten Korrelationskoeffizienten zur Messung des direkten Zusammenhangs zwischen der EW-Variablen und der Handlungsintention heran (0.24, vgl. Tab. 3.9). Allerdings gibt es für andere Prädiktoren, wie z.B. für die Belief-Variable „EW-Moral", keine solche Entsprechung (0.09 im Strukturmodell vs. 0.20 in der bivariaten Korrelation).

Welche Einsichten in die kognitive Struktur der Bewertung gentechnischer Anwendungen werden gewonnen, wenn die drei zuvor erläuterten Modellschätzungen miteinander verglichen werden?

Trotz Bewährung der Modellspezifikation nach TRA-Vorgaben bleibt vor allem unklar, warum die Erklärungskraft von kognitiven Verhaltensüberzeugungen für die Varianz von Einstellungsfaktoren derart schwankt, wie es im Vergleich der Modelle aus Abb. 3.3, 3.4 und 3.5 festgestellt wurde. Denn zur Erklärung der Einstellungsvarianz im Bereich „Gentherapie bei leichter Krankheit" tragen die hier untersuchten Beliefs nur mit einem Erklärungsanteil von 13% bei (vgl. Abb. 3.5), während in den beiden anderen Anwendungsbereichen „Konsum gentechnisch veränderter Lebensmittel" und „Gentherapie bei schwerer Krankheit" immerhin fast gleich große Anteile der Einstellungsvarianz von 38% bzw. 41% durch Belief-Effekte ausgeschöpft werden konnten (vgl. Abb. 3.3 und 3.4).

Abbildung 3.5: Nutzenbezogene Determinanten der Einstellung und der Handlungsintention im Bereich "Gentherapie bei leichten Krankheiten"

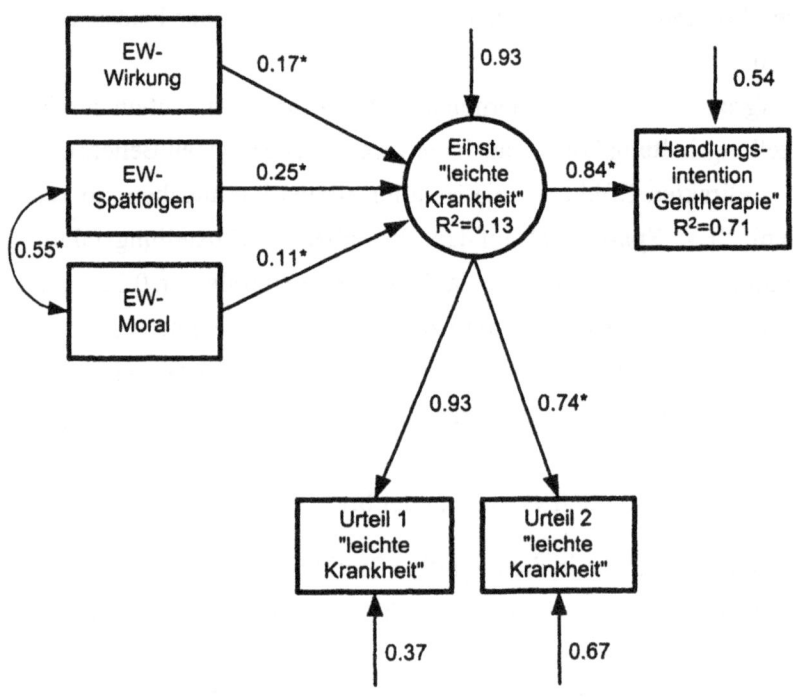

Anmerkungen:
Anpassungswerte für die Modellschätzung (Maximum-Likelihood-Verfahren) mit 1786 Fällen: $\chi^2$(df=15, Nullmodell)=3870.20; $\chi^2$(df=8, angepasstes Modell)=123.91; $\chi^2$-robust (df=8, angepasstes Modell)=114.47; CFI=0.97; CFI-robust=.97; RMSR(stand.)=0.04; RMSEA=0.09 (90%-Konfidenzintervall: 0.08-0.10).
Alle Parameter-Schätzwerte sind voll standardisiert. Die mit * versehenen Koeffizienten wurden frei geschätzt. Alle nicht mit (n.s.) markierten Werte sind signifikant (p<=0.01 ).
Damit hier keine verwirrenden Negativschätzungen ausgewiesen werden müssen, wurden die Skalen für die Variablen "Urteil 1", "Urteil 2" und "Handlungsintention" gedreht: 5=sehr gut bzw. ganz sicher... 1=sehr schlecht bzw. ganz sicher nicht (zur ursprünglichen Kodierung dieser Variablen vgl. Tab. 3.8).
Wie aus Tabelle 3.8 zu entnehmen ist, ist insbesondere die Variable "Urteil 1" mit einer Schiefe von -1.60 und einer Kurtosis von 1.69 nicht normalverteilt. Daraus können u.U. Probleme für die Robustheit der im ML-Verfahren geschätzten Parameterwerte entstehen (vgl. Boomsma 1978). Allerdings zeigen neuere Methodenstudien, dass bei großen Fallzahlen (wie hier vorhanden) und bei Verwendung eines robusten ML-Schätzverfahrens (wie hier erfolgt), die hier beobachteten Verstöße gegen die Normalverteilungsannahme noch im tolerablen Bereich liegen und nicht automatisch zu einer extrem verringerten Robustheit der Parameterschätzwerte führen müssen (vgl. Finch et al. 1997; Hoogland 1999).
Zur Modelltechnik und Modellschätzung der eingesetzten SEM-Methodik vgl. die Informationen in Anhang A3.

## 3.3 Nutzenbezogene Beliefs und Technikeinstellungen 111

Ein solches Ergebnis konnte auch nicht nach den bivariaten Korrelationen zwischen Urteilsindikatoren und dem Produktsummenindex zur aggregierten Nutzenmessung erwartet werden (vgl. die Tabellen 3.5, 3.7 und 3.9). Dort gab es über alle drei Anwendungsbereiche zwar Unterschiede im Korrelationsausmaß, allerdings waren diese weitaus geringer ausgeprägt, und insbesondere die Korrelationen zwischen dem Produktsummenindex und dem zweiten Urteilsindikator ließen keine Sonderrolle des Anwendungsbereichs „Gentherapie bei leichter Krankheit" erkennen (bereichsspezifische Index-Korrelationen mit erstem Urteil: 0.48, 0.38, 0.32; mit zweitem Urteil: 0.48, 0.43, 0.42).

Erst als im Strukturmodell die Einstellungsvariable als latenter Einstellungsfaktor konstruiert wurde und damit die Einflusseffekte „minderungskorregiert" geschätzt werden konnten, und als zweitens die Aggregation aller nutzenbezogenen Beliefs zu einem einzigen Summenindex aufgelöst wurde und damit die separaten und partiellen Einzeleffekte geschätzt werden konnten,[12] da wurde die Besonderheit des Anwendungsbereichs „Gentherapie bei leichter Krankheit" deutlich erkennbar:

Im Vergleich betrachtet, zeigten die drei Strukturanalysen, über die hier berichtet wurde, dass es nur in zwei von drei gentechnischen Anwendungsbereichen eine dominante Verhaltensüberzeugung gibt, die einen überdurchschnittlich starken Einfluss auf die Einstellungsbildung ausübt. Diese entsteht im Falle gentechnisch veränderter Lebensmittel durch gesundheitsbezogene Nutzenerwägungen (indiziert durch einen Pfadkoeffizienten: 0.49) und im Falle gentherapeutischer Verfahren bei schweren Krankheiten durch wirkungsbezogene Nutzenerwägungen (indiziert durch einen Pfadkoeffizienten von 0.57). Alle anderen Effekte fallen im Vergleich dazu in beiden Fällen stark ab.

Anders verhält es sich im Bereich gentherapeutischer Verfahren bei leichten Krankheiten. Dort ist kein eindeutig dominanter Effekt auf solch herausgehobenem Niveau feststellbar. Es gibt zwar zwei Effekte mit deutlich erhöhten Einflusschancen (wirkungs- und risikobezogene Beliefs). Allerdings liegen diese „nur" auf einem Effekt-Niveau von ca. 0.17 bzw. 0.25 (Pfadkoeffizienten), womit sie sich zwar deutlich von der Höhe des anderen untersuchten Beliefs unterscheiden (0.11), aber eben nicht die herausragende Rolle übernehmen können, die wir für einzelne Beliefs in den beiden anderen Anwendungsbereichen festgestellt haben.

---

12) Vgl. dazu die Informationen über die Modelltechnik und Modellschätzung von latenten Strukturmodellierungen in Kap. A3 (im Anhang).

Welche Ursachen könnten dafür verantwortlich sein? Vorausgesetzt es handelt sich bei diesem Ergebnis nicht um ein Methodenartefakt, das dann entsteht, wenn die vorhandenen Daten nicht den Anwendungsvoraussetzungen einer statistischen Modelltechnik entsprechen, könnte der niedrige Erklärungsanteil im Anwendungsbereich „Gentherapie bei leichter Krankheit" drei verschiedene Ursachen haben:

Erstens könnte die Einstellung zur Gentherapie bei leichten Krankheiten relativ unabhängig von kognitiven Faktoren variieren. Sie würde sich dann eher selbständig und unbeeinflusst von diesen Größen entwickeln, oder sie würde sich relativ unsystematisch bzw. zufällig herausbilden und könnte in jedem Falle nur zu geringen Anteilen mit kognitiven Einstellungsmodellen erklärt werden.

Zweitens könnten in unserem Modell die „falschen" nutzenbezogenen Beliefs untersucht worden sein, die dann eben keine „modal-saliente" Bedeutung für das kollektiv-kognitive Repräsentationsmuster der Gentechnik in diesem Anwendungsbereich hätten, sondern dort eher randständige Positionen übernähmen.

Und drittens könnte es weitere, im hier ausgewerteten Modell nicht enthaltene Einflussfaktoren geben, die in besonders starker Weise auf Einstellungen gegenüber gentherapeutischen Verfahren bei leichten Erkrankungen einwirken.

Für Letzteres spricht, dass in unserem bislang untersuchten Modell nur einige Teilaspekte des TRA-Modells berücksichtigt wurden und somit erst noch die bis jetzt ausgeblendeten TRA-Annahmen empirisch überprüft werden sollten, bevor über die hier genannten, drei möglichen Besonderheiten im Bereich der Einstellungsbildung gegenüber einer Gentherapie bei leichten Krankheiten geurteilt werden kann.

Eine dementsprechende Analyse soll im anschließenden Kapitel 3.4 erfolgen.

## 3.4 Norm-affine Beliefs und Technikeinstellungen

Im vorangegangenen Kapitel 3.3 hatten wir den TRA-Ansatz benutzt, um die Beziehungen zwischen subjektivem Wissen, Bewertungen und Handlungsintentionen in verschiedenen Anwendungsbereichen der Gentechnik zu analysieren. Nunmehr wollen wir diese Analyse um eine weitere Komponente aus dem TRA-Ansatz erweitern. Wir wollen zusätzlich zu den bereits ermittelten Abhängigkeitsbeziehungen zwischen Beliefs, Einstellungen und Handlungsintentionen herausfinden, ob die von uns befragten Personen ihr Urteil über gentechnische Anwendungen oder ihre Intention zur Nutzung dieser Anwendungen an der von ihnen wahrgenommenen Meinung von wichtigen Referenzgruppen bzw. an der Meinung einzelner, für sie wichtiger Bezugspersonen ausrichten.

Damit wollen wir einen weiteren Schritt in Richtung einer weitreichenden Umsetzung des TRA-Modells für die Untersuchung von Handlungsintentionen, Einstellungen und Bewertungen gegenüber neuen Technikanwendungen machen. Das vollständige TRA-Modell haben wir in Kap. 2.1 vorgestellt, und im vorangegangen Kapitel 3.3 haben wir einen Teilaspekt dieses Modells, nämlich die Bedeutung von nutzenorientierten Beliefs für die Formierung von technikrelevanten Einstellungen und Bewertungen, analysiert. Nunmehr soll also ein zweiter Schritt bei der empirischen Anwendung des TRA-Modells erfolgen, in dem die Bedeutung der sogenannten „subjektiven Norm" für die Beurteilung neuer Technikanwendungen und deren prospektiver Nutzung untersucht wird.

Allerdings werden wir auch für diese TRA-Anwendung das originäre Theoriemodell an einigen Stellen modifizieren müssen, um es an die Gegebenheiten der subjektiven Technikbewertung im Anwendungsbereich der neuen Gentechnik anzupassen. Die Modifikationen betreffen dabei die modellspezifische Konzeption der normativen Beliefs und deren Einbettung in die TRA-Modellstruktur. Beginnen wollen wir im Folgenden mit der inhaltlichen Neufassung und Messung von „norm-affinen Beliefs".

Nach dem Originalmodell der TRA (vgl. Kap. 2.1) sind normative Beliefs die Erwartungen einer Person darüber, wie für sie relevante Personen und Gruppen ihr eigenes Handeln gegenüber einem bestimmten Objekt bewerten. Da diese wahrgenommenen Erwartungen anderer Personen und Gruppen für die jeweilige Person unterschiedlich bedeutsam sind, sind in der TRA-Analyse die entsprechenden Beliefs mit der jeweiligen Motivation der Person, diesen Erwartungen auch zu entsprechen (Fügsamkeitsmotivation), zu gewichten. Ferner sieht die TRA-Analyse vor, die so gewonnenen Erwartungswerte für die einzelnen relevanten Personen und Gruppen aufzuaddieren. Der so gewonnene Index wird als "subjektive Norm" bezeichnet. Im Rahmen der TRA stellt die subjektive Norm neben der Einstellung die zweite direkte Determinante der Handlungsintention dar.

Bei der Ausbildung einer Handlungsintention orientieren sich Personen also nicht lediglich an den direkten Handlungskonsequenzen, sondern auch an ihrem sozialen Umfeld in Form von "signifikanten" oder "generalisierten Anderen". Diese „Anderen" erhalten ihre Handlungsrelevanz für die betreffenden Personen dadurch, dass sie wichtige Bezugspersonen bzw. Bezugsgruppen für diese sind, und von ihnen eine konformitätserzwingende und abweichungssanktionierende Erwartung sozial erwünschten, "richtigen" Entscheidens ausgeht.

Wenn also z.B. eine Person glaubt, dass ihr Freundeskreis von ihr erwartet, gentechnisch verändertes Obst und Gemüse anstatt konventionell erzeugte Lebensmittel zu konsumieren, wäre diese Auffassung als Teil der subjektiven Norm zu analysieren, weil damit a) eine bestimmte (vermutete) Erwartung verbunden ist, und b) diese Erwartung eine bestimmte subjektive Wertigkeit hat, da es sich dabei um die Meinung einer wichtigen Bezugsgruppe handelt.

Als Erwartungswert ließe sich die subjektive Norm also dadurch konstruieren, dass a) die von den einzelnen Befragten perzipierten Meinungen von relevanten "Anderen" über "richtiges" Handeln ermittelt wird (=Erwartungen in Form von normativen Beliefs), und dass b) die Bedeutsamkeit dieser Erwartungen für die Entscheidung des Befragten durch Messung der subjektiven Relevanz dieser "Anderen" für die Herausbildung der Handlungsintention gemessen wird (=Wert in Form einer Fügsamkeitsmotivation). Liegen dann zu jeder Bezugsperson oder Bezugsgruppe eines Befragten zwei Messwerte vor, nämlich für die Intensität der entsprechenden Erwartung und ein zweiter für den Grad der Wichtigkeit der entsprechenden Bezugsperson oder Bezugsgruppe, so kann durch Multiplikation dieser beiden Messwerte der Erwartungswert der subjektiven Norm errechnet werden.[1]

Dieses klassische Vorgehen bei der Konzeptionierung und Messung der subjektiven Norm mussten wir in unserem Forschungsbereich in mehrerlei Hinsichten modifizieren, um es an die hier vorherrschenden, empirischen Gegebenheiten anzupassen. Dazu nutzten wir die Ergebnisse unserer empirischen Vorstudie, die wir zur Ermittlung der modal-

---

1) Wie oben erwähnt, kann dann zudem (von der TRA gewollt, von uns aber nicht befolgt), durch Berechnung der Summe aller so ermittelten Erwartungswerte ein aggregierter Index der subjektiven Norm gebildet werden.

## 3.4 Norm-affine Beliefs und Technikeinstellungen 115

salienten Beliefs in der anvisierten Population (allgemeine deutsche Wohnbevölkerung) durchgeführt haben (vgl. Kapitel 3.2 und Anhang A1). Folgende empirischen Erkenntnisse wurden für die Modifikation des subjektiven Norm-Konzeptes genutzt:

1. Die Befragten waren eher in der Lage, das allgemeine Meinungsklima zu neuen Anwendungen der Gentechnik in ihrem privaten Verkehrskreis (gute Freunde/Verwandte) einzuschätzen, als die unterschiedlichen Erwartungen von bestimmten Bezugspersonen zu berichten.

2. Für die Meinungsbildung der Befragten waren bestimmte Institutionen und Organisationen wichtig, die sich in professioneller Hinsicht mit Themen der Gentechnik und ihren Anwendungen beschäftigen (z.B. Verbraucherschutzverbände oder Gesundheitsbehörden). Mit deren wahrgenommenem Urteil kann kein Konformitätsdruck im klassischen TRA-Sinne verbunden werden, da bei abweichender Meinung oder Handlung keine Negativ-Sanktionierung durch diese Institutionen zu befürchten ist.

3. Das externe Urteil betrifft nicht eine direkte Handlungserwartung, die in der Lebenswelt der Befragten relevant werden könnte, sondern betrifft die Beurteilung einer Technikanwendung, die prinzipiell betrachtet in naher oder ferner Zukunft auch Thema einer Handlungsentscheidung der Befragten werden könnte.

4. Es konnte nicht zu jeder der drei Technikanwendungen eine externe Meinungsposition eingeschätzt werden. So macht es keinen Sinn, erstens nach der vermuteten Meinungsposition von Gesundheitsbehörden zur Gentherapie bei leichten Krankheiten und zweitens nach der vermuteten Meinungsposition dieser Gesundheitsbehörden zur Gentherapie bei schweren Krankheiten zu fragen.

5. Eine Einschätzung der Intensität, mit der ein bestimmtes Urteil in sozialer Verkehrsgruppe oder meinungsrelevanten Institutionen vertreten wird, konnte von den Befragten nur sehr bedingt vorgenommen werden. Die typischen Einschätzungen von externen Erwartungen betrafen deren Meinungspositionen bzw. Meinungsrichtungen (dafür, teils/teils, dagegen).

Da aufgrund dieser empirisch ermittelten Einschränkungen des klassischen TRA-Normkonzepts nur sehr bedingt von „Beliefs der subjektiven Norm" gesprochen werden kann, bevorzugen wir im Folgenden statt dessen die Bezeichnung der „norm-affinen Beliefs". Wir benutzen damit den Norm-Begriff nicht in seinem klassischen Sinne (=institutionalisierte Handlungserwartungen bei deren Nicht-Befolgung negative Sanktionen zu befürchten sind), sondern als Begriff, der die soziale Orientierungsqualität von Meinungen „Anderer" ausdrückt und gleichzeitig (in theoriestrategischer Hinsicht) eine Anschlussmöglichkeit an die Argumentationsweise der TRA ermöglicht.

Aufgrund dieses modifizierten Konzepts der „norm-affinen Beliefs" bzw. des modifizierten Konzepts der „subjektiven Norm" weichen auch die in unserer Erhebung benutzten

Skalen- und Fragetypen zur Messung von Fremdurteilen und Fremdurteilsrelevanzen recht deutlich von den Vorschlägen der klassischen TRA-Modellierung ab. Denn da in unserer Studie die verallgemeinerte, subjektiv eingeschätzte Meinungsposition des sozialen Verkehrskreises sowie von Institutionen bzw. Organisationen erfragt werden sollte, wurden die Messungen der Urteilseinschätzung auf nur drei Ausprägungen beschränkt. Die Befragten konnten lediglich angeben, ob sie glauben, dass die vorherrschende Meinung in ihrem sozialen Verkehrskreis (gute Freunde/ Verwandte) sowie von bestimmten Institutionen/Organisationen hinsichtlich verschiedener Anwendungen der Gentechnik „überwiegend dafür", „überwiegend dagegen" oder „nicht bestimmbar" ausgerichtet ist.

Streng genommen handelte es sich bei dieser Messweise um ein „forced-choice"-Verfahren, da nur zwei Meinungspole zur Auswahl angeboten wurden und die Position „nicht bestimmbar" auch bei Wahl der Kategorie „weiß nicht" oder „keine Ahnung" oder bei überhaupt keiner Antwort zugeordnet wurde. Die üblicherweise zur Einschätzung vorgelegten 5-Punkte- oder 7-Punkte-Ratingskalen erwiesen sich als zu differenziert, um die verallgemeinert einzuschätzenden Positionen von Organisationen bzw. Institutionen zu erfassen. Zudem befürchteten wir, dass die Verwendung differenzierterer Skala zur Kumulation der Antworten im mittleren Skalenbereich führen würde und dabei insbesondere die neutrale Mittelkategorie besonders häufig gewählt würde. Auch war zu befürchten, dass durch die Verwendung differenzierter Ratingskalen die Häufigkeit von Antwortverweigerungen in erheblichem Umfang zunehmen könnte.

Die folgende Tabelle 3.10 zeigt die prozentuale Verteilung von wahrgenommenen, fremden Meinungspositionen in der sozialen Verkehrsgruppe (gute Freunde/ Verwandte) und in mehreren sozialen Referenzinstitutionen für die beiden Anwendungsbereiche „Obst/Gemüse" und „Gentherapien". Für die Befragung wurden allein solche Referenzinstitutionen ausgewählt, die in den offen geführten Interviews der Vorstudie besonders häufig genannt worden waren (vgl. Anhang A1).

## 3.4 Norm-affine Beliefs und Technikeinstellungen

Tabelle 3.10: Die wahrgenommene Meinung von sozialer Verkehrsgruppe und von verschiedenen Referenzinstitutionen zu zwei Anwendungsbereichen der Gentechnik

|  | wahrgenommene Fremdmeinung | | |
|---|---|---|---|
|  | überwiegend dafür | indifferent (weiß nicht) (keine Ahnung) | überwiegend dagegen |
| Anwendungsbereich „Obst und Gemüse" | | | |
| - Ernährungswissenschaftler | 39.7 % | 6.7 % | 53.6 % |
| - Verbraucherschutzverbände | 12.4 % | 3.2 % | 84.4 % |
| - Umweltschutzverbände | 6.7 % | 2.8 % | 90.4 % |
| - Freunde / Verwandte | 9.0 % | 9.0 % | 82.0 % |
| Anwendungsbereich „Gentherapien" | | | |
| - medizinische Experten | 69.9 % | 6.4 % | 23.6 % |
| - Gesundheitsbehörden | 42.3 % | 8.6 % | 49.0 % |
| - Freunde / Verwandte | 24.4 % | 9.1 % | 66.5 % |

Wie Tabelle 3.10 ausweist, ist der Anteil derjenigen Befragten, die keine Einschätzung der typischen Fremdmeinung in privatem Verkehrskreis und Referenzinstitutionen abgeben konnten, sehr gering (2.8 bis 9.1%). Ansonsten erkennt die grosse Mehrheit der Befragten in 4 von 7 Fällen eine klar ablehnende Meinung zur Anwendung der Gentechnik. Nur den medizinischen Experten wird durchschnittlich eine eher befürwortende Meinung zur Gentherapie zugeschrieben (69.9%). Im Falle der Gesundheitsbehörden und der Ernährungswissenschafter gibt es zwar eine Mehrheit der Befragten, die diese Institutionen auf der Seite der Kritiker der jeweiligen Gentechnik-Anwendungen sieht (49% bzw. 54%), aber es existiert auch eine große Gruppe von Befragten (42% bzw. 40%), die die Gesundheitsbehörden und Ernährungswissenschaftler eher unter den Befürwortern sieht.

Zusätzlich zur Messung der Einschätzung von externen Meinungspositionen muss in Anlehnung an das oben vorgestellte Konzept der „subjektiven Norm" auch die Fügsamkeitsmotivation von Personen gegenüber den externen Meinungsquellen erhoben werden. Denn die wahrgenommenen Meinungspositionen können nur dann einen Einfluss auf die Befragtenurteile haben, wenn sie von den Befragten auch als wichtig angesehen werden. Es ist also für alle thematisierten Gruppen und Institutionen zu prüfen, ob deren Positionen von den Befragten überhaupt als wichtig wahrgenommen werden.

Auch die Operationalisierung der Wichtigkeit externer Meinungsträger bzw. die Operationalisierung der Fügsamkeitsmotivation weicht in unserer Erhebung von den üblichen Verfahren der TRA-Forschung ab. Der verwendete Fragetext lautet: "Wie wichtig ist Ihnen die Meinung von ...", wobei zur Beantwortung eine fünfstufige Ratingskala angeboten wurde (vgl. Tab. 3.11).

Die in Tabelle 3.11 ausgewiesenen Prozentzahlen zeigen, dass mehrheitlich die Meinung von fast allen angesprochenen Bezugsgruppen bzw. Referenzinstitutionen als wichtig eingeschätzt wird. Es fällt auch auf, dass die Wichtigkeit der Meinung von Freunden und Verwandten von sehr vielen Befragten sowohl in Hinblick auf gentechnisch verändertes Obst und Gemüse als auch in Hinblick auf Gentherapien recht ambivalent bzw. eher unentschlossen beurteilt wird. Denn die entsprechende Ambivalenz-Kategorie wird ausschließlich bei der Frage nach der Wichtigkeit von Freunden und Verwandten mit 34.2% sowie mit 34.8% am häufigsten gewählt. Allerdings gibt ein gleich grosser Anteil der Befragten an, dass es sich bei Freunden und Verwandten um eine eher wichtige Referenzgruppe handelt, und wählt die Kategorien „sehr wichtig" oder „wichtig".

Tabelle 3.11: Die wahrgenommene Wichtigkeit der generalisierten Meinung von sozialer Verkehrsgruppe und sozialen Referenzinstitutionen in neuen Anwendungsbereichen der Gentechnik

| | wahrgenommene Wichtigkeit | | | | |
|---|---|---|---|---|---|
| | sehr wichtig | wichtig | weder wichtig noch unwichtig | unwichtig | sehr unwichtig |
| Anwendungsbereich „Obst und Gemüse" | | | | | |
| - Ernährungswissenschaftler | 26.4 % | 31.9 % | 24.4 % | 10.9 % | 6.4 % |
| - Verbraucherschutzverbände | 20.8 % | 36.8 % | 24.1 % | 12.6 % | 5.8 % |
| - Umweltschutzverbände | 18.1 % | 37.8 % | 24.1 % | 13.0 % | 7.0 % |
| - Freunde / Verwandte | 10.5 % | 27.5 % | 34.2 % | 18.5 % | 9.2 % |
| Anwendungsbereich „Gentherapien" | | | | | |
| - medizinische Experten | 33.2 % | 32.7 % | 21.0 % | 7.4 % | 5.6 % |
| - Gesundheitsbehörden | 14.9 % | 30.1 % | 28.7 % | 16,3 % | 10.1 % |
| - Freunde / Verwandte | 10.2 % | 23.8 % | 34.8 % | 20.3 % | 10.9 % |

## 3.4 Norm-affine Beliefs und Technikeinstellungen

Die Bedeutung der Meinung von Verkehrsgruppenmitgliedern und Referenzinstitutionen ist nach den oben gezeigten Ergebnissen also groß genug, um zu überprüfen, ob externe Meinungspositionen einen Einfluss auf das Urteils- und Entscheidungsverhalten der Befragten ausüben können. Dies soll im Folgenden durch die bereits in Kapitel 3.3 vorgestellte, multivariate Strukturgleichungsmodellierung überprüft werden.

Zuvor müssen aber noch, wie auch bei der Berechnung nutzenbezogener Erwartungswerte in Kap. 3.3 erfolgt, so genannte „Produktvariablen" zur Messung von norm-affinen Erwartungswerten gebildet werden.

Zur Konstruktion der Produktvariablen wird der Indikator "wahrgenommene externe Meinungsposition" mit den Werten -1 (contra), 0 (indifferent), +1 (pro) sowie der Indikator "wahrgenommene Wichtigkeit bzw. Relevanz des Meinungsträgers" mit einem Wertebereich von 1 (sehr unwichtig) bis 5 (sehr wichtig) benutzt. Durch Multiplikation dieser beiden Indikatoren entstehen zunächst bipolar skalierte Produktvariablen, deren Wertebereich sich von -5 über 0 bis +5 erstreckt. Da jedoch die Relevanz der externen Meinung üblicherweise von der großen Mehrheit der Befragten als wichtig eingeschätzt wird (vgl. Tab. 3.11), sind die Mittelkategorien der Produktvariablen sehr schwach besetzt. Daher werden die Werte von -2 bis +2 zu einer gemeinsamen Mittelkategorie zusammen gefasst. Das Resultat dieser Transformation sind Produktvariablen mit Ausprägungen von -3 bis +3. In einem weiteren Schritt werden die 7-stufigen Skalen der Produktvariablen in den positiven Wertebereich verschoben, um so eine bessere Vergleichbarkeit mit den Produkttermen der nutzenbezogenen Erwartungswerte zu ermöglichen. Alle Produktvariablen weisen also nunmehr einen Wertebereich von 1 bis 7 auf, wobei hohe Werte eine perzipierte gentechnik-zustimmende Meinungsrelevanz und niedrige Werte eine perzipierte gentechnik-ablehnende Meinungsrelevanz von sozialer Verkehrsgruppe und Referenzinstitutionen indizieren. Je höher der entsprechende Wert, umso stärker ist das perzipierte Ausmaß gentechnik-zustimmender Meinungsrelevanz.

Die neu gebildeten Produktvariablen sind Operationalisierungen von norm-affinen Beliefs in Form von subjektiven Erwartungswerten (EW). Diese Erwartungswerte betreffen die wahrgenommene Fremdbewertung gentechnischer Anwendungen in Form eines „sozialen Meinungsklimas", das für die eigene Urteilsbildung als wichtig erachtet wird. Folgende norm-affinen Erwartungswerte wurden auf die oben beschriebene Weise konstruiert:

im Lebensmittelbereich:

| | |
|---|---|
| bezügl. der Meinung von Ernährungswissenschaftlern: | EW-ERN |
| bezügl. der Meinung von Verbraucherschutzverbänden: | EW-VSV |
| bezügl. der Meinung von Umweltschutzverbänden: | EW-USV |
| bezügl. der Meinung von guten Freunden und Verwandten: | EW-FRE |

im medizinischen Therapiebereich:

    bezügl. der Meinung von medizinischer Experten:        EW-EXP

    bezügl. der Meinung von Gesundheitsbehörden:        EW-GSB

    bezügl. der Meinung von guten Freunden und Verwandten:    EW-FRE

Die folgende Tabelle 3.12 zeigt einige Verteilungsmerkmale der norm-affinen Erwartungswerte in den Bereichen „gentechnisch veränderte Lebensmittel" und „medizinische Gentherapie".

Tabelle 3.12: Statistische Kennwerte der empirischen Häufigkeitsverteilung von norm-affinen Erwartungswerten

| | Mean | Std. Dev. | Schiefe | Kurtosis |
|---|---|---|---|---|
| Anwendungsbereich „Obst und Gemüse" | | | | |
| EW-ERN (Ernährungswiss.) | 3,67 | 1,87 | 0,20 | - 1,04 |
| EW-VSV (Verbraucherschutzverb.) | 2,85 | 1,46 | 0,82 | 0,34 |
| EW-USV (Umweltschutzverb.) | 2,73 | 1,29 | 0,83 | 0,82 |
| EW-FRE (Freunde / Verwandte) | 3,15 | 1,22 | 0,37 | 0,47 |
| Anwendungsbereich „Gentherapien" | | | | |
| EW-EXP (med. Experten) | 4,91 | 1,84 | - 0,62 | - 0,66 |
| EW-GSB (Gesundheitsbehörden) | 3,91 | 1,60 | 0,09 | 0,64 |
| EW-FRE (Freunde / Verwandte) | 3,60 | 1,37 | 0,22 | 0.02 |

EW: perzipiertes Ausmaß gentechnik-zustimmender Meinungsrelevanz von sozialer Verkehrsgruppe und Referenzinstitutionen
Skalierung: 1 = geringster Erwartungswert ... 7 = höchster Erwartungswert

Zu erkennen ist in Tabelle 3.12, dass im Therapiebereich durchgängig eine höhere zustimmende Meinungsrelevanz wahrgenommen wird als im Lebensmittelbereich. Die durchschnittliche Ausprägung der EW-Variablen im Lebensmittelbereich liegt teilweise deutlich unterhalb des Skalen-Indifferenzwertes von 4.00 (z.B. mit 2.73 bei EW-USV) und damit im gentechnik-ablehnenden Bereich mit einer markant ausgeprägten Meinungsrelevanz.

## 3.4 Norm-affine Beliefs und Technikeinstellungen

Auch die durchschnittliche Meinungsrelevanz aller EW-Variablen im Therapiebereich ist nur bei den norm-affinen Beliefs, die die Meinung medizinischer Experten betreffen, eindeutig positiv ausgeprägt. Die beiden anderen Mittelwerte dieser Variablen liegen knapp unterhalb des Skalen-Indifferenzwertes von 4.00 und signalisieren damit eine (im Durchschnitt betrachtet) eher ablehnende und schwach ausgeprägte Meinungsrelevanz von sozialer Verkehrsgruppe und Referenzinstitutionen.

Nachdem wir nunmehr die Konstruktion und empirische Messung von norm-affinen Erwartungswerten kennen gelernt haben, können wir zu unserer Ausgangsfrage zurückkehren. Sie lautet: Welche Relevanz hat entsprechend des TRA-Modells die Normorientierung in Ergänzung oder im Unterschied zu Einstellungen für die empirische Ausprägung von Handlungsintentionen, die die prospektive Nutzung von verschiedenen Anwendungen der neuen Gentechnik betreffen? Denn nach der Logik des klassischen TRA-Modells (erinnert sei an die Abbildung 2.1 in Kap. 2.1) wirken verhaltensbezogene Einstellungen und subjektive Normwahrnehmungen unabhängig voneinander auf die Handlungsintention.

In der statistischen Analyse kann die Bedeutung von Normorientierungen für die Handlungsintention in allen drei Technikbereichen relativ deutlich nachgewiesen werden, indem dort die standardisierten (bivariaten) Regressionskoeffizienten zur Messung des Einflusses von norm-affinen Erwartungswerten auf erfragte Handlungsintentionen berechnet werden. Diese betragen für den Einfluss der effektstärksten Variablen „EW-Freunde/Verwandte" auf die jeweilige Handlungsintention

im Anwendungsbereich „gentechnisch modifizierte Lebensmittel": $\beta=0.36$,
im Anwendungsbereich „Gentherapie bei schwerer Erkrankung": $\beta=0.22$,
im Anwendungsbereich „Gentherapie bei leichter Erkrankung": $\beta=0.23$.

Standardisierte Regressionskoeffizienten in dieser Größenordnung indizieren zwar keine überwältigenden Effektstärken, jedoch verweisen sie auf substanziell bedeutsame Abhängigkeiten, die einer weiteren Analyse unterzogen werden sollten. In einer solchen statistischen Analyse ergibt sich dann allerdings ein komplett anderes Bild vom Zusammenhang zwischen Normorientierungen und Handlungsintention. Denn wenn der analysierte Zusammenhang erweitert wird und zusätzlich zur Variable „EW-Freunde/Verwandte" auch der Einfluss des latenten Faktors „Einstellung" (mit den beiden Indikatoren „Urteil 1" und „Urteil 2") auf die Handlungsintention berechnet wird, verlieren die statistisch geschätzten Norm-Effekte jegliche substanzielle Bedeutung: In diesen nunmehr multivariaten Regressionsmodellen mit den beiden Prädiktoren „Einstellung"

und „EW-Freunde/Verwandte" zeigt sich für den Einfluss des norm-affinen Erwartungswertes ein standardisierter (partieller) Regressionskoeffizient
im Anwendungsbereich „gentechnisch modifizierte Lebensmittel": β=0.00,
im Anwendungsbereich „Gentherapie bei schwerer Erkrankung": β=0.03,
im Anwendungsbereich „Gentherapie bei leichter Erkrankung": β=0.01.

Diese im erweiterten Modell geschätzten Regressionskoeffizienten indizieren einen derart dramatischen Bedeutungsverlust der norm-affinen Erwartungswerten, dass darüber zu entscheiden ist, ob dies ein Ausdruck der besonderen empirischen Gegebenheiten von Technikbewertungen ist und als solcher bei einer TRA-orientierten Analyse akzeptiert und substanziell interpretiert werden sollte, oder ob dies nicht Anlass dazu sein sollte, das klassische TRA-Modell entsprechend der spezifischen empirischen Gegebenheiten im Analysebereich „Technikbewertungen" an zentraler Stelle zu modifizieren.

Wir entscheiden uns bei den folgenden Analysen für die zweite Möglichkeit. Uns scheint, dass die Besonderheiten von norm-affinen Beliefs bezüglich neuer, zukünftig zu erwartender Technikanwendungen, so wie wir sie in der Vorstudie festgestellt und dann mit den Daten der Hauptstudie operationalisiert und gemessen haben (vgl. dazu unsere vorangegangenen Erläuterungen), eine Modifikation des traditionellen TRA-Modells notwendig machen.

Die Art der hier für notwendig erachteten Modellmodifikation haben wir bereits als Möglichkeit einer TRA-Variation in unseren Erläuterungen zur klassischen TRA-Logik (Kap. 2.1) vorgestellt. Dort berichteten wir von Überlegungen, nach denen eine getrennte Behandlung der beiden Konstrukte "subjektive Norm" und "Einstellung" im TRA-Modell aus theoretischen Gründen nicht zwingend erforderlich sein muss. Denn da die Normorientierung ebenso wie die Einstellung prinzipiell auf wahrgenommene Verhaltenskonsequenzen abzielen, kann das Konstrukt subjektive Norm unter bestimmten Bedingungen auch als ein Sonderfall von Einstellungen, die auf der Wahrnehmung fremder Meinungen basieren, behandelt werden.

Nach dieser Annahme müsste die Messung von Wahrnehmungen fremder Meinungen direkt in die Konzeption des Einstellungskonstruktes integriert werden. Norm-affine Beliefs würden dann neben nutzenorientierten Beliefs zu direkten kognitiven Determinanten von verhaltensbezogenen Einstellungen werden. Und entsprechend der Argumentationsweise von Miniard/Cohen (1981) würde sich ein norm-affines Belief, wie z.B.: "Medizinische Experten, die ich hoch schätze, befürworten die Anwendung der Gentherapie bei schweren Erkrankungen", auch so formulieren lassen, dass sie der Logik

### 3.4 Norm-affine Beliefs und Technikeinstellungen

nutzenbezogener Beliefs entsprechen: "Die professionell konstatierte Wirkung von Gentherapien ist, so wie ich es sehe, von hoher Bedeutung und von großer Erfolgswahrscheinlichkeit". Mithin kann argumentiert werden, dass die Bewertung von Einstellungsobjekten in Hinblick auf Vor- oder Nachteile bereits die normativen Erwartungen des sozialen Umfeldes einschließt.

Die Bedingungen, unter denen diese Modifikation zu rechtfertigen ist, folgen aus der spezifischen Entscheidungssituation, in der über die Nutzung neuer Technikanwendungen nachgedacht wird. In dieser Entscheidungssituation gibt es, wie oben ausgeführt, keine normativen Erwartungen von der Art: „Verbraucherschutzverbände erwarten von mir, dass ich keine gentechnisch modifizierten Lebensmittel einkaufe", sondern vom Inhalt: „Verbraucherschutzverbände kritisieren die gentechnische Modifikation von Lebensmitteln." Dieses Belief betrifft also nicht in direkter Weise eine persönliche Handlungsentscheidung, sondern muss erst noch handlungsrelevant aufbereitet werden, d.h. hinsichtlich seiner Relevanz für das eigene Urteil evaluiert werden. Und diese Transformation ist umso störanfälliger bzw. umso offener für situative Variationen, je geringer die „normative Kraft" der externen Erwartung ist, die vom Entscheidungsträger aus der perzipierten Fremdmeinung zu entnehmen ist.

Deshalb sollten norm-affine Beliefs eher zur Einstellungsbildung als zur Herausbildung einer bestimmten Handlungsintention beitragen. Auch dann sind sie handlungsrelevant, jedoch erhalten sie dann ihre Handlungsrelevanz nur in indirekter Weise: zwischen beliefbezogenem Erwartungswert und Handlungsintention vermittelt eine Einstellung, und deren Ausprägung ist auch noch von vielen anderen Determinanten abhängig.

Wie groß die einstellungsprägende Bedeutung der verschiedenen norm-affinen Erwartungswerte im Vergleich zur Bedeutung von nutzenbezogenen Erwartungswerten ist, soll in den folgenden Analysen untersucht werden.

Die Abbildungen 3.6, 3.7 und 3.8 zeigen die Modellstruktur und die Ergebnisse der Modellschätzung von Analysen, bei denen zur Prognose der Einstellung gegenüber jeder gentechnischen Anwendung sowohl nutzenbezogene als auch norm-affine Erwartungswerte benutzt werden.

Ein Vergleich dieser erweiterten Modellschätzungen mit den Schätzergebnissen der Modelle, die ausschließlich nutzenorientierte Beliefs berücksichtigten (vgl. Abb. 3.3, 3.4 und 3.5), lässt erkennen, dass sich die geschätzten Effektkoeffizienten im Bereich der Nutzen-Beliefs nur geringfügig zwischen beiden Modelltypen unterscheiden. Nach wie vor sind gesundheitsbezogene (bei der Einstellung zu gentechnisch modifizierten Lebensmitteln) und wirkungsbezogene Erwartungswerte (bei der Einstellung zur Gentherapie bei schweren Erkrankungen) sowie Erwartungswerte zu möglichen Spätfolgen (bei der Einstellung zur Gentherapie bei leichten Erkrankungen) die effektstärksten Determinanten der Einstellung.

Im Vergleich dazu fällt die Bedeutung der neu hinzugekommenen, norm-affine Beliefs deutlich ab. In allen drei erweiterten Modellen hat zwar auch ein bestimmter Erwartungswert, nämlich die Variable „EW-Freunde/Verwandte", unter allen anderen eine herausgehobene Bedeutung. Er liegt aber mit einem Pfadkoeffizienten von durchschnittlich 0.16 (in Modell 3.6: 0.19; in Modell 3.7: 0.12; in Modell: 3.8: 0.18) sehr deutlich unterhalb der Effektstärke des einflussreichsten nutzenbezogenen Erwartungswertes.

Wenn also auch die Bedeutung der Meinung von guten Freunden und Verwandten für die Einstellungsbildung im Bereich neuer gentechnischer Anwendungen nicht so groß ist, wie die Bedeutung von direkt objektbezogenen Nutzenabwägungen, so ist sie doch groß genug, um eine sehr wichtige Sache deutlich zu machen:

Meinungen im informellen Freundes- und Verwandtenkreis sind wesentlich wichtiger für die Urteilsbildung zur Gentechnik, als die zumeist über Print- und Funkmedien vermittelten Beurteilungen durch professionell damit betraute Experten und Institutionen. Der EW-FRE-Effekt beträgt durchschnittlich mehr als das 1.5fache des nächst größeren Norm-Effektes.

Insbesondere im Anwendungsbereich „Gentherapie bei leichten Erkrankungen" ist die relative Bedeutung dieses Effektes besonders groß. Sie beträgt dort das 2.3fache des nächst größeren Norm-Effektes (EW-med. Experten). Zu vermuten ist, dass gerade in diesem Anwendungsbereich die relative Bedeutung des EW-FRE-Effektes besonders groß ist, weil hier alle nutzenbezogenen Prädiktoren eine verhältnismäßig geringe Bedeutung haben (sie können insgesamt nur ca. 13% der Einstellungsvarianz ausschöpfen, vgl. Abb. 3.5).

## 3.4 Norm-affine Beliefs und Technikeinstellungen

Abbildung 3.6: Nutzenbezogene und norm-affine Determinanten der Einstellung und der Handlungsintention im Bereich „gentechnisch veränderte Lebensmittel"

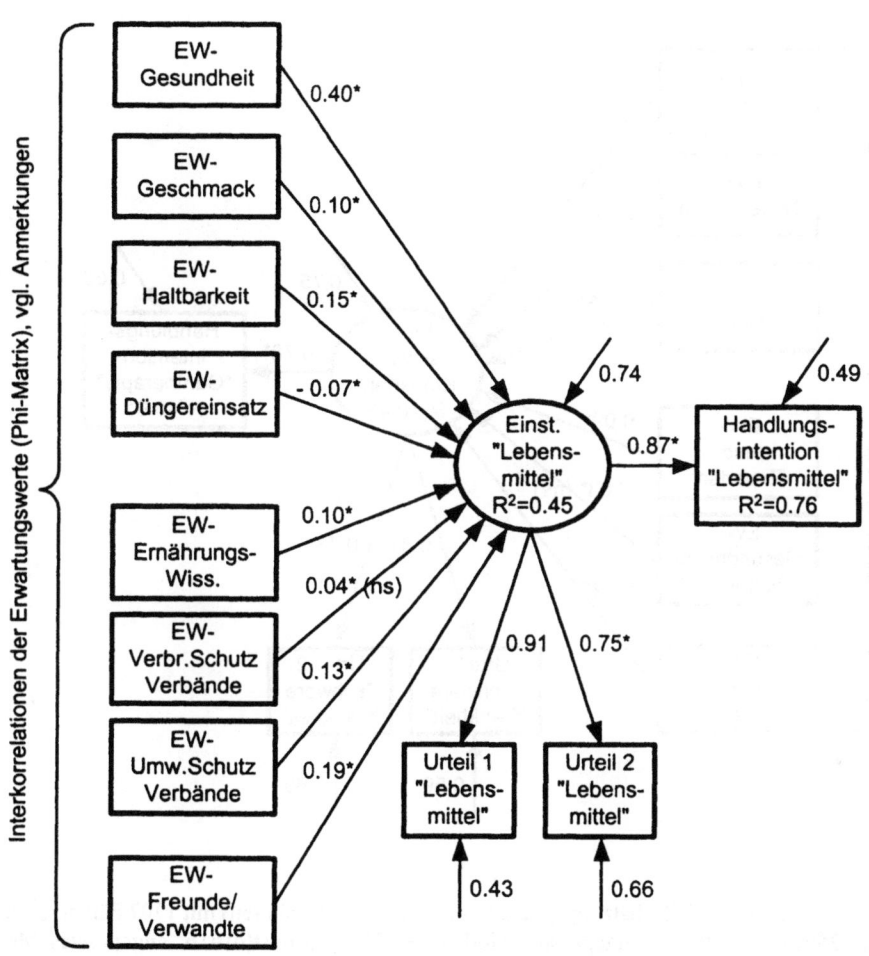

Anmerkungen:
Anpassungswerte für die Modellschätzung (Maximum-Likelihood-Verfahren) mit 1709 Fällen: $\chi^2$(df=55, Nullmodell)=5910.31; $\chi^2$(df=25, angepasstes Modell)=131.41; $\chi^2$-robust(df=25, angepasstes Modell) = 115.48; CFI=0.98; CFI-robust=.98; RMSR(stand.)=0.05; RMSEA=0.05 (90%-Konfidenzintervall: 0.04-0.06).

Alle ausgewiesenen Parameter-Schätzwerte sind voll standardisiert. Die mit * versehenen Koeffizienten wurden frei geschätzt. Alle nicht mit (ns) ausgewiesenen Werte sind signifikant (p<=0.01).

Folgende Interkorrelationen zwischen externen Erwartungswerten (EWs) wurden im Modell spezifiziert: zwischen allen nutzenbezogenen EWs, zwischen allen norm-affinen EWs, zwischen dem effektstärksten Nutzen-EW (EW-Gesundheit) und allen norm-affinen EWs, zwischen dem effektstärksten Norm-EW (EW-Freunde/Verwandte) und allen nutzenbezogenen EWs (Min(Korr)=0.07; Max(Korr)=0.42; Mean(Korr)=0.25).

Damit hier keine verwirrenden Negativschätzungen ausgewiesen werden müssen, wurden die Skalen für die Variablen "Urteil 1", "Urteil 2" und "Handlungsintention" gedreht: 5=sehr gut bzw.ganz sicher... 1=sehr schlecht bzw. ganz sicher nicht (zur ursprünglichen Kodierung dieser Variablen vgl. Tab. 3.4).

Zur Modelltechnik und Modellschätzung der eingesetzten SEM-Methodik vgl. die Informationen in Anhang A3.

Abbildung 3.7: Nutzenbezogene und norm-affine Determinanten der Einstellung und der Handlungsintention im Bereich "Gentherapie bei schweren Krankheiten"

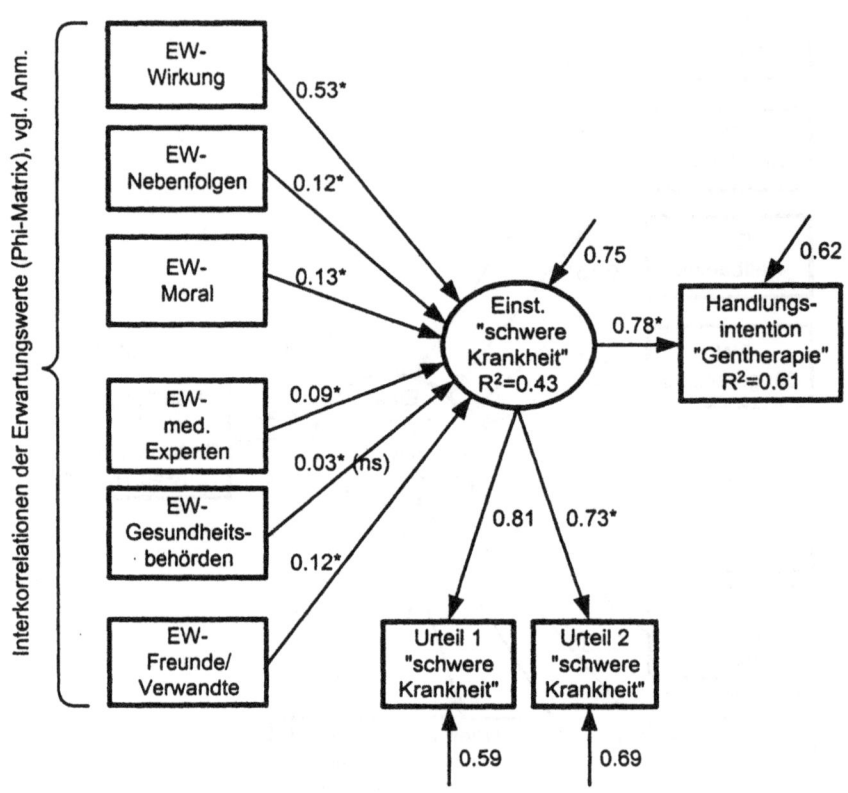

Anmerkungen:
Anpassungswerte für die Modellschätzung (Maximum-Likelihood-Verfahren) mit 1707 Fällen: $\chi^2$(df=36, Nullmodell)=3501.63; $\chi^2$(df=16, angepasstes Modell)=81.95; $\chi^2$-robust(df=16, angepasstes Modell) =75.84; CFI=0.98; CFI-robust=.98; RMSR(stand.)=0.03; RMSEA=0.05 (90%-Konfidenzintervall: 0.04-0.06).

Alle ausgewiesenen Parameter-Schätzwerte sind voll standardisiert. Die mit * versehenen Koeffizienten wurden frei geschätzt. Alle nicht mit (ns) ausgewiesenen Werte sind signifikant (p<=0.01).

Folgende Interkorrelationen zwischen externen Erwartungswerten (EWs) wurden im Modell spezifiziert: zwischen allen nutzenbezogenen EWs, zwischen allen norm-affinen EWs, zwischen dem effektstärksten Nutzen-EW (EW-Wirkung) und allen norm-affinen EWs, zwischen dem effektstärksten Norm-EW (EW-Freunde/Verwandte) und allen nutzenbezogenen EWs (Min(Korr)=0.04; Max(Korr)= 0.37; Mean(Korr)=0.20).

Damit hier keine verwirrenden Negativschätzungen ausgewiesen werden müssen, wurden die Skalen für die Variablen "Urteil 1", "Urteil 2" und "Handlungsintention" gedreht: 5=sehr gut bzw. ganz sicher... 1=sehr schlecht bzw. ganz sicher nicht (zur ursprünglichen Kodierung dieser Variablen vgl. Tab. 3.6).

Zur Modelltechnik und Modellschätzung der eingesetzten SEM-Methodik vgl. die Informationen im Anhang A3.

## 3.4 Norm-affine Beliefs und Technikeinstellungen

Abbildung 3.8: Nutzenbezogene und norm-affine Determinanten der Einstellung und der Handlungsintention im Bereich "Gentherapie bei leichten Krankheiten"

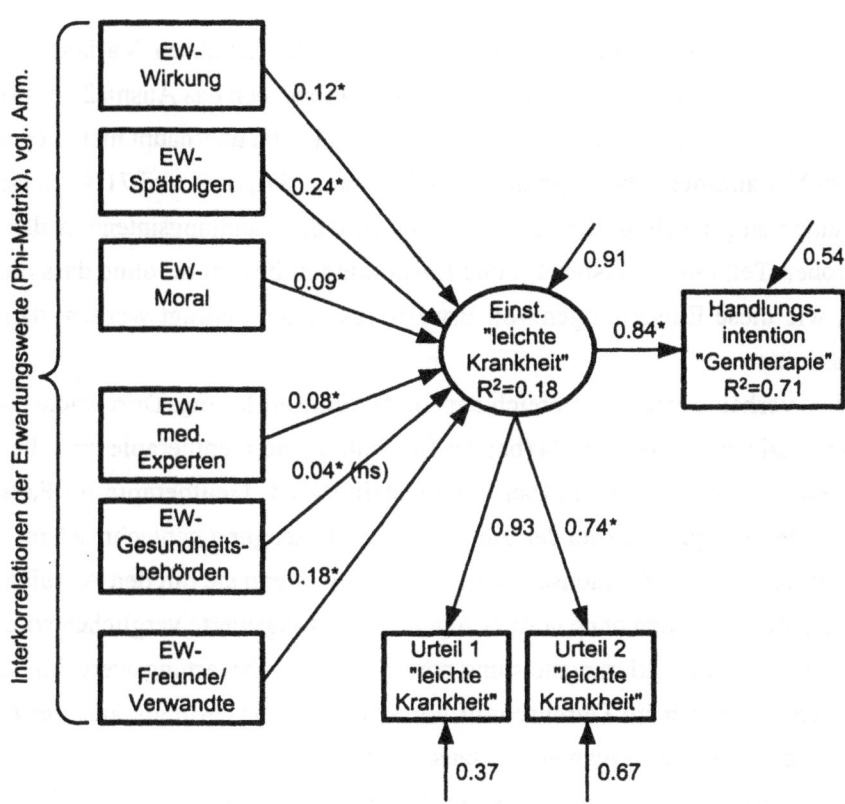

Anmerkungen:
Anpassungswerte für die Modellschätzung (Maximum-Likelihood-Verfahren) mit 1739 Fällen: $\chi^2$(df=36, Nullmodell)=4395.21; $\chi^2$(df=16, angepasstes Modell)=146.40; $\chi^2$-robust(df=16, angepasstes Modell) = 139.91; CFI=0.97; CFI-robust=.97; RMSR(stand.)=0.04; RMSEA=0.07 (90%-Konfidenzintervall: 0.06-0.08).

Alle ausgewiesenen Parameter-Schätzwerte sind voll standardisiert. Die mit * versehenen Koeffizienten wurden frei geschätzt. Alle nicht mit (ns) ausgewiesenen Werte sind signifikant ($p<=0.01$).

Damit hier keine verwirrenden Negativschätzungen ausgewiesen werden müssen, wurden die Skalen für die Variablen "Urteil 1", "Urteil 2" und "Handlungsintention" gedreht: 5=sehr gut bzw. ganz sicher... 1=sehr schlecht bzw. ganz sicher nicht (zur ursprünglichen Kodierung dieser Variablen vgl. Tab. 3.8).

Folgende Interkorrelationen zwischen externen Erwartungswerten (EWs) wurden im Modell spezifiziert: zwischen allen nutzenbezogenen EWs, zwischen allen norm-affinen EWs, zwischen dem effektstärksten Nutzen-EW (EW-Wirkung) und allen norm-affinen EWs, zwischen dem effektstärksten Norm-EW (EW-Freunde/Verwandte) und allen nutzenbezogenen Beliefs (Min(Korr)=0.02; Max(Korr)= 0.54; Mean(Korr)=0.18).

Wie aus Tabelle 3.8 (Kap. 3.3) zu entnehmen ist, ist insbesondere die Variable "Urteil 1" mit einer Schiefe von -1.60 und einer Kurtosis von 1.69 nicht normalverteilt. Vgl. dazu die Anmerkungen zu Abbildung 3.5 (Kap. 3.3).

Zur Modelltechnik und Modellschätzung der eingesetzten SEM-Methodik vgl. die Informationen in Anhang A3.

In welchem Ausmaß die Hinzunahme von norm-affinen Erwartungswerten die Gesamt-Erklärungskraft des Modells zur Herausbildung von Einstellungen und Handlungsintentionen verbessert bzw. verändert, machen die Zahlen in der folgenden Tabelle 3.13 deutlich.

Tabelle 3.13 zeigt, dass der absolute Anstieg der erklärten Varianzanteile beim Einstellungsfaktor zwischen +2 und +7% liegt, während sich das Ausmaß der Erklärungsleistung bei der Variablen „Handlungsintention" praktisch überhaupt nicht verändert. Die erklärten Varianzanteile betragen dort recht konstant 76%, 61% und 71%. Im Bereich der Bewertung von gentechnischen Anwendungen wird die Handlungsintention also zu einem sehr großen Teil durch diesbezügliche Einstellungen bestimmt, ohne dass die Art und Weise, wie diese Einstellungen von Erwartungswerten geprägt werden, darauf einen Einfluss hätte.

Anders verhält es sich im Bereich der Einstellungserklärung. Dort wächst der Anteil erklärter Varianz um absolut 2% (bei der Einstellung zur Gentherapie im Falle schwerer Krankheiten), um absolut 5% (bei der Einstellung zur Gentherapie im Falle leichter Krankheiten), und um 7% (bei der Einstellung zur Erzeugung gentechnisch modifizierter Lebensmittel) an. Die Zuwächse erscheinen gering, wenn sie mit den Anteilen erklärter Varianz in den Modellen ohne normbezogene Erwartungswerte verglichen wird. Absolut betrachtet macht die Erklärungsleistung normbezogener Erwartungswerte im Bereich der Technikeinstellungen im Durchschnitt nur etwa 15% des Anteils aus, der durch rein nutzenbezogene Erwartungswerte auszuschöpfen ist.

Anders verhält es sich jedoch, wenn bei der Interpretation dieser Zahlen auch die spezifische Ausgangslage in jedem Modell vor Berücksichtigung der norm-affinen Beliefs in Rechnung gestellt wird und die relativen Veränderungsraten berechnet werden (vgl. Tab. 3.13). Dann wird z.B. erkennbar, dass durch Hinzunahme der Norm-EWs bei den Einstellungen zur Gentherapie im Falle leichter Erkrankungen der ursprünglich recht bescheidene Anteil erklärter Varianz (13%) um 38% gesteigert werden kann. Und auch der Anstieg der Erklärungsleistung bei den Einstellungen zu gentechnisch modifizierten Lebensmitteln um 18% ist nicht zu unterschätzen. Nur im Anwendungsbereich der Gentherapie bei schweren Erkrankungen kann die ursprüngliche Erklärungsleistung von 41% nur um 5% auf nunmehr 43% angehoben werden.

Dort, wo also die Opportunitätskosten besonders hoch sind (z.B. bei Entscheidungen über die richtige Behandlung von schweren Erkrankungen), und wo im Falle einer falschen Handlungsentscheidung hohe Kosten entstehen können, oder es sogar einen fatalen Ausgang geben kann, ist bei einer Einstellungsanalyse die Erklärungsleistung

## 3.4 Norm-affine Beliefs und Technikeinstellungen

nutzenbezogener Erwartungswerte besonders hoch und die zusätzliche Erklärungsleistung von norm-affinen Erwartungswerten eher gering bis bedeutungslos.

Dort, wo eindeutig eine low-cost-Situation gegeben ist, wie z.B. bei der Auswahl einer richtigen Therapieform im Falle einer leichten Erkrankung, spielen alle kognitiven Einschätzungen eine eher untergeordnete Rolle bei der Einstellungsbildung (nur insgesamt 18% Erklärungsleistung). Aber an dieser, absolut betrachtet, eher geringen Erklärungsleistung sind norm-affine Erwartungswerte in einem Umfang wie ansonsten in keinem anderen Anwendungsbereich beteiligt: sie allein können den Anteil erklärter Varianz um 38% (von 13 auf 18%) steigern. Dies scheint eine Folge davon zu sein, dass Entscheidungen über die richtige Therapieform im Falle einer leichten Erkrankung (im Interview wurde dazu als Beispiel eine Erkältung genannt) eher auf die leichte Schulter genommen werden. Bewertungen der Therapieform werden dabei nicht so sehr unter Aspekten der „Wirksamkeit" als vielmehr unter entscheidungsfernen und diffusen Aspekten möglicher „Spätfolgen" getroffen, so dass sich dann auch nicht die Relevanz nutzenbezogener Erwartungswerte so deutlich von der Relevanz norm-affiner Einschätzungen abheben kann. Und da die nutzenbezogenen Erwartungswerte keine übergroße Einflussstärke aufweisen, fällt es den norm-affinen Größen nicht so schwer, sich im Konzert aller kognitiven Effekte eine relativ bedeutungsvolle Position zu sichern.

Zwischen der typischen high-cost Situation „Einsatz der Gentherapie bei schwerer Erkrankung" und der typischen low-cost Situation „Einsatz der Gentherapie bei leichter Erkrankung" liegt die Entscheidungssituation „Konsum gentechnisch modifizierter Lebensmittel". Durch die besonders starke Relevanz von Gesundheitsaspekten bei der Beurteilung von Anwendungen der Gentechnik im Lebensmittelbereich weist dort die Kaufentscheidung einige Merkmale von high-cost-Situationen auf und 38% der Einstellungsvarianz können durch nutzenbezogene Abwägungen erklärt werden. Jedoch ist dort, anders als im Falle einer unzweideutigen high-cost Situation, der hohe Anteil erklärter Varianz noch um 18% auf insgesamt 45% zu steigern, wenn in die Analyse zusätzliche norm-affine Erwartungswerte hineingenommen werden. Diese Steigerung geht, wie immer im Falle von norm-affinen Werten, in erster Linie auf das Konto der meinungsbildenden Relevanz des Urteils von guten Freunden und Verwandten. Dies ist hier nicht anders als in den beiden gentherapeutischen Anwendungsbereichen.

Anders ist bei der Lebensmittelentscheidung jedoch, dass hier auch die Meinung einer hoch angesehenen Referenzinstitution (Umweltschutzverbände) für die eigene Urteilsbildung zählt (Pfadkoeffizient: 0.13). Vielleicht liegt das daran, dass, anders als bei der richtigen Therapieauswahl, jeder Entscheidungsträger beim Einkauf im Supermarkt seine Entscheidungen ganz alleine trifft. Er entscheidet dort ohne den Rat einer ärztlichen oder pharmazeutischen Bezugsperson und hat aus unterschiedlichsten Quellen derartig differente Einschätzungen über die gesundheitsfördernde oder gesundheitsgefährdende Wirkung von Lebensmitteln „im Kopf", dass dort die zusätzliche Orientierungshilfe von norm-affinen Beliefs eine größere Relevanz erhält als in fremd strukturierten Entscheidungssituationen. Überraschend für den Analysten ist also nicht, dass es in dieser Situation zu einer verstärkten Relevanz von norm-affinen Beliefs für die Einstellungsbildung kommt, sondern dass diese Relevanz nicht stärker ausfällt als hier beobachtet wird.

Tabelle 3.13: Vergleich der erklärten Varianzanteile in rein nutzenbestimmten Modellen und in erweiterten, nutzen/norm-bestimmten Modellen

| | Anteile erklärter Varianz | | | | |
|---|---|---|---|---|---|
| | von „Einstellung" | | | von „Handlungsintention" | |
| | ohne Norm-Beliefs | Diff. | mit Norm-Beliefs | ohne Norm-Beliefs | Diff. | mit Norm-Beliefs |
| gentechnisch modifizierte Lebensmittel | 38 % | | 45 % | 77 % | | 76 % |
| absolute Veränderung relative Veränderung (in % vom Ausgangswert) | | + 7 % + 18 % | | | - 1 % | |
| Gentherapie bei schwerer Erkrankung | 41 % | | 43 % | 62 % | | 61 % |
| absolute Veränderung relative Veränderung (in % vom Ausgangswert) | | + 2 % + 5 % | | | - 1 % | |
| Gentherapie bei leichter Erkrankung | 13 % | | 18 % | 71 % | | 71 % |
| absolute Veränderung relative Veränderung (in % vom Ausgangswert) | | + 5 % + 38 % | | | 0 % | |

## 3.5 Allgemeine Orientierungsmuster und Technikeinstellungen

In der empirischen Forschung zur Herausbildung von Einstellungen und Bewertungen gegenüber der modernen Gentechnik und ihrer Anwendungen wurde vielfach auf die Bedeutung gentechnikexterner Orientierungsmuster für die Perzeption der Gentechnik hingewiesen. So haben wir z.B. in mehreren Studien die Relevanz von ökologischen Wertorientierungen sowie von allgemeinen technikkritischen bzw. technikoptimistischen Werthaltungen für die Bewertung der Gentechnik nachgewiesen.[1] Demnach haben Personen, die eine kritische Haltung zum technologisch induzierten Fortschritt aufweisen oder stark ökologieorientierte Wertorientierungen (d.h. ein hohes Umweltbewusstsein) vertreten, eher eine gentechnik-ablehnende Einstellung als Personen, für die diese Orientierungsmuster nicht vorliegen.

Ein solcher Zusammenhang lässt sich auch in einem theoretischen Modell zur Funktionsweise von so genannten „kognitiv-evaluativen Technik-Repräsentationen" als eine Konsequenz der kognitiven Vernetzung von technologie-bezogenen Objekt-Kategorisierungen relativ plausibel verständlich machen.[2]

Im Folgenden Studie interessiert uns vor allem, in welcher Weise die Effekte von gentechnikexternen Orientierungsmustern, d.h. von Orientierungsmustern, die unabhängig vom Objektbereich „Gentechnik" entstanden sind, in ein Modell zur Erklärung der kognitiven Informationsverarbeitung bei der Bewertung neuer gentechnischer Anwendungen einbezogen werden sollten.

Der traditionelle TRA-Ansatz macht zur Modellierung von Effekten, deren Herkunft nicht unmittelbar mit dem Entscheidungsproblem verknüpft ist, eine ganz klare Vorgabe: solche Effekte gehören zu den modell-externen Einflussgrößen und dürfen mithin keinen direkten Einfluss auf die zentralen TRA-Modellkomponenten wie Einstellung, subjektive Normperzeption, Handlungsintention und Verhalten haben. Dies wurde auch in Kapitel 2.1 ausführlich erläutert sowie in Abbildung 2.1 graphisch veranschaulicht. Demnach wirken alle modell-externen Variablen, zu denen ebenfalls die gentechnikexternen

---

1) Vgl. die empirischen Resultate in Urban/Hoban 1997; Urban/Pfenning 1996; Urban/Pfenning 1999 sowie die dort referierte Forschungsliteratur.
2) Vgl. dazu das Kap. 2.1 „Technik-Einstellungen als Ergebnis von Technik-Repräsentationen" in Urban/Pfenning 1999.

Orientierungsmuster gehören, allein über ihre Bedeutung für die Herausbildung von nutzen-basierten Erwartungswerten auf die nachgeordneten Modellkomponenten. Einen direkten Effekt eines technikexternen Orientierungsmusters, wie z.B. eines hoch ausgeprägten Umweltbewusstseins, auf interne Modellkomponenten, wie z.B. auf Einstellungen zu gentechnischen Anwendungen, schließt das TRA-Modell somit aus.

Nun haben wir in den beiden vorausgegangenen Kapiteln bereits mehrfach die klassische TRA-Struktur aus empirischen Gründen modifizieren müssen, und es bleibt zu überprüfen, ob dies auch an dieser Stelle zu geschehen hat.

Deshalb sollen im Folgenden drei Varianten zur Berücksichtigung von Effekten externer Orientierungsmuster im modifizierten TRA-Modell (vgl. die Abb. 3.6 bis 3.8) auf ihre empirische Gültigkeit getestet werden:

Variante 1: technikexterne Orientierungsmuster wirken in direkter Weise auf alle Modellkomponenten (beliefbasierte Erwartungswerte, Einstellung, Handlungsintention)
= weitestgehende Modifikation der TRA-Vorgabe;

Variante 2: technikexterne Orientierungsmuster wirken in direkter Weise nur auf die entscheidungsvorgelagerten Modellkomponenten (beliefbasierte Erwartungswerte, Einstellung)
= gemäßigte Modifikation der TRA-Vorgabe;

Variante 3: technikexterne Orientierungsmuster wirken in direkter Weise nur auf die Herausbildung nutzenbezogener und norm-affiner Erwartungswerte (Modellspezifikation nach der klassischen TRA-Vorgabe)
= nicht modifizierte Umsetzung der TRA-Vorgabe.

In Abbildung 3.9 werden diese drei Varianten der TRA-Modellierung veranschaulicht. Um die Darstellung zu vereinfachen, wird dort angenommen, dass im Modell nur zwei externe Orientierungsmuster und nur zwei Beliefs berücksichtigt werden. Die Variante 1 entspricht einem TRA-Modell, das auch die gepunkteten und die gestrichelten Pfeile (=Effekte) zur Schätzung frei gibt. Bei der Variante 2 werden die gepunkteten Verbindungspfeile ignoriert bzw. die diesbezüglichen Effekte auf Werte von 0.00 fixiert. Und bei Variante 3 werden alle vorgenannten Effekte (symbolisiert durch gepunktete und gestrichelte Pfeile) auf Werte von 0.00 fixiert, womit die ursprünglichen Vorgaben des TRA-Modells komplett berücksichtigt werden.

Abbildung 3.9: Varianten der Spezifikation externer Orientierungseffekte im TRA-Modell

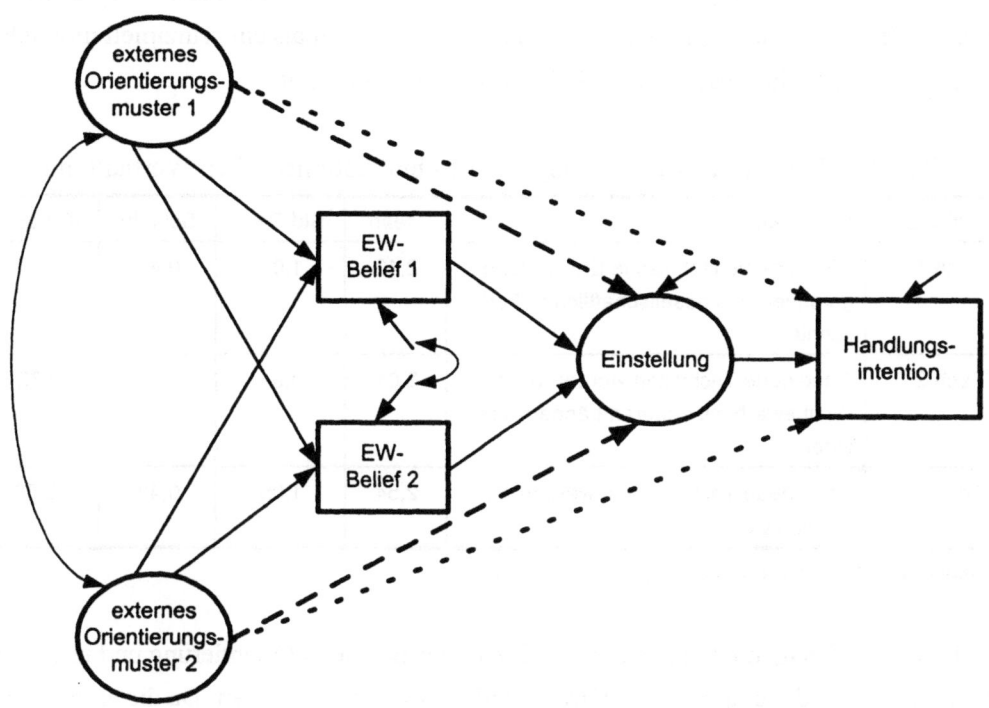

Als mögliche bedeutsame externe Orientierungsmuster sollen im Folgenden die in der Forschung zur individuellen Perzeption der Gentechnik am häufigsten genannten Wertorientierungen (s.o.) untersucht werden: eine technikbezogene Werthaltung, die als individuelle Ausprägung eines möglicherweise vorhandenen Technik-Optimismus (Faktor „Technik-Optimismus") zu messen ist, und eine ökologie-adressierte Werthaltung, die als Ausprägung einer umweltbewussten bzw. Umweltbelange präferierenden Wertorientierung (Faktor „Oeko-Orientierung") gemessen wird.

Beide Faktoren sind bereichsübergreifende, universelle Orientierungsmuster und als solche höchst latente Konstrukte, die nur über entsprechende Messmodelle in die statistische Analyse einbezogen werden können. Dazu wird hier für jedes Orientierungsmuster ein multiples Messmodell aus den Messwerten von drei bzw. sechs Indikatoren konstruiert.[3]

---

3) Über die interne Validität dieser Messmodelle informiert die in Abb. 3.10 veranschaulichte Modellschätzung. Die dort für beide Konstrukte ausgewiesenen Faktorladungen (stand.)
(Fortsetzung...)

Die Tabelle 3.14 informiert über die drei Indikatoren zur Messung der technik-optimistischen Werthaltung sowie über Kennwerte der dazu gemessenen Werteverteilungen. Demnach sind die Befragten im Durchschnitt als leicht bis deutlich technikoptimistisch einzustufen, wobei der aggregierte Technikoptimismus niemals ein prinzipiell mögliches Ausmaß von „Technikeuphorie" (Skalenwert: 1.00) annimmt.

Tabelle 3.14: Indikatoren zur Messung einer technikoptimistischen Werthaltung

| Indikator | Mess-Item | Mean | Std.Dev. | Schiefe | Kurtosis |
|---|---|---|---|---|---|
| Tech 1 | Die moderne technische Entwicklung garantiert den gesellschaftlichen Fortschritt. | 2,43 | 1,01 | 0,45 | -0,24 |
| Tech 2 | Ohne neue Techniken werden wir den Wettbewerb mit anderen Ländern verlieren. | 2,01 | 0,94 | 0,93 | 0,72 |
| Tech 3 | Ohne neue Technologien werden wir an Wohlstand einbüßen. | 2,54 | 1,06 | 0,43 | -0,50 |

Skalierung: 1 = stimme voll zu ... 5 = lehne voll ab

Tabelle 3.15 zeigt die Indikatoren des Konstrukts der Oeko-Orientierung und informiert über Kennwerte der empirischen Werteverteilung dieser Indikatoren. Da die empirischen Verteilungen aller Einzel-Items im Bereich der Oeko-Orientierung sehr schief sind, wurden hier alle drei Oeko-Indikatoren (Oeko1, Oeko2, Oeko3) als arithmetische Mittelwerte von jeweils zwei inhaltlich verwandten, jedoch nicht identischen Einzel-Items (A, B) gebildet. Die drei Oeko-Indikatorenwerte für jeden Befragten wurden also jeweils durch Addition der individuellen Messwerte aus Frage-Item A und B (und anschließender Division durch 2) berechnet. Dadurch ergeben sich, wie die Werte von Schiefe und Kurtosis in Tab. 3.15 indizieren, annähernd normalverteilte Indikatorenwerte.

Wie die Mittelwerte (Means) in Tabelle 3.15 belegen, sind die Befragten im Durchschnitt zwar zurückhaltend, jedoch auch eindeutig ökologisch bewusst orientiert. Das gilt für alle drei Dimensionen von Oeko-Orientierung („Oeko-Emotionalität", „Oeko-Konation", „Oeko-Kognition"). Die Mittelwerte der Oeko-Indikatoren liegen eher bei

---

3) (...Fortsetzung)
reichen von 0.61 (Minimum) bis 0.79 (Maximum). Damit kann beiden Messmodellen eine ausreichend hohe interne Validität bescheinigt werden.

einem Wert von 2.0 als beim Indifferenzwert von 3.0. Sie sind aber auch deutlicher vom reinen „Ökologie-Fundamentalismus" (Skalenwert 1.0) als vom Indifferenzwert entfernt.

Tabelle 3.15: Indikatoren zur Messung einer ökologisch-bewussten Werthaltung

| Indikator | Mess-Items | Mean | Std.Dev. | Schiefe | Kurtosis |
|---|---|---|---|---|---|
| Oeko 1 | A) Der jetzige Zustand der Umwelt macht mir Angst.<br>B) Es ärgert mich, wenn das Umweltthema nicht ernst genommen wird.<br>(„Oeko-Emotionalität") | 1,99 | 0,79 | 0,57 | -0,01 |
| Oeko 2 | A) Zum Schutz der Umwelt wäre ich bereit, für Waschmittel deutlich höhere Preise zu zahlen.<br>B) Der Umwelt zu Liebe würde ich gerne auf Einwegverpackungen verzichten, auch wenn die Rückgabe dann mit zusätzlichem Aufwand verbunden ist.<br>(„Oeko-Konation") | 2,05 | 0,77 | 0,73 | 0,51 |
| Oeko 3 | A) Wenn wir weitermachen wie bisher, steuern wir auf eine Umweltkatastrophe zu.<br>B) Es gibt Grenzen des Wachstums, die wir bereits überschritten haben.<br>(„Oeko-Kognition") | 2,11 | 0,90 | 0,75 | 0,23 |

Skalierung der einzelnen Items: 1 = stimme voll zu ... 5 = lehne voll ab
Skalierung des Indikators (Mean aus Item A u. B): 1 = stimme voll zu ... 5 = lehne voll ab

Zur Überprüfung der Modellvarianten 1 bis 3 wählen wir aus den Strukturmodellschätzungen der Abbildungen 3.6, 3.7 und 3.8 das jeweils einflussstärkste nutzenbezogene Belief und das jeweils einflussstärkste norm-affine Belief aus und modellieren mit diesen beiden Beliefs und allen anderen TRA-Komponenten eine Einflussstruktur, die der in Abb. 3.9 gezeigten Struktur entspricht.

Die folgende Abbildung 3.10 zeigt ein solches Modell für die Modellvariante 2 im Bereich der Einstellungen zu gentechnisch modifizierten Lebensmitteln (Obst/Gemüse).

Indem wir also in jedem Modell die Anzahl der beliefbasierten Erwartungswerte auf nur zwei reduzieren, verändern wir zum Zwecke der Verständlichkeit unserer Argumentation die zuvor geschätzten Modelle so stark, dass viele der nunmehr zu berechnenden Schätzresultate nicht mehr mit den vorhergehenden Resultaten verglichen werden können. Wir halten dies aber nicht für tragisch. Zum einen haben alle jetzt ausgeschlossenen Beliefs nur eine geringe Effektstärke. Im Durchschnitt wurde pro einzelnem Erwartungswert nicht einmal 1% der Varianz der Einstellung zu einer Gentechnik-Anwendung

„erklärt".[4] Und zum anderen haben wir in den folgenden Analysen nicht die Absicht, das Ausmaß der in den zuvor untersuchten Modellen bereits ausgeschöpften Varianzanteile noch weiter zu erhöhen. Statt dessen wollen wir in unseren folgenden Analysen primär über die Angemessenheit der drei oben vorgestellten TRA-Modellvarianten entscheiden. Dies kann in reduzierten Modellen, aus denen die offensichtlich wenig bedeutsamen Komponenten entfernt wurden, wesentlich einfacher und verständlicher erreicht werden.

Im ersten Analyseschritt wurde für alle drei Anwendungsbereiche die Modellvariante 1, in der zusätzliche Effekte der beiden externen Orientierungsmuster auf den Faktor „Einstellung" und die Variable „Handlungsintention" spezifiziert werden (vgl. Abb. 3.9), getestet. Diese Schätzergebnisse fielen für diejenigen Effekte, die die Variable „Handlungsintention" betreffen, dermaßen gering aus, dass die drei Modellschätzungen hier nicht im Detail vorgestellt werden müssen. Im einzelnen betrugen die standardisierten, direkten Pfadkoeffizienten für den Effekt eines jeden Orientierungsmusters auf die Handlungsintention:

bei der technikoptimistischen Orientierung:
im Anw.bereich „gentechnisch modifizierte Lebensmittel":    $\beta=0.06$ (ns),
im Anw.bereich „Gentherapie bei schwerer Erkrankung":    $\beta=0.02$ (ns),
im Anw.bereich „Gentherapie bei leichter Erkrankung":    $\beta=0.01$ (ns);

bei der ökologisch-bewussten Orientierung:
im Anw.bereich „gentechnisch modifizierte Lebensmittel":    $\beta=-0.03$ (ns),
im Anw.bereich „Gentherapie bei schwerer Erkrankung":    $\beta=0.01$ (ns),
im Anw.bereich „Gentherapie bei leichter Erkrankung":    $\beta=0.00$ (ns).

Im Vergleich dazu erbringen die Schätzungen der Modellvariante 2 wesentlich überzeugendere Ergebnisse. Die Abbildung 3.10 zeigt dazu beispielhaft das Schätzergebnis (Variante 2) im Bereich der Einstellung zu gentechnisch modifizierten Lebensmitteln. Die direkten Effekte der beiden Orientierungsmuster auf die entsprechende Einstellung betragen dort 0.17 und -0.19 (standardisiert). Im Vergleich zwischen allen drei Anwendungsbereichen ergeben sich folgende Schätzwerte für die direkten Effekte der Orientierungsmuster auf die entsprechenden Einstellungen (standardisiert):

---

4) Der mittlere standardisierte Pfadkoeffizient für die Effekte der sieben ausgeschlossenen Beliefs auf die jeweiligen Einstellungen beträgt 0.07.

bei der technikoptimistischen Orientierung:
im Anw.bereich „gentechnisch modifizierte Lebensmittel": β=0.17,
im Anw.bereich „Gentherapie bei schwerer Erkrankung": β=0.26,
im Anw.bereich „Gentherapie bei leichter Erkrankung": β=0.16;

bei der ökologisch-bewussten Orientierung:
im Anw.bereich „gentechnisch modifizierte Lebensmittel": β=-0.19,
im Anw.bereich „Gentherapie bei schwerer Erkrankung": β=-0.03 (ns),
im Anw.bereich „Gentherapie bei leichter Erkrankung": β=-0.10.

Wie die oben aufgeführten Werte zeigen, kann eine technikoptimistische Orientierung durchgängig die Akzeptanz gentechnischer Anwendungen erhöhen. Anwendungen der Gentechnik, wo immer sie auch erfolgen, sind Anwendungen einer neuen Technologie und werden als solche vom jeweiligen Technologieverständnis der wahrnehmenden Person beeinflusst. Dies gilt insbesondere für gentherapeutische Anwendungen bei schweren Krankheiten. Warum allerdings gerade dort der Zusammenhang zwischen Technik-Optimismus und Einstellung besonders hoch ist, erscheint rätselhaft. Zumindest können wir dafür im Kontext unserer Erklärungsmuster keine Begründung angeben.

Wesentlich einfacher zu verstehen sind die Zusammenhänge zwischen Ökologie-Orientierung und Gentechnik-Bewertung. Die Objekt-Kategorisierungen des alltagsweltlichen Ökologieverständnisses betreffen auch und vor allem natürlich gewachsene Nahrungsmittel, so dass der Zusammenhang zwischen ökologischen Wertvorstellungen und der Perzeption einer „grünen" Gentechnik-Anwendung nahezu als selbstevident erscheinen muss. Er überrascht hier höchstens mit einem nicht gerade besonders stark ausgeprägtem Pfadkoeffizienten von „nur" 0.19.

Demgegenüber können im medizinischen Therapiebereich keine einfachen kognitiven Vernetzungen zwischen ökologischen Kategorisierungen und gentechnischen Anwendungen hergestellt werden, so dass es auch nicht verwundern muss, dass dort die Einflussstärke des ökologischen Orientierungsmusters gering bis sehr gering ist.

Allerdings muss hier auch darauf hingewiesen werden, dass sich unsere Überlegungen bislang allein auf die direkten Einflüsse von Orientierungsmustern auf Einstellungen bezogen. Wie anhand der Abbildungen 3.9 und 3.10 jedoch leicht zu erkennen ist, können nach dem TRA-Modell beide Orientierungsmuster auch auf indirektem Wege, d.h. vermittelt über nutzenbezogene und norm-affine Erwartungswerte, auf die Einstellungen zur Gentechnik einwirken. Im Strukturmodell wird die Einflussstärke einzelner Modellkomponenten also von der Gesamtheit aller ihrer direkten und indirekten Effekte bestimmt. Diese Gesamtheit macht dann die Stärke des so genannten „totalen Effektes" aus. In den folgenden Untersuchungen zum Vergleich der Modellvariante 2 mit der Modellvariante 1 werden wir die totalen Effekte beider technikexternen Orientierungsmuster einer näheren Betrachtung unterziehen.

Wie zuvor ausgeführt, lässt das klassische TRA-Modell keine direkten Einflüsse von technikorientierten Orientierungsmustern auf die Einstellung gegenüber bestimmten Technikanwendungen zu. Erlaubt sind darin allein indirekte Effekte. Wir haben ein dementsprechend spezifiziertes Modell als „Modellvariante 3" bezeichnet.

Demgegenüber erlaubt eine alternative Modellspezifikation, die wir als „Modellvariante 2" bezeichnet haben, sowohl indirekte als auch direkte Effekte von Orientierungsmustern auf Einstellungen. Wie eine solche Modellvariante aussieht und zu welchen Schätzergebnissen sie führen kann, haben wir in Abbildung 3.10 gezeigt, wo die Strukturabhängigkeit von Einstellungen zu gentechnisch veränderten Lebensmitteln untersucht wird.

Im Folgenden wollen wir die Schätzergebnisse der Modellvarianten 3 und 2 miteinander vergleichen. Wir benutzen dazu die geschätzten Werte für die totalen Effekte (standardisiert) von Orientierungsmustern auf Einstellungen in allen drei Anwendungsbereichen. Tabelle 3.16 zeigt diese Werte. Danach sind dort, wo signifikante Werte miteinander verglichen werden können, die totalen Effekte in Modellvariante 2 im Durchschnitt um etwa das 2.3fache höher als in Modellvariante 3. Danach würde die Modellierung nach der klassischen TRA-Vorgabe die Bedeutung externer Orientierungen für die Einstellungsbildung gegenüber neuen Anwendungen der Gentechnik deutlich unterschätzen und den empirischen Gegebenheiten nicht gerecht werden. Deshalb sollte aufgrund unserer empirischen Ergebnisse immer dann eine Modellspezifikation nach dem Muster von Variante 2 benutzt werden, wenn die Abhängigkeitsstrukturen von Einstellungen zu neuen Technikanwendungen untersucht werden.

Eine solche Modellierung modifiziert natürlich das klassische TRA-Modell in gravierender Weise. Die Bedeutung des Einstellungsfaktors als zentrale Drehscheibe beim Übergang von der kognitiv und affektiv gesteuerten Wahrnehmung von Technikanwendungen hin zur Entscheidung darüber, ob und welche Handlungskonsequenzen daraus abzuleiten sind, wird durch eine Modellierung nach Variante 2 noch einmal gestärkt. Denn durch die zuvor bereits durchgeführte Modifikation des TRA-Modells, nach der auch die norm-affinen Beliefs nur über den Einstellungsfaktor auf die Handlungsintention wirken können (vgl. Kap. 3.4), wurde das Einstellungskonzept bereits in den Mittelpunkt des TRA-Modells gerückt. Und nunmehr erzeugt dieser Mittelpunkt eine zusätzliche Gravitationswirkung, die auch die Effekte von externen Orientierungs mustern einfängt. Diese

## 3.5 Allgemeine Orientierungsmuster und Technikeinstellungen

Abbildung 3.10: Gentechnikexterne Orientierungsmuster als Determinanten von beliefbasierten Erwartungswerten und Einstellungen zu gentechnisch veränderten Lebensmitteln (Modellvariante 2)

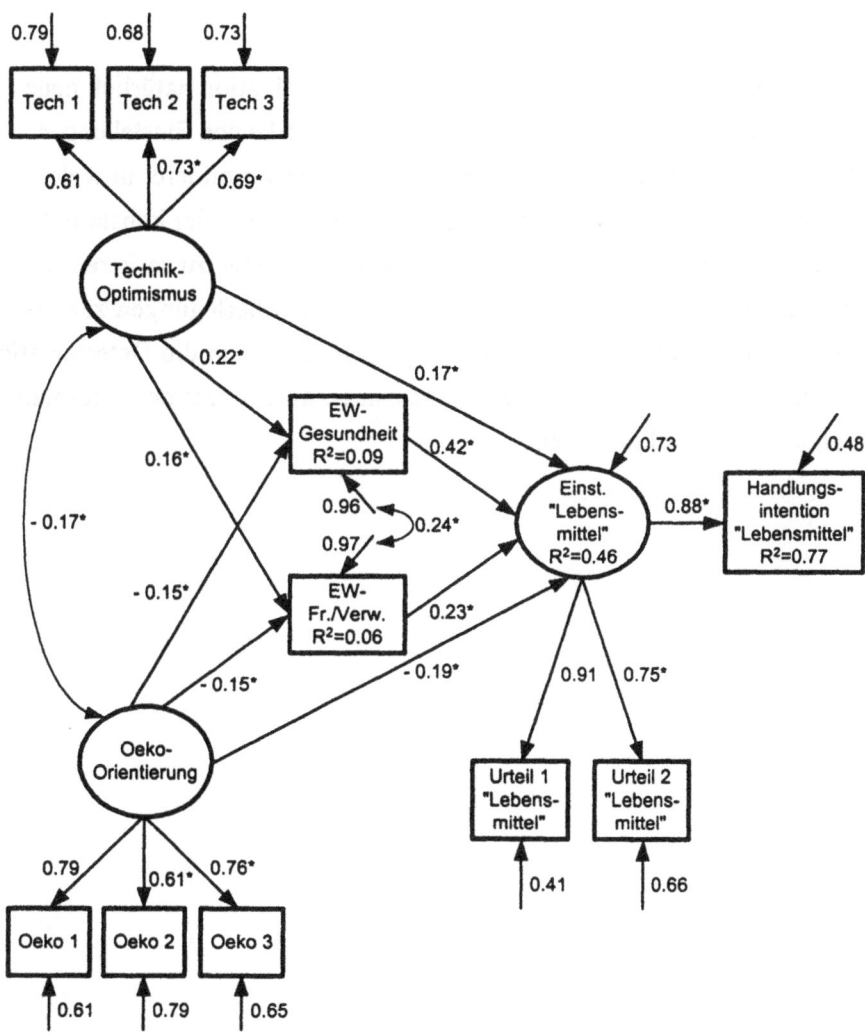

Anmerkungen:
Anpassungswerte für die Modellschätzung (Max.Likelih.-Verfahren) mit 1808 Fällen: $\chi^2$(df=55, Nullmodell)=6985.23; $\chi^2$(df=36, angep. Modell)=140.10; $\chi^2$-robust(df=25, angep. Modell)=127.34; CFI= 0.99; CFI-robust=.98; RMSR(stand.)=0.03; RMSEA=0.04 (90%-Konfidenzintervall: 0.03-0.05).
  Alle ausgewiesenen Parameter-Schätzwerte sind voll standardisiert. Die mit * versehenen Koeffizienten wurden frei geschätzt. Alle nicht mit (n.s.) ausgewiesenen Werte sind signifikant (p<=0.01).
  Damit hier keine verwirrenden Negativschätzungen ausgewiesen werden müssen, wurden einige Skalen gedreht. Für die Variablen "Urteil 1", "Urteil 2" und „Handlungsintention" gilt: 5=sehr gut bzw. ganz sicher ... 1=sehr schlecht bzw. ganz sicher nicht (zur ursprünglichen Kodierung dieser Variablen vgl. Tab. 3.4). Für die Variablen „Tech1/2/3" und „Oeko1/2/3"gilt: 5=stimme voll zu ... 1=lehne voll ab (zur ursprünglichen Kodierung dieser Variablen vgl. Tab. 3.14 und 3.15).
  Zur Modelltechnik und Modellschätzung der eingesetzten SEM-Methodik vgl. die Informationen in Anhang A3.

Effekte sind zwar nicht von besonders großer Bedeutung, was ihre Determinationskraft für die Einstellungsbildung anbelangt.[5] Sie sind jedoch beträchtlich, wenn es um ihre indirekte Wirkung auf die Handlungsintention geht, die über den Einstellungsfaktor vermittelt wird.

Für den Analytiker entstehen aus dieser Modellmodifikation natürlich neue Fragen, die sich vor allem auf die zentrale Position und die Wirkstärke von Einstellungen im TRA-Modell beziehen. Uns interessiert in diesem Kontext insbesondere, in welcher Weise spezifische kognitive Randbedingungen in der Lage sind, die hier konstatierte zentrale Entscheidungsrelevanz von Einstellungen zu modifizieren bzw. zu variieren. Wir wollen deshalb im folgenden Kapitel unsere vorangegangenen Überlegungen zur Prozessforschung in der Einstellungsanalyse nutzen (vgl. Kap. 2.2), um die Determination von Einstellungen durch andere kognitive Mechanismen im Prozess der Informationsverarbeitung noch weiter aufzudecken.

---

5) Beide Orientierungsmuster erklären zwischen 4 und 7% der Einstellungsvarianz, was in etwa der Erklärungskraft des norm-affinen Erwartungswertes „EW-Freunde/Verwandte" entspricht, die bei 5 bis 8% erklärter Einstellungsvarianz liegt.

## 3.5 Allgemeine Orientierungsmuster und Technikeinstellungen

Tabelle 3.16: Vergleich der totalen Effekte gentechnikexterner Orientierungsmuster auf Gentechnik-Einstellungen nach Modellvariante 3 und Modellvariante 2 (standardisiert)

|  | standardisierter totaler Effekt | | Veränd. faktor |
| --- | --- | --- | --- |
|  | Modellvariante 3 (nur indirekte Effekte) | Modellvariante 2 (direkte und indirekte Effekte) | |
| von technik-optimistischen Orientierungen auf Einstellungen gegenüber: | | | |
| Anwendungen der Gentechnik im Lebensmittelbereich | 0.15 | 0.30 | 2.0 |
| Anwendungen der Gentherapie bei schweren Erkrankungen | 0.21 | 0.45 | 2.1 |
| Anwendungen der Gentherapie bei leichten Erkrankungen | 0.10 | 0.25 | 2.5 |
| von Oeko-Orientierungen auf Einstellungen gegenüber: | | | |
| Anwendungen der Gentechnik im Lebensmittelbereich | - 0.12 | - 0.29 | 2.4 |
| Anwendungen der Gentherapie bei schweren Erkrankungen | - 0.01 | - 0.04 | ( 4.0 ) |
| Anwendungen der Gentherapie bei leichten Erkrankungen | - 0.03 | -0.13 | ( 4.3 ) |

## 3.6 „Routen" der Informationsverarbeitung und Technikeinstellungen

In den vorangegangenen Analysen haben wir uns mit der Argumentationslogik von Strukturmodellen der Einstellungsforschung – idealtypisch repräsentiert durch die „Theory of Reasoned Action" (TRA) – beschäftigt. Wie mehrfach erläutert, werden nach diesen Modellen die handlungsbezogenen Entscheidungen einzelner Akteure vor allem durch deren Handlungsüberzeugungen in Form von subjektiven Erwartungswerten determiniert.

Wir haben verschiedene Strukturmodelle zur Untersuchung von handlungsbezogenen Technikeinstellungen im Bereich der angewandten Gentechnik eingesetzt und dabei erkannt, dass die Modelle zumindest in diesem Anwendungsbereich an mehreren Stellen modifiziert werden müssen. So haben wir z.B. in Kapitel 3.5 nachgewiesen, dass es zur Analyse der Entstehung von handlungsbezogenen Technikeinstellungen falsch wäre anzunehmen, dass allgemeine Orientierungsmuster oder internalisierte normative Überzeugungen, die in keinem direkten Zusammenhang mit dem jeweiligen Entscheidungsproblem stehen, nur einen indirekten Einfluss auf diese Einstellungen ausübten.

Wir wollen deshalb im Folgenden die strikte Argumentationslogik reiner Strukturmodelle verlassen und unsere Analyse auf ergänzende Fragestellungen ausweiten, die im Kontext so genannter „Prozessmodelle" der Einstellungsforschung entwickelt wurden.

Wie wir in Kapitel 2.2 näher ausgeführt haben, lenken Prozessmodellierungen die Aufmerksamkeit der Einstellungsforschung auf Prozesse der allgemeinen menschlichen Informationsverarbeitung, wie sie in verschiedenen Forschungsrichtungen der Kognitionspsychologie untersucht werden. So gehen alle prozesstheoretischen Ansätze der Einstellungsforschung im Gegensatz zu den reinen Werterwartungstheorien davon aus, dass Entscheidungsprozesse nur dann in systematisch-rationaler Weise ablaufen werden, wenn bestimmte kognitive und motivationale Bedingungen erfüllt sind:

Danach müssen die Entscheidungsträger (Akteure) zunächst überhaupt dazu motiviert sein, sich mit dem jeweiligen Entscheidungsproblem – meist eine Wahl zwischen mehreren zur Verfügung stehenden Handlungsalternativen - eingehend auseinanderzusetzen. Ist diese Motivation nicht gegeben, so handeln die Personen den Annahmen dieser Theorieansätze zufolge eher spontan denn abwägend-rational. Sie werden dann ihre Handlungsentscheidungen überwiegend aus einfachen Entscheidungsregeln, so genannten

## 3.6 „Routen" der Informationsverarbeitung und Technikeinstellungen 143

„Heuristiken", ableiten (z.B. aus handlungsrelevanten Einstellungsmustern oder situativ bedingten Hinweisreizen), anstatt sich intensiv mit den wahrscheinlichen Konsequenzen der verschiedenen Handlungsalternativen auseinanderzusetzen.

Eine weitere Voraussetzung für eine systematische Informationsverarbeitung im Entscheidungsverhalten wird darin gesehen, dass Personen über geeignete kognitive Fähigkeiten zur reflexiven Informationsverarbeitung verfügen müssen. Gemeint sind damit vor allem entscheidungsrelevante Wissensbestände (auch „subjektives Wissen" genannt), mit denen sie das jeweilige Entscheidungsproblem kognitiv aufarbeiten können. Denn nur wenn Akteure über ausreichende Wissensbestände zu einem in Frage stehenden Verhalten verfügen, können sie auch die entsprechenden Informationen systematisch gegeneinander abwägen und darauf aufbauend ihre Entscheidungen treffen.

Sind beide genannten Voraussetzungen nicht oder nur unzureichend erfüllt, werden Handlungsentscheidungen eher spontan denn systematisch-abwägend erfolgen. Und dies ist umso wahrscheinlicher, je mehr in einer Entscheidungssituation auch Hinweisreize u.a. in Form von abstrakten Orientierungsmustern zur Verfügung stehen, die als einfache Entscheidungsregeln einen unmittelbaren Einfluss auf die Einstellungsbildung bzw. die Entscheidungsfindung ausüben können.

Vereinfacht zusammengefasst, lassen sich also zwei idealtypische Routen der Informationsverarbeitung im Entscheidungsprozess gegenüberstellen: eine zentrale bzw. systematische Route, in der die zur Verfügung stehenden Informationen in eher systematischer Weise gegeneinander abgewogen werden, und eine periphere bzw. spontane Route, in der die Entscheidungen eher automatisch durch Hinweisreize ausgelöst werden (vgl. Kap. 2.2).

Die beiden Modi der Informationsverarbeitung sind mittlerweile durch eine Vielzahl von sozialpsychologischen Experimenten recht gut belegt. Im tatsächlichen Entscheidungsverhalten stellen die beiden Routen der Informationsverarbeitung jedoch Extreme dar, die in der hier skizzierten reinen Form nur recht selten zu beobachten sind. Um ihre Existenz im vorliegenden Anwendungsbereich (handlungsbezogene Einstellungen zu gentechnischen Anwendungen) nachweisen zu können, müssen wir deshalb zu einer Untersuchungsstrategie greifen, die es erlaubt, das Vorhandensein solcher unterschiedlichen Typen von Informationsverarbeitung statistisch aufzuspüren.

Zu diesem Zweck werden wir im Folgenden über die Ergebnisse mehrerer SEM-Analysen berichten, bei denen wir die entsprechenden Untersuchungen in Form von statistischen Extremgruppenvergleichen unter idealisierten Randbedingungen durchgeführt haben.

Für diese statistischen Analysen benutzten wir das in Abbildung 3.11 dargestellte Strukturmodell. Es berücksichtigt alle Modifikationen, die wir bislang am TRA-Modell vorgenommen haben, und wurde zuletzt in Kap. 3.5 zur Untersuchung der Wirkungsstruktur allgemeiner Orientierungsmuster eingesetzt (vgl. Abb. 3.10).

Wichtig für die Untersuchung der zwei verschiedenen Routen der Informationsverarbeitung und deren Abhängigkeit von unterschiedlichen kognitiven Ausgangskonstellationen bei den beteiligten Akteuren sind die in Abb. 3.11 gestrichelt eingezeichneten Pfade. Diese markieren Wirkungszusammenhänge, die für Personen mit unterschiedlichen Graden von Motivation und Fähigkeit auch unterschiedlich stark ausgeprägt sein sollten. In welcher Weise dies zu erwarten ist, lässt sich in drei Hypothesen (s.u.) festhalten. Mit diesen Hypothesen soll die Argumentation allgemeiner Prozessmodelle für die Konstruktion von gentechnik-spezifischen TRA-Modellen genutzt werden. Dabei unterscheiden wir zur Vereinfachung von inhaltlicher Argumentation und statistischer Analyse in allen drei Hypothesen nur zwischen zwei Personengruppen: nämlich zwischen einer Gruppe von Personen mit hoher Motivation und hohen Fähigkeiten (= Personen der Extremgruppe 1) und einer Gruppe von Personen mit geringer Motivation und geringen Fähigkeiten (= Personen der Extremgruppe 2).

H1: In der Extremgruppe 2 sind die Effekte von externen Orientierungsmustern auf die technikspezifischen Einstellungen stärker ausgeprägt als in der Extremgruppe 1, da in Extremgruppe 2 eine eher spontane Informationsverarbeitung erfolgt, die durch externe Hinweisreize, d.h. hier durch einstellungsrelevante Orientierungsmuster, ausgelöst wird (betrifft die Pfade 1 und 2 in Abb. 3.11).

H2: In der Extremgruppe 1 sind die Effekte von nutzenbezogenen und norm-affinen Erwartungswerten auf die technikspezifischen Einstellungen stärker ausgeprägt als in der Extremgruppe 2, da in Extremgruppe 1 eine eher systematisch-abwägende Informationsverarbeitung erfolgt (betrifft die Pfade 3 und 4 in Abb. 3.11).

H3: In der Extremgruppe 1 sind die Effekte von technikspezifischen Einstellungen auf technikspezifische Handlungsintentionen stärker ausgeprägt als in der Extremgruppe 2, da in Extremgruppe 1 aufgrund einer rational abwägenden Informationsverarbeitung eine stärkere Einstellungs-Verhaltens-Konsistenz erreicht wird (betrifft den Pfad 5 in Abb. 3.11).

Abbildung 3.11: Prozesstheoretische Hypothesen im TRA-Modell

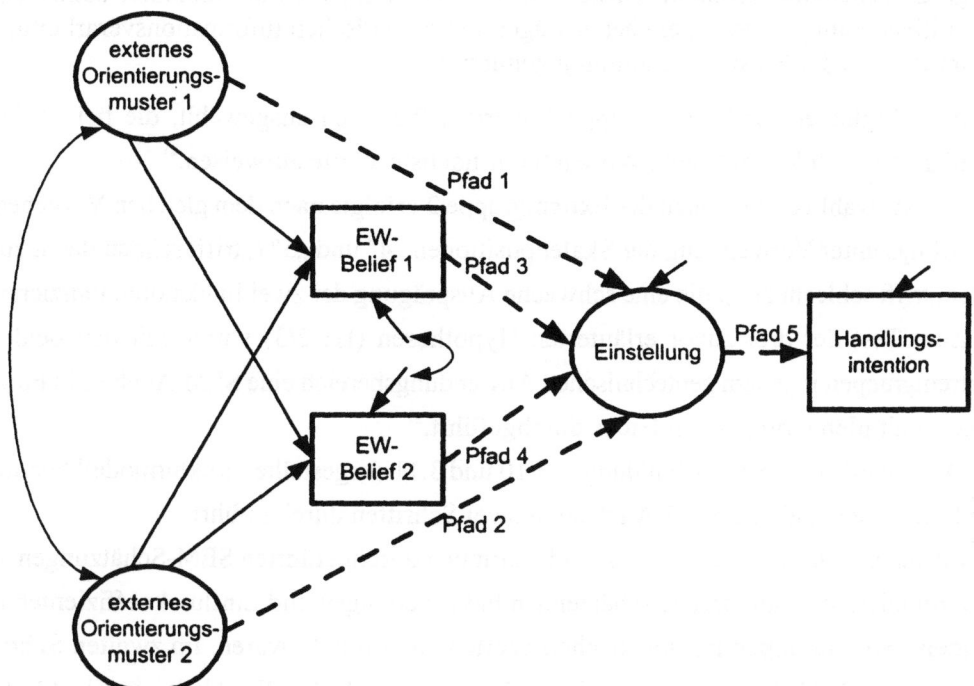

Für die folgenden statistischen Analysen wurden nur die Messwerte solcher Befragten benutzt, die zu einer der beiden oben genannten Extremgruppen zu rechnen sind. Je nach gentechnischem Anwendungsbereich sind das 380 bis 449 Personen von insgesamt 2008 Befragten. Die Zugehörigkeit zu einer der beiden Extremgruppen ergibt sich aus den Antworten auf zwei Frage-Items, mit denen die individuellen Bedingungen der Informationsverarbeitung im Prozess der Einstellungsbildung ermittelt werden sollten (vgl. dazu Kap. 2.2). Die dementsprechenden Indikatoren sind:

a) Die vom Befragten selbst eingeschätzte „Relevanz" des jeweiligen Entscheidungsproblems. Sie dient als universeller Indikator seiner Motivation zu einer eher abwägend-systematischen Informationsverarbeitung im Prozess der Einstellungsbildung.[1][2]

---

1) Der Indikator ist „universell", weil er keinen Unterschied zwischen instrumenteller, wissensbezogener und wertexpressiver Motivation macht (vgl. dazu Kapitel 2.2 sowie die dortige Abbildung 2.4).

2) Fragetext: „Das Thema <Anwendungsbereich> ist für mich von großer Bedeutung";
(Fortsetzung...)

b) Das vom Befragten selbst eingestufte Ausmaß „subjektiven Wissens" über das jeweilige Entscheidungsproblem. Diese Selbstbeobachtung wird als Indikator seiner kognitiven Fähigkeit zu einer eher abwägend-systematischen Informationsverarbeitung im Prozess der Einstellungsbildung genutzt.[3]

Als Mitglieder der Extremgruppe 1 wurden Personen ausgewählt, die bei beiden Indikatoren („Relevanz" und „Wissen") nur höchste Werte aufweisen.[4]

Die Auswahl von Personen der Extremgruppe 2 erfolgte nach dem gleichen Vorgehen, allerdings unter Verwendung der Skalenpositionen „4" und „5" („trifft sehr schlecht zu" oder „trifft schlecht zu"), die eine schwache Ausprägung der zwei Indikatoren indizieren.

Zum Test der drei zuvor erläuterten Hypothesen (H1/2/3) wurde mit den beiden Extremgruppen in jedem gentechnischen Anwendungsbereich eine SEM-Analyse in Form eines multiplen Gruppenvergleichs durchgeführt.[5]

Dazu wurde das in den Abbildungen 3.10 und 3.11 dargestellte Strukturmodell benutzt und die diesbezügliche SEM-Analyse in zwei Schritten durchgeführt:

Im ersten Schritt wurden die für beide Gruppen durchgeführten SEM-Schätzungen so konditioniert, dass alle frei zu schätzenden Faktorladungen und Einflusskoeffizienten in beiden Extremgruppen mit identischen Werten zu ermitteln waren. Im zweiten Schritt wurde diese SEM-Schätzung wiederholt, allerdings wurde die Gleichheitsvorgabe für die in Abb. 3.11 gestrichelt dargestellten Pfade 1 bis 5 immer dann aufgehoben, wenn dies zu signifikant unterschiedlichen Parameterschätzwerten führte.[6]

Durch die skizzierte Form der SEM-Analyse (Mehrgruppenanalyse unter idealisierten Randbedingungen[7]) sollte Mehreres erreicht werden:

---

2) (...Fortsetzung)
   Ratingskala: „trifft sehr gut zu" (1) bis „trifft sehr schlecht zu" (5).

3) Fragetext: „Über <Anwendungsbereich> bin ich gut informiert"; Ratingskala: „trifft sehr gut zu" (1) bis „trifft sehr schlecht zu" (5).

4) Indiziert durch Antwortwerte von „1" oder „2" („trifft sehr gut zu" oder „trifft gut zu").

5) Zur Modelltechnik und Modellschätzung der SEM-Methodik vgl. die Informationen in Anhang A3.

6) Kriterium dafür waren signifikante Differenzen ($\alpha \leq 0.05$) im multivariaten LM-Test.

7) Die SEM-Mehrgruppenanalyse wurde insofern unter idealisierten Randbedingungen durchgeführt, als alle freien Pfade bzw. Effekte, die in Abbildung 3.11 nicht gestrichelt dargestellt werden, auch dann im zweiten Analyseschritt mit identischen Werten für beide Extremgruppen geschätzt wurden, wenn der LM-Test von signifikanten Differenzen berichtete.

Zum einen sollte durch die Gleichheitsvorgabe bei der Schätzung der Faktorladungen sichergestellt werden, dass die drei latenten Modell-Konstrukte (Oeko-Orientierung, Technik-Optimismus, Einstellung) in beiden Gruppen nicht durch unterschiedliche Messmodelle repräsentiert werden und somit nicht allein durch differente Messmodelle signifikante Unterschiede bei den Effektschätzungen der hypothesenrelevanten Pfadkoeffizienten 1 bis 5 entstehen können.

Zum anderen sollte durch die Gleichheitsvorgabe bei der Schätzung von Effektkoeffizienten für Einflussverbindungen zwischen Modellgrößen, die nicht hypothesenrelevant sind (z.B. für den Effekt von „Technik-Optimismus" auf „EW-Gesundheit"), erreicht werden, dass über diese Verbindungen keine Unterschiede bei den hypothesenrelevanten Effektschätzungen ausgelöst werden.

Und zum Dritten sollte durch die anfängliche Gleichheitsvorgabe bei der Schätzung der hypothesenrelevanten Effekte (Pfade 1 bis 5) erreicht werden, dass keine zufällig entstandenen, sondern nur systematisch zu wertende Effekt-Differenzen für den Test der drei Hypothesen benutzt werden.

Für alle drei Modellschätzungen (in den Anwendungsbereichen: gentechnisch veränderte Lebensmittel, Gentherapie bei schwerer Krankheit, Gentherapie bei leichter Krankheit) konnten im zweiten Analyseschritt befriedigende statistische Anpassungswerte erreicht werden.[8]

Die hypothesenrelevanten Ergebnisse der SEM-Analysen für die drei Anwendungsbereiche zeigt die folgende Tabelle 3.17.

---

8) CFI: 0.97 (Lebensmittel), 0.98 (Gentherapie, schwere Krankh.), 0.99 (Gentherapie, leichte Krankh.); RMSR (standardisiert): 0.10 (Lebensmittel), 0.05 (Gentherapie, schwere Krankh.), 0.05 (Gentherapie, leichte Krankh.); RMSEA: 0.04 (Lebensmittel), 0.03 (Gentherapie, schwere Krankh.), 0.02 (Gentherapie, leichte Krankh.).

Tabelle 3.17: Ergebnisse des SEM-Extremgruppenvergleichs in drei Anwendungsbereichen der Gentechnik (unstandardisierte Parameter-Schätzwerte)

| | Lebensmittel | | | Gentherapie, schwere Krankheit | | | Gentherapie, leichte Krankheit | | | Resümee ✓ / ✗ / ? |
|---|---|---|---|---|---|---|---|---|---|---|
| | Gr. 1 | Gr. 2 | | Gr. 1 | Gr. 2 | | Gr. 1 | Gr. 2 | | |
| Pfad 1 | (-) | (-) | ? | (-) | (-) | ? | (-) | (-) | ? | 0 / 2 / 4 |
| Pfad 2 | -0.47 | -0.20 | ✗ | (-) | (-) | ? | -0.32 | -0.04 (ns) | ✗ | |
| Pfad 3 | (-) | (-) | ? | (-) | (-) | ? | 0.09 | 0.00 (ns) | ✓ | 1 / 0 / 5 |
| Pfad 4 | (-) | (-) | ? | (-) | (-) | ? | (-) | (-) | ? | |
| Pfad 5 | (-) | (-) | ? | 0.92 | 1.15 | ✗ | 0.93 | 0.63 | ✓ | 1 / 1 / 1 |

Erläuterungen:
Gr.1 /Gr.2 = Extremgruppe 1 / Extremgruppe 2
(-) = die Schätzergebnisse für Gruppe 1 und Gruppe 2 sind nicht signifikant unterschiedlich
✓ = das Ergebnis entspricht der diesbezüglichen Hypothese
✗ = das Ergebnis widerspricht der diesbezüglichen Hypothese
? = das Ergebnis lässt sich zwar nicht hypothesenadäquat interpretieren, widerspricht damit aber auch der diesbezüglichen Hypothese

**ad Hypothese 1:**

Die Hypothese 1 verlangt zu ihrer Bestätigung, dass die Pfadkoeffizienten 1 und 2 in Gruppe 2 größer sind als in Gruppe 1. In unseren Analysen sind jedoch von den nur zwei signifikant unterschiedlichen Schätzungen (vier Schätzungen erbringen keine signifikanten Unterschiede) alle betreffenden Schätzwerte in Gruppe 1 größer als in Gruppe 2 (absolut betrachtet). Die Schätzergebnisse bestätigen also Hypothese 1 in keinem einzigen Falle. Wenn gentechnikexterne Orientierungsmuster überhaupt in gruppenspezifischer Weise die Einstellungen zu bestimmten gentechnischen Anwendungen beeinflussen, dann geschieht dies eher in Gruppe 1 als in Gruppe 2.

**ad Hypothese 2:**

Die Hypothese 2 verlangt zu ihrer Bestätigung, dass die Pfadkoeffizienten 3 und 4 in Gruppe 1 größer sind als in Gruppe 2. In unseren Analysen gilt dies nur in einem von sechs Fällen. Ansonsten variieren die Schätzergebnisse nicht gruppenspezifisch. Damit wird die Hypothese 2 zwar nicht eindeutig widerlegt, jedoch signalisieren fünf invariante Schätzungen, dass die Hypothese 2 auch nicht bestätigt werden konnte.

**ad Hypothese 3:**

Die Hypothese 3 verlangt zu ihrer Bestätigung, dass der Pfadkoeffizient 5 in Gruppe 1 größer ist als in Gruppe 2. Unter den beiden signifikant unterschiedlichen Schätzungen ist das nur einmal der Fall, in einer zweiten Schätzung ist der Pfadkoeffizient in Gruppe 2 größer. Und in einer dritten Schätzung wird überhaupt kein signifikant unterschiedliches Ergebnis erzielt. Von allen drei prinzipiell möglichen Ergebnismustern sind somit auch alle drei zu beobachten. Demnach sind die Ergebnisse nicht dazu geeignet, über die Hypothese 3 in der einen oder anderen Weise zu entscheiden.

Wie sind diese Ergebnisse in Bezug auf unsere Ausgangsfrage zu interpretieren? Was bedeuten die Ergebnisse für eine Einstellungsmodellierung, die nicht nur ein reines Strukturmodell konstruieren will, sondern auch prozesshafte Abhängigkeiten dieser Struktur in der Analyse berücksichtigen will?

Insgesamt betrachtet, lässt sich die empirische Gültigkeit der prozesstheoretischen Annahmen im Kontext des hier spezifizierten Strukturmodells zur Herausbildung von Technikeinstellungen nicht nachweisen. In der überwiegenden Anzahl der betrachteten Fälle sind keine signifikanten Ergebnisunterschiede zwischen Personen, die eine rational-reflexive Informationsverarbeitung bei der Einstellungsbildung bevorzugen, und Personen, die eher spontan und reizgesteuert ihre Einstellung herausbilden, aufgetreten. Nur in zwei von dreizehn Effektvergleichen konnten Ergebnisse erzielt werden, die die Hypothesen zur gruppenspezifischen Ausprägung der diesbezüglichen Koeffizientenschätzwerte in eindeutiger Weise bestätigen. Dem stehen drei Fälle eindeutiger Widerlegung gegenüber, wie auch zehn Fälle, bei denen die Zugehörigkeit zu einer entsprechenden Extremgruppe ohne signifikante Bedeutung für das Schätzergebnis ist.

Dies verweist darauf, dass entweder die prozesstheoretischen Annahmen stark zu modifizieren sind, oder dass diese Annahmen im hier gewählten Analysedesign (statistische Extremgruppenvergleiche unter idealisierten Randbedingungen mittels SEM-Schätzungen) nur ungenügend überprüft werden können.

Im Folgenden wollen wir die erstgenannte Fehlerquelle untersuchen. Wir werden uns somit mit einer möglichen Modifikation des reinen Prozessmodells beschäftigen.

Möglichkeiten zur Modifikation des ursprünglichen Prozessmodells eröffnen die in Kap. 2.2 vorgestellten Überlegungen zur funktionalen Analyse von Einstellungen.[9] Nach

---

9) Verwiesen sei auch hier noch einmal auf die wichtigen Studien zur funktionalen Einstellungsanalyse von Katz 1967, Shavitt 1989a und Tesser/Shaffer 1990.

diesem Forschungsansatz können Einstellungen nicht nur die instrumentelle Funktion einer „korrekten" Wahrnehmung und Bewertung bestimmter Einstellungsobjekte erfüllen, wie es das Motivationskonzept der üblichen Prozessmodelle vorsieht. Einstellungen können auch zur Erreichung anderer motivationaler Ziele dienen. So können Einstellungen, wie in Kap. 2.2 ausgeführt, auch Funktionen der Ich-Verteidigung oder wertexpressive Funktionen übernehmen. In diesen Fällen nutzen Personen ihre Einstellungen vor allem zur Identitätssicherung, und ihr Anwortverhalten bei entsprechenden Item-Messungen könnte z.B. darauf ausgerichtet sein, sich selbst als aufrechten Gentechnik-Gegner oder als durchgängig ökologie-bewussten Menschen darzustellen.

In diesem Sinne werden, idealtypisch gesehen, Einstellungen nur dann das Ergebnis von systematischen Prozessen der Informationsverarbeitung sein, wenn Personen mit ihrer Einstellungsbildung bzw. Einstellungsäußerung auch instrumentelle Ziele verfolgen. Dementsprechend werden Erwartungswert-Konstruktionen, die auf eine instrumentelle Bewertung von Einstellungsobjekten abstellen, nur dann für die Urteilsbildung gegenüber gentechnisch modifizierten Lebensmitteln oder diversen Gentherapien ausschlaggebend sein, wenn instrumentelle Bewertungsziele für Personen auch wichtig sind. Sind sie es nicht, sondern stehen wertexpressive Ziele im Vordergrund der Einstellungsbildung, dann können u.U. die Erwartungswerte hinsichtlich der gesundheitlichen Unbedenklichkeit von gentechnisch modifizierten Lebensmitteln hoch sein, oder die Erwartungswerte hinsichtlich des Auftretens unerwünschter Spätfolgen medizinischer Gentherapien gering sein, und dennoch kann die Bewertung der entsprechenden gentechnischen Anwendung negativ ausfallen, weil Personen bei dieser Bewertung nicht an gesundheits- oder heilungsbezogene Objektaspekte denken, sondern weil sie sich als grundsätzliche und unbestechliche Gentechnik-Kritiker verstehen und dies auch zum Ausdruck bringen wollen.

Wir können die funktionale Argumentation für eine Modifikation unseres zuvor analysierten Prozessmodells nutzen. Demnach gelten die oben formulierten Hypothesen H1 bis H3 allein unter der Bedingung, dass die Mitglieder der Extremgruppen 1 und 2 sich nicht nur hinsichtlich einer generellen Motivation und Fähigkeit zu einer systematisch-abwägenden Informationsverarbeitung unterscheiden, sondern zusätzlich auch Unterschiede in der Art der Motivation aufweisen, so dass sie entweder eine eher instrumentell oder eine eher wertexpressiv orientierte Motivation zur Einstellungsbildung besitzen.

Die im Folgenden aufgeführten Hypothesen H1a bis H3a sind somit in ihren Formulierungen identisch mit den Hypothesen H1 bis H3, jedoch bezeichnen sie die „alten" Extremgruppen 1 und 2 in neuer Weise als Extremgruppen 1a und 2a. In Extremgruppe

## 3.6 „Routen" der Informationsverarbeitung und Technikeinstellungen 151

1a sind nunmehr diejenigen Befragten vertreten, die zur rationalen Informationsverarbeitung motiviert und fähig sind sowie (jetzt neu) keine dominanten wertexpressiven Ziele verfolgen. In Extremgruppe 2a sind dagegen nunmehr diejenigen Befragten vertreten, die zur rationalen Informationsverarbeitung nicht motiviert und nicht fähig sind sowie (jetzt neu) wertexpressive Ziele verfolgen.

H1a: In der Extremgruppe 2a sind die Effekte von externen Orientierungsmustern auf die technikspezifischen Einstellungen stärker ausgeprägt als in der Extremgruppe 1a, da in Extremgruppe 2a eine eher spontane Informationsverarbeitung erfolgt, die durch externe Hinweisreize, d.h. hier durch einstellungsrelevante Orientierungsmuster, ausgelöst wird (betrifft die Pfade 1 und 2 in Abb. 3.11).

H2a: In der Extremgruppe 1a sind die Effekte von nutzenbezogenen und norm-affinen Erwartungswerten auf die technikspezifischen Einstellungen stärker ausgeprägt als in der Extremgruppe 2a, da in Extremgruppe 1a eine eher systematisch-abwägende Informationsverarbeitung erfolgt (betrifft die Pfade 3 und 4 in Abb. 3.11).

H3a: In der Extremgruppe 1a sind die Effekte von technikspezifischen Einstellungen auf technikspezifische Handlungsintentionen stärker ausgeprägt als in der Extremgruppe 2a, da in Extremgruppe 1a aufgrund einer rational abwägenden Informationsverarbeitung eine stärkere Einstellungs-Verhaltens-Konsistenz erreicht wird (betrifft den Pfad 5 in Abb. 3.11).

Zur empirischen Indikation einer wertexpressiven Orientierung wird im Folgenden die Antwort der Befragten auf die Frage benutzt: „Glauben Sie, dass die Gentechnik gegen moralische Grundsätze verstößt?". Diese Frage thematisiert eine einstellungsrelevante Wertorientierung in allgemeinster Form und lässt offen, ob es sich dabei etwa um die moralischen Grundsätze einer ökologisch ausgerichteten, einer religiös ausgerichteten oder einer ethisch ausgerichteten Moralauffassung handelt. Insofern ergibt diese Frage einen universellen Indikator für das Vorhandensein einer starken und grundsätzlichen Wertorientierung, von der angenommen werden kann, dass sie die Einstellungsbildung eher unter wertexpressiven als unter instrumentellen Zielen steuert.[10]

---

10) Zwar wäre es zur Erhöhung der Reliabilität der folgenden Analysen wünschenswert gewesen, noch weitere Indikatoren zur Bestimmung wertexpressiver Positionen einzusetzen (und weitere wurden auch in der Erhebung gemessen). Jedoch hätte eine Berücksichtigung weiterer Wert-Indikatoren den Umfang der Extremgruppen, der mit nunmehr drei Auswahlvariablen bereits bei jeweils nur etwa 100 Befragten liegt, noch weiter reduziert und damit auch die Robustheit der statistischen Resultate stark geschmälert.

Zur Beantwortung der Moral-Frage waren in der Erhebung drei Antwortmöglichkeiten vorgegeben worden (1=ja, 2=teils/teils, 3=nein). Um zu einer der beiden Extremgruppen zu gehören, sollten Personen die Kategorien 2 oder 3 (Extremgruppe 1a) bzw. die Kategorie 1 (Extremgruppe 2a) gewählt haben (zusätzlich zu den Extremwerten der beiden anderen Auswahlvariablen, s.o.).[11]

Auf diese Weise entstehen Extremgruppen, die zwischen 71 und 130 Personen umfassen. Solche Gruppengrößen sind zu klein, um das gleiche statistische Analyseinstrumentarium einzusetzen, das im vorausgegangenen Extremgruppenvergleich (vgl. Tab. 3.17) benutzt wurde. Deshalb werden nunmehr allein bivariate Regressionen zwischen den einzelnen Indikatoren des Strukturmodells (vgl. Abb. 3.11) berechnet. Dabei wird die Abhängigkeit der beiden Einstellungsindikatoren (Urteil 1 und Urteil 2) von den Indikatoren der externen Orientierungsmuster und den beiden Belief-Variablen untersucht sowie die Ausprägung der Handlungsintention auf Effekte der beiden Einstellungsindikatoren zurückgeführt.

Auf diese Weise werden im Folgenden statistische Analysen durchgeführt, deren Ergebnisse natürlich nicht mit den Resultaten der vorangegangenen SEM-Analysen vergleichbar sind und die auch einen wesentlich geringeren Validitätsanspruch aufweisen (keine latenten Variablen, keine Minderungskorrekturen, keine multivariate Schätzungen usw.).

Wir glauben jedoch, dass auch die Ergebnisse dieses rein bivariaten statistischen Vorgehens einigen Aufschluss über die Gültigkeit der modifizierten Hypothesen H1a bis H3a geben können.

Wie Tabelle 3.18 ausweist, bestätigen die dort berichteten Ergebnisse in ihrem Muster die beiden Hypothesen H2a und H3a:

Von den 18 durchgeführten Extremgruppenvergleichen zu Effekten von EW-Variablen auf Einstellungsvariablen (EW1/2 → Urteil1/2) und zu Effekten von Einstellungsvariablen auf die Handlungsintention (Urteil1/2 → Intention) entsprechen 14 den theoretischen

---

10) (...Fortsetzung)
   weitere wurden auch in der Erhebung gemessen). Jedoch hätte eine Berücksichtigung weiterer Wert-Indikatoren den Umfang der Extremgruppen, der mit nunmehr drei Auswahlvariablen bereits bei jeweils nur etwa 100 Befragten liegt, noch weiter reduziert und damit auch die Robustheit der statistischen Resultate stark geschmälert.

11) Besser wäre es gewesen, auch für die Extremgruppe 1a nur einen Wert (3) zuzulassen. Jedoch wären dann für einzelne der folgenden Analysen sehr geringe Fallzahlen unter 25 entstanden.

## 3.6 „Routen" der Informationsverarbeitung und Technikeinstellungen 153

Erwartungen. Dort weist die Extremgruppe von Personen mit hoher Motivation, hoher Fähigkeit und keiner bzw. nur eingeschränkt vorhandener wert-expressiver Orientierung (Extremgruppe 1a, schattierte Fläche in Tab. 3.18) die stärkeren Zusammenhänge zwischen kognitiver Informationsverarbeitung und Einstellungsformierung (nach Hypothese H2a) sowie zwischen Einstellungen und Handlungsintentionen (nach Hypothese H3a) auf. In 14 von 18 Fällen liegen die unstandardisierten Regressionskoeffizienten dieser Gruppe durchweg mit deutlichem Abstand über den Koeffizientenwerten der Gruppe 2a.[12]

Anders verhält es sich bei den Extremgruppenvergleichen zur Hypothese 1a. Dort bestätigen von 36 Vergleichen nur 5 (teilweise mit nicht signifikanten Werten) die entsprechende Hypothese, nach der in Extremgruppe 2a mit Personen von geringer Motivation und geringer Fähigkeit sowie deutlicher wert-expressiver Orientierung (schattierte Fläche in Tab. 3.18) die Zusammenhänge zwischen gentechnikexternen Orientierungsmustern und gentechnikbezogenen Einstellungen höher sein sollten als in der oppositionellen Extremgruppe 1a. Damit wird die Hypothese H1a in unserem Analysedesign eindeutig widerlegt.

Im Unterschied zu den Erwartungen nach H1a indizieren die statistischen Resultate im oberen Teil von Tabelle 3.18 sogar eher „verdrehte" Effekte: Von den 36 dort ausgewiesenen Korrelationsvergleichen zeigen 21 eindeutig stärkere Zusammenhänge in der Extremgruppe 1a als in der Extremgruppe 2a.[13] Somit deutet vieles darauf hin, dass im Anwendungsbereich von H1a, also bei den Zusammenhängen zwischen gentechnikexternen Orientierungsmustern und gentechnikbezogenen Einstellungen, noch andere Determinationen eine Rolle spielen, die weder vom Motivations/Fähigkeiten-Modell der prozessbezogenen Einstellungsforschung noch vom Funktionsmodell der funktionalen Einstellungsforschung erfasst werden können. Es bedarf an dieser Stelle also weiterer Forschungen, um die variierenden Effekte von allgemeinen Orientierungsmustern auf die Herausbildung von Einstellungen gegenüber neuen Technikanwendungen zu erklären.

---

12) Einzige Ausnahme: die Regression von Urteil1 auf EW1 im Bereich „Gentherapie bei schwerer Krankheit" 0.18 vs. 0.16.

13) Als solche werden Vergleiche gewertet, in denen der Schätzwert für Gruppe 1a signifikant ist und auch größer ist (absolut betrachtet) als der Schätzwert für Gruppe 2a.

Halten wir also als wichtigstes Ergebnis unserer Hypothesentests in diesem Kapitel fest:

Zur Erklärung von Prozessen der Informationsverarbeitung und Einstellungsbildung bei der Bewertung neuer Technikanwendungen reicht es nicht aus, die hier entwickelte Version eines stark modifizierten TRA-Modells um Hypothesen aus der prozessural-orientierten Einstellungsforschung zu ergänzen. Um eine befriedigende Erklärungsleistung zu erreichen, müssen diese Hypothesen nach Vorgaben der funktionalen Einstellungsforschung spezifiziert werden.

Zwar konnten wir in unseren Analysen die „Route" einer systematisch-abwägenden Informationsverarbeitung nachweisen, bei der subjektiv eingeschätzte, produkt- und normbezogene Nutzwerte (Erwartungswerte) von neuen Technikanwendungen eine große Rolle spielen und bei der hohe Konsistenzen zwischen Einstellungen und Handlungsintentionen bestehen. Jedoch bestimmten wir als wichtige Voraussetzungen für das Beschreiten dieser Route drei personengebundene Merkmale, von denen nur zwei aus der Prozessforschung der Einstellungsanalyse stammen und ein drittes Merkmal aus der funktionalen Einstellungsanalyse abgeleitet werden kann. Demnach wählen insbesondere solche Personen die rationale Route der Informationsverarbeitung, die (1.) dazu überhaupt motiviert sind, d.h. die die entsprechenden Technikthemen für wichtig erachten, die (2.) dazu fähig sind, d.h. die über einen als ausreichend eingestuften subjektiven Wissensbestand verfügen, und die (3.) keine eindeutig wert-expressiven Funktionen mit ihrer Einstellungsbildung verknüpfen. Bei Personen, die diese Merkmale nicht aufweisen, konnte diese besonders stark ausgeprägte Route einer rationalen Informationsverarbeitung nicht nachgewiesen werden.

Allerdings konnten bei dieser Personengruppe (geringe Motivation, geringe Fähigkeit, wert-expressive Einstellungsfunktion), anders als es die prozess-orientierte Einstellungsforschung erwarten lässt, keine stärkeren Effekte von allgemeinen Wertvorstellungen auf die Technikbewertung nachgewiesen werden.

## 3.6 „Routen" der Informationsverarbeitung und Technikeinstellungen

Tabelle 3.18: Vergleich von Effektstärken in zwei Extremgruppen und drei Anwendungsbereichen der Gentechnik (unstandardisierte bivariate Regressionskoeffizienten)

| | gentechn. modifiz. Lebensmittel | | | Gentherapie, schwere Krankheit | | | Gentherapie, leichte Krankheit | | |
|---|---|---|---|---|---|---|---|---|---|
| | Gr. 1a | Gr. 2a | | Gr. 1a | Gr. 2a | | Gr. 1a | Gr. 2a | |
| Oeko1 → Urteil1 | (-.35) | -.23 | | (-.01) | -.28 | ✓ | -.44 | (-.10) | . |
| Oeko2 → | (-.34) | -.38 | ✓ | (-.01) | (-.20) | + | -.33 | -.20 | . |
| Oeko3 → | -.50 | (-.15) | . | (-.11) | (-.02) | | -.33 | (-.02) | . |
| Oeko1 → Urteil2 | (-.15) | -.22 | ✓ | -.20 | -.21 | ✓ | -.39 | (-.13) | . |
| Oeko2 → | (-.12) | -.27 | ✓ | -.18 | (-.05) | . | -.28 | (-.19) | . |
| Oeko3 → | (-.22) | (-.12) | | -.24 | (-.04) | . | -.34 | (-.06) | . |
| Tech1 → Urteil1 | .39 | (.12) | . | .22 | (.11) | . | .20 | (.01) | . |
| Tech2 → | .35 | (.01) | | .23 | (.18) | . | (.09) | (.07) | |
| Tech3 → | (.22) | (.13) | | .15 | (.16) | | (.10) | (.04) | |
| Tech1 → Urteil2 | .39 | (.12) | . | .22 | (.05) | . | .23 | (.05) | . |
| Tech2 → | .48 | (.01) | | .32 | (.08) | . | (.01) | (.00) | |
| Tech3 → | .36 | (.00) | | .13 | (.12) | | (.08) | (.04) | |
| EW1 → Urteil1 | .17 | .17 | | .18 | .16 | ✓ | .12 | (.02) | ✓ |
| EW2 → | .42 | .30 | ✓ | .19 | .24 | . | .28 | .14 | ✓ |
| EW1 → Urteil2 | .22 | .13 | ✓ | .23 | .17 | ✓ | .18 | .09 | ✓ |
| EW2 → | .49 | .21 | ✓ | .24 | .15 | ✓ | .22 | (.12) | ✓ |
| Urteil1 → Intent. | .81 | .72 | ✓ | .63 | .63 | | .91 | .69 | ✓ |
| Urteil2 → | .60 | .53 | ✓ | .51 | .60 | . | .73 | .33 | ✓ |

Erläuterungen:
Gr. 1a / Gr.2a: Extremgruppe 1a / Extremgruppe 2a (vgl. Text);
Koeffizientenwert: unstandardisierter bivariater Regressionskoeffizient, paarweiser Ausschluss von Fällen mit fehlenden Werten; Fallzahlen: LM-Gr.1a: n=71-75, LM-Gr.2a: n=99-104, GTschwer-Gr.1a: n=127-130, GTschwer-Gr.2a: n=87-98, GTleicht-Gr.1a: n=117-130, GTleicht-Gr.2a: n=91-103;
(Koeffizientenwert): der Regressionskoeffizient ist nicht signifikant (p > 0.05);
schattierte Fläche: entsprechend der Hypothesen 1a-3a müssen die absoluten Koeffizientenwerte in der schattierten Fläche größer sein als diejenigen in der dazugehörigen nicht schattierten Fläche;
✓: die Relation der Koeffizienten aus Gr. 1a und Gr. 2a entspricht den Hypothesen 1a-3a;
+: die Relation der Koeffizienten aus Gr. 1a und Gr. 2a entspricht den Hypothesen 1a-3a, jedoch sind beide Schätzwerte nicht signifikant;
.: Entgegengesetzt zur Erwartung nach Hypothese H1a, H2a oder H3a ist der signifikante Regressionskoeffizient in Gruppe 1a bzw. 2a größer (absolut) als der Koeffizient in Gruppe 2a bzw. 1a.

# 4 Resümee: Kognitive Determinanten der Bewertung gentechnischer Anwendungen

In der vorliegenden Studie sollte überprüft werden, ob die Herausbildung von subjektiven Technikbewertungen möglichst umfassend aber auch effizient im Kontext kognitiver Einstellungsmodelle erklärt werden kann.

Dazu wurden Individualdaten über die Wahrnehmung und Beurteilung von neuen Anwendungen der modernen Gentechnik ausgewertet, die durch Befragung von Personen aus einer großen Zufallsstichprobe der deutschen Wohnbevölkerung gewonnen wurden.

Für die Auswahl der Gentechnik und deren Anwendungen, die hier exemplarisch zur Erforschung subjektiver Technikbewertungen genutzt werden sollten, sprechen vor allem drei Argumente:

(1) Die Gentechnik betrifft den Kern der neuen Biowissenschaften, die als neue wissenschaftlich-technische Leitdisziplin am umfassendsten (von medizinischen bis zu informationstechnischen Anwendungen) und am weitreichendsten (von Eingriffen in embryonale Stammzellen bis hin zu kollektiven Wertevorstellungen) die zukünftigen individuellen, materiellen und gesellschaftlichen Lebensbedingungen prägen können.

(2) Die Gentechnik steht seit mehreren Jahren im Zentrum einer öffentlichen Debatte über die Entwicklung und Steuerung moderner Technikentwicklung. Über die Inhalte von Verfahren und Anwendungen, aber auch über den Sinn und Unsinn gentechnischer Anwendungen wird in einem breiten, massenmedial vermittelten Diskurs argumentiert und befunden. Dadurch wurden bzw. werden die vorhandenen und potenziellen Anwendungen sowie verschiedenste Bewertungsmöglichkeiten dieser Technik einer breiten Öffentlichkeit bekannt. Die Gentechnik erreichte ein Maß an gesellschaftspolitisch relevanter Aufmerksamkeit, das bislang allein die Kernenergie erzielte.

(3) Gentechnische Verfahren können zur Erzeugung verschiedenster Konsumgüter des alltäglichen Lebens eingesetzt werden. Die Gentechnik erschafft individuell verfügbare Konsumangebote, und über die Nutzung bzw. Nutzungsabsicht von aktuellen und möglichen Anwendungen der Gentechnik kann individuell von den Akteuren entschieden werden. Dadurch werden wichtige Voraussetzungen für die Anwendbarkeit kognitiver Modelle zur Analyse des Zusammenhangs zwischen Einstellungen und Handlungen erfüllt, die für unsere Untersuchungen eine bedeutende Rolle spielen sollen.

Aufgrund der großen Anzahl möglicher gentechnischer Anwendungsbereiche sowie der forschungspraktischen Beschränkungen einer Surveystudie mussten für unsere Studie einige wenige Anwendungen der Gentechnik ausgewählt werden. Mehrere theoriebezogene und empiriegeleitete Überlegungen führten zur Auswahl von drei individuellen Entscheidungssituationen mit gentechnischen Objektbezügen. Ausgewählt wurden:

1. die Bereitschaft zum Erwerb und Konsum von gentechnisch verändertem Obst und Gemüse,
2. die Bereitschaft zur Anwendung einer medizinischen Gentherapie bei Behandlung einer schweren Erkrankung,
3. die Bereitschaft zur Anwendung einer medizinischen Gentherapie bei Behandlung einer leichten Erkrankung.

Diese drei gentechnikbezogenen Entscheidungssituationen eignen sich in theoretischer Hinsicht zur Anwendung kognitiver Einstellungsmodelle,

➠ weil sie einen Zusammenhang zwischen der Bewertung von Attributen der Einstellungsobjekte und der Bewertung von damit korrespondierenden Handlungsmöglichkeiten aufweisen,

➠ weil die Bewertung von Attributen der Einstellungsobjekte und die Bewertung der damit verbundenen Handlungsmöglichkeiten als individuelle Entscheidungssituationen modellierbar sind,

➠ weil in allen drei Entscheidungssituationen „traditionelle", nicht-gentechnikbestimmte Handlungsalternativen (wenngleich in unterschiedlichen Maßen) zur Verfügung stehen,

➠ weil die Bewertungen bzw. die Entscheidungsprozesse zumindest im Prinzip durch das subjektive Wissen um Objektattribute und Handlungsoptionen beeinflusst werden können.

Zusätzlich haben sich diese drei gentechnikbezogenen Entscheidungssituationen auch unter empirischen Gesichtspunkten für eine survey-basierte Untersuchung angeboten. So wurden sie aufgrund unserer empirischen Vorstudien (primär- und sekundäranalytischer Art) ausgewählt,

➠ weil sie dominante Dimensionen der Wahrnehmung von Gentechnik und deren Anwendungen in der allgemeinen Bevölkerung sind,

➠ weil ein kognitiv-evaluatives Grundmuster der kollektiven Repräsentation von Gentechnik in der Bevölkerung nachzuweisen ist, das durch die zwei differenten Anwendungsbereiche „Lebensmittel" und „Medizin" bestimmt wird,

➡ weil mit ihnen (im Vergleich zu anderen Gentechnik-Anwendungen) ein relativ hoher Grad an Bekanntheit, subjektivem Wissen und Meinungssicherheit verbunden ist,
➡ weil für jede einzelne Anwendung aber auch zwischen den drei Anwendungen eine relativ hohe Varianz der Bewertungen und Akzeptanz besteht.

Für die Durchführung unserer Untersuchungen war es zunächst erforderlich, in allen drei Anwendungsbereichen der Gentechnik diejenigen Überzeugungen (Beliefs) in der Bevölkerung zu identifizieren, die dort als vorherrschendes und empirisch abrufbares Wissen (also als „modal-saliente Beliefs") für die Bewertung der verschiedenen Handlungsalternativen wirksam werden. Dazu erbrachte die Auswertung mehrerer Vorstudien folgende Ergebnisse:

Im Bereich „gentechnisch modifizierte Lebensmittel" sind fünf Beliefs im Durchschnitt der Bevölkerung vorherrschend:
a) "eine lange Haltbarkeit" (Haltbarkeit),
b) "ein guter Geschmack" (Geschmack),
c) "ein geringer Einsatz von Dünger" (Düngereinsatz),
d) "dass es gut für die Gesundheit ist" (Gesundheit),
e) "die natürliche Beschaffenheit" (Natürlichkeit).[1]

Für die Bereiche „Gentherapie, schwere Erkrankung" und „Gentherapie, leichte Erkrankung" konnten vier, im Durchschnitt der Bevölkerung vorherrschende Beliefs identifiziert werden:
a) "eine hohe Wirksamkeit" (Wirksamkeit),
b) "keine direkten Nebenwirkungen" (Nebenwirkungen),
c) "erforschte Spätfolgen"(Spätfolgen),
d) "Beachtung moralischer Grenzen" (Moral).

Unter Verwendung dieser nutzenbezogenen Beliefs wurde für jede gentechnische Anwendung ein integriertes Werterwartungsmodell zur statistischen Erklärung der anwendungsbezogenen Einstellungshaltung (als abhängige latente Variable) sowie zur statistischen Erklärung der anwendungsbezogenen Handlungsintention (als abhängige manifeste Variable) spezifiziert.

---

[1] Dieses Belief (Natürlichkeit) wurde aus den anschließenden Analysen ausgeschlossen, weil es statistisch betrachtet eine sehr hohe Kovarianz mit dem Belief „Gesundheit" aufwies.

Diese drei Werterwartungsmodelle sollten als Baseline- oder Vergleichmodelle für die weitere Analyse der Leistungsfähigkeit verschiedener Ansätze der kognitiven Einstellungsforschung dienen. Sie wurden in Anlehnung an das Grundmuster des wohl am weitesten verbreiteten Theoriemodells der Einstellungs-Verhaltens-Forschung, dem TRA-Ansatz, konstruiert. Danach determinieren die einzelnen verhaltenswirksamen Beliefs in Form von nutzenbezogenen Erwartungswerten (operationalisiert in Form einer Interaktion von subjektiver Wichtigkeitseinstufung und subjektivem Wahrscheinlichkeitsurteil) ausschließlich die Einstellungsformierung aber nicht die Herausbildung einer entsprechenden Handlungsintention. Denn der Einfluss der subjektiven Erwartungen auf die Handlungsintention erfolgt nach den Modellannahmen allein über Effekte der Einstellung.

Die statistisch geschätzte Erklärungsleistung der Baseline-Modelle für die drei Anwendungsgebiete fällt sehr unterschiedlich aus. Beurteilt man sie mit Hilfe der Anteile ausgeschöpfter Varianz bei der latenten Einstellungsvariablen, so ist sie befriedigend bis gut in den Bereichen „Lebensmittel-Modifikation" (38%) und „Gentherapie bei schwerer Erkrankung" (41%), während sie im Bereich „Gentherapie bei leichter Erkrankung" (13%) nur gering ist. Demgegenüber ist die Erklärungsleistung der Modelle in allen drei Anwendungsbereichen hinsichtlich der Varianzausschöpfung bei der abhängigen Variablen „Handlungsintention" als sehr gut einzustufen (77%, 62%, 71%).

Die Ursache für die geringe Leistung des Baseline-Modells bei der Erklärung der Einstellungsvarianz zur Anwendung einer Gentherapie im Falle leichter Erkrankungen könnte auf eine Unterspezifikation des Modells hinweisen. Schließlich hatten wir, obwohl am TRA-Ansatz orientiert, zunächst nur nutzenbezogene Beliefs im Werterwartungsmodell berücksichtigt. Um dies auszutesten, erweiterten wir im nächsten Schritt alle drei Modelle um die Effekte von so genannten „norm-affinen" Beliefs, von denen in der sozialwissenschaftlichen Technikforschung angenommen wird, dass sie gerade bei der Bewertung von neuen Technikanwendungen ohne großen Erfahrungsrückhalt eine bedeutsame Rolle spielen können.

Mit der Berücksichtigung norm-affiner Beliefs in der Konstruktion unserer Werterwartungsmodelle wollten wir herausfinden, ob die von uns befragten Personen ihr Urteil über gentechnische Anwendungen an der von ihnen wahrgenommenen Meinung von wichtigen Institutionen, Referenzgruppen oder Bezugspersonen ausrichten.[2] Dazu mussten wir

---

2) Konzeption, Messung und Operationalisierung sind bei „norm-affinen" Erwartungswerten deutlich anders als bei den Erwartungswerten der „normativen Beliefs" im TRA-Ansatz.
(Fortsetzung...)

zunächst diese wichtigen Institutionen/Gruppen/Personen für jede Anwendung herausfinden und sodann die Richtung der wahrgenommenen Fremdmeinung sowie das Ausmaß der subjektiv eingeschätzten Wichtigkeit dieser Fremdmeinungen für die Urteilsbildung der Befragten bestimmen (um daraus die für Werterwartungsmodelle so bedeutsamen Erwartungswerte der einzelnen norm-affinen Beliefs berechnen zu können).

Als Resultat der bereits oben erwähnten Vorstudien zur Identifikation von gentechnikbezogenen Beliefs ermittelten wir folgende Institutionen/Gruppen, die für die Entstehung von norm-affinen Beliefs bei der Bewertung gentechnischer Anwendungen in Frage kommen:

im Anwendungsbereich „Lebensmittel"
a) Ernährungswissenschaftler,
b) Verbraucherschutzverbände,
c) Umweltschutzverbände,
d) Freunde / Verwandte;

in den beiden Anwendungsbereichen „Gentherapie" (bei leichten und schweren Erkrankungen):
a) medizinische Experten,
b) Gesundheitsbehörden,
c) Freunde / Verwandte.

Im Endergebnis erbrachten die Modellerweiterungen einen Anstieg der erklärten Varianzanteile beim Einstellungsfaktor um 2 bis 7%, während sich die Erklärungsleistungen bei der abhängigen Variablen „Handlungsintention" praktisch überhaupt nicht veränderten. Die erklärten Varianzanteile betrugen dort 76%, 61% und 71% (zuvor: 77%, 62%, 71%).

Im Bereich der Bewertung von gentechnischen Anwendungen wird die Handlungsintention also zu einem sehr großen Teil durch diesbezügliche Einstellungen bestimmt, ohne dass die Art und Weise, wie diese Einstellungen von Erwartungswerten geprägt werden, darauf einen Einfluss hätte.

Anders verhält es sich im Bereich der Einstellungserklärung. Dort wächst der Anteil erklärter Varianz um absolut 2% (bei der Einstellung zur Gentherapie im Falle schwerer Krankheiten), um absolut 5% (bei der Einstellung zur Gentherapie im Falle leichter Krankheiten) und um 7% (bei der Einstellung zur Erzeugung gentechnisch modifizierter

---

2) (...Fortsetzung)
Vgl. dazu Kap. 3.4.

Lebensmittel) an. Die Zuwächse erscheinen gering, wenn sie mit den absoluten Anteilen erklärter Varianz in den Modellen ohne normbezogene Erwartungswerte verglichen werden. Relativ betrachtet macht die Erklärungsleistung normbezogener Erwartungswerte im Bereich der Technikeinstellungen im Durchschnitt nur etwa 15% des Anteils aus, der durch rein nutzenbezogene Erwartungswerte auszuschöpfen ist.

Zu differenzierteren Einsichten gelangt man jedoch, wenn bei der Interpretation dieser Zahlen auch die spezifische Ausgangslage in jedem Modell vor Berücksichtigung der norm-affinen Beliefs in Rechnung gestellt wird und die relativen Veränderungsraten berechnet werden. Dann wird z.B. erkennbar, dass durch Hinzunahme der norm-affinen Beliefs die Erklärung von Einstellungen zur Gentherapie bei leichten Erkrankungen von einem ursprünglich recht bescheidenen Anteil erklärter Varianz (13%) um 38% (auf 18%) gesteigert werden kann. Und auch der Anstieg der Erklärungsleistung bei den Einstellungen zu gentechnisch modifizierten Lebensmitteln um 18% (von absolut 38% auf 45%) ist nicht zu unterschätzen. Nur im Anwendungsbereich der Gentherapie bei schweren Erkrankungen kann die ursprüngliche Erklärungsleistung von 41% nur um 5% auf nunmehr 43% angehoben werden.

Dort, wo also die Opportunitätskosten besonders hoch sind (z.B. bei Entscheidungen über die richtige Behandlung von schweren Erkrankungen), und wo im Falle einer falschen Handlungsentscheidung hohe Kosten entstehen können, oder es sogar einen fatalen Ausgang geben kann, ist bei einer Einstellungsanalyse die Erklärungsleistung nutzenbezogener Erwartungswerte besonders hoch und die zusätzliche Erklärungsleistung von norm-affinen Erwartungswerten eher gering bis bedeutungslos.

Dort allerdings, wo eindeutig eine low-cost Situation gegeben ist, wie z.B. bei der Auswahl einer richtigen Therapieform im Falle einer leichten Erkrankung, spielen insgesamt alle kognitiven Einschätzungen eine eher untergeordnete Rolle bei der Einstellungsbildung (nur insgesamt 18% Erklärungsleistung). Aber an dieser, absolut betrachtet, eher geringen Erklärungsleistung sind norm-affine Erwartungswerte in einem Umfang beteiligt, der so groß ist wie in keinem anderen Anwendungsbereich: sie allein können den Anteil erklärter Varianz um 38% (von absolut 13% auf 18%) steigern.

Dies scheint eine Folge davon zu sein, dass Entscheidungen über die richtige Therapieform im Falle einer leichten Erkrankung (im Interview wurde dazu als Beispiel eine Erkältung genannt) eher auf die leichte Schulter genommen werden. Bewertungen der Therapieform werden dabei nicht so sehr unter Aspekten der „Wirksamkeit" als vielmehr unter entscheidungsfernen und diffusen Aspekten möglicher „Spätfolgen" getroffen, so dass sich dann auch nicht die Relevanz nutzenbezogener Erwartungswerte so deutlich von der Relevanz norm-affiner Einschätzungen abheben kann. Und da die nutzenbezogenen Erwartungswerte keine übergroße Einflussstärke aufweisen, fällt es den norm-affinen Größen nicht so schwer, sich im Konzert aller kognitiven Effekte eine relativ bedeutungsvolle Position zu sichern.

Zwischen der typischen high-cost Situation „Einsatz der Gentherapie bei schwerer Erkrankung" und der typischen low-cost Situation „Einsatz der Gentherapie bei leichter Erkrankung" liegt die Entscheidungssituation „Konsum gentechnisch modifizierter Lebensmittel". Durch die besonders starke Relevanz von Gesundheitsaspekten bei der Beurteilung von Anwendungen der Gentechnik im Lebensmittelbereich weist dort die Kaufentscheidung einige Merkmale von high-cost Situationen auf und 38% der Einstellungsvarianz können durch nutzenbezogene Abwägungen erklärt werden. Jedoch ist dort, anders als im Falle einer unzweideutigen high-cost Situation, der hohe Anteil erklärter Varianz noch um einen relativen Anteil von 18% auf insgesamt 45% zu steigern, wenn in die Analyse zusätzlich auch norm-affine Erwartungswerte hineingenommen werden. Diese Steigerung geht, wie immer im Falle von norm-affinen Werten, in erster Linie auf das Konto der meinungsbildenden Relevanz des Urteils von guten Freunden und Verwandten. Dies ist hier nicht anders als in den beiden gentherapeutischen Anwendungsbereichen.

Nachdem also das ursprüngliche Baseline-Modell, das allein auf die einstellungsprägende Kraft von nutzenorientierten Beliefs setzte, um die Effekte von norm-affinen Beliefs erweitert wurde, konnte es in unserer Studie in einem weiteren Analyseschritt auch um den Einfluss „allgemeiner Orientierungsmuster" auf Einstellungsformierung und Handlungsintention gehen. Dazu wurden die gentechnikexternen Wertauffassungen „allgemeiner Technikoptimismus" und „Ökologie-Orientierung" in die Analyse einbezogen, für die in vielen empirischen Studien nachgewiesen worden ist, dass sie eine große Bedeutung bei der Wahrnehmung und Beurteilung von gentechnischen Themen haben.

Wir wollten diese Bedeutung im Kontext von integrierten Werterwartungsmodellen testen. Dazu mussten wir allerdings die bislang benutzte Modellspezifikation verändern und konnten in jedem Modell nur noch ein einziges nutzenorientiertes und ein einziges norm-affines Belief berücksichtigen. Diese Modifikation erfolgte aus statistischen Gründen (bei einer weiteren Erhöhung der Modellkomplexität hätte die zur Verfügung stehende Fallzahl nicht mehr für stabile Modellschätzungen ausgereicht), aber auch aus substanziellen Gründen. Denn alle bisherigen Modellanalysen hatten gezeigt, dass es jeweils nur ein dominantes nutzenorientiertes und ein dominantes norm-affines Belief gibt, das den übergroßen Anteil der kognitiven Determination von Einstellungen ausmacht.

Dies waren die Auffassungen über gesundheitliche Aspekte der Gentechnik-Anwendung und über die Meinung von Freunden/Verwandten im Bereich „Lebensmittel", die Auffassungen über Wirksamkeitsaspekte und über die Meinung von Freunden/Bekannten im Bereich „Gentherapie bei schweren Erkrankungen" sowie die Auffassungen über Spätfolgen und über die Meinung von Freunden/ Verwandten im Bereich „Gentherapie bei leichten Erkrankungen". Alle anderen, jetzt ausgeschlossenen Beliefs (bzw. deren Erwartungswerte) hatten nur eine sehr geringe Effektstärke und schöpften pro Belief nicht einmal 1% der Einstellungsvarianz (im Durchschnitt) aus.

Auf diese zwei Beliefs sollten jetzt also in jedem Modell zusätzlich die gentechnikexternen Wertorientierungen einwirken. Und zusätzlich wollten wir überprüfen, ob es tatsächlich so ist, wie der TRA-Ansatz postuliert, dass die Wertorientierungen nur über ihren Einfluss auf die Beliefs auch die Einstellungshaltung und sodann darüber die Handlungsintention in indirekter Weise beeinflussen können. Oder ob es nicht vielmehr so ist, dass Wertorientierungen zwar einen Effekt auf die Beliefs ausüben, jedoch zusätzlich auch noch über direkte Effekte die Einstellung und Handlungsintention determinieren können.

Im Ergebnis zeigte sich, dass beide allgemeinen Wertorientierungen zwar neben indirekten Effekten auf Einstellungsbildung und Handlungsintention (vermittelt über nutzenbezogenen und norm-affinen Erwartungswerte) auch sehr deutliche direkte Effekte ausüben, diese aber nur auf die Einstellungsformierung bezogen sind. Die Entstehung von Handlungsintentionen bleiben davon unberührt. Dafür sind aber die direkten Effekte auf die Einstellungsformierung so stark, dass sie in jedem kognitiven Modell zur Analyse von Technikeinstellungen unbedingt berücksichtigt werden sollten. Die totalen Effekte der allgemeinen Wertorientierungen auf die Einstellungsgrößen liegen im Durchschnitt bei zusätzlichen direkten Beeinflussungspfaden um das 2.3fache höher als in den Modellen, die nur über indirekte Pfade nach dem Muster des klassischen TRA-Ansatzes verfügen. Demnach würde eine Modellierung nach der TRA-Vorgabe die Bedeutung externer Orientierungen für die Einstellungsbildung gegenüber neuen Anwendungen der Gentechnik deutlich unterschätzen und den empirischen Gegebenheiten nicht gerecht werden können.

Im vierten Schritt unserer Analyse von Werterwartungsmodellen zur Erklärung der Formierung von Technik-Einstellungen und technikbezogenen Handlungsintentionen haben wir die strikte Argumentationslogik reiner Strukturmodelle verlassen und unsere Untersuchung auf ergänzende Fragestellungen ausgeweitet, die im Kontext von so genannten „Prozessmodellen" der Einstellungsforschung entwickelt wurden.

Diese Modelle gehen im Gegensatz zu den reinen Werterwartungsmodellen davon aus, dass die Einstellungsbildung nur dann in systematisch-rationaler Weise abläuft, wenn dafür bestimmte kognitive und motivationale Bedingungen erfüllt sind. Insbesondere müssen demnach Personen die Motivation und die Fähigkeit zur reflexiven Informationsverarbeitung (z.B. in Form von ausreichendem „subjektiven Wissen") mitbringen, um rational-abwägend und nicht spontan oder habituell zu bewerten. Vereinfacht ausgedrückt, lassen sich nach prozesstheoretischen Ansätzen der Einstellungsforschung zwei idealtypische Routen der Informationsverarbeitung in Entscheidungsprozessen und damit auch in Prozessen der Technikbewertung gegenüberstellen: eine zentrale bzw. systematische Route, in der die zur Verfügung stehenden Informationen in eher systematischer Weise gegeneinander abgewogen werden, und eine periphere bzw. spontane Route, in der die Entscheidungen eher automatisch erfolgen oder durch Hinweisreize ausgelöst werden.

Wir überprüften Konsequenzen dieses Ansatzes in Form von Extremgruppenvergleichen im Kontext der in Analyseschritt 3 spezifizierten Werterwartungsmodelle. Dabei unterschieden wir zur Vereinfachung von inhaltlicher Argumentation und statistischer Analyse nur zwischen zwei Personengruppen: nämlich zwischen einer Gruppe von Personen mit hoher Motivation und hohen Fähigkeiten und einer Gruppe von Personen mit geringer Motivation und geringen Fähigkeiten.[3]

Insgesamt betrachtet, ließ sich die empirische Gültigkeit der prozesstheoretischen Annahmen im hier gewählten Analysedesign nicht nachweisen. Signifikante Unterschiede bei der Einstellungsbildung zwischen Personen, die nach den Theorieannahmen eine rational-reflexive Informationsverarbeitung bevorzugen sollten, und Personen, die eher spontan und reizgesteuert ihre Einstellung bilden sollten, waren nicht in genügender Anzahl festzustellen. Nur in zwei von dreizehn Effektvergleichen konnten Ergebnisse

---

3) Die vom Befragten selbst eingeschätzte „persönliche Relevanz" des Entscheidungsproblems bei der Beurteilung der jeweiligen gentechnischen Anwendung diente als universeller Indikator seiner Motivation zu einer eher abwägend-systematischen Informationsverarbeitung im Prozess der Einstellungsbildung.
Das vom Befragten selbst eingestufte Ausmaß „subjektiven Wissens" über die jeweilige gentechnische Anwendung diente als Indikator seiner kognitiven Fähigkeit zu einer eher abwägend-systematischen Informationsverarbeitung im Prozess der Einstellungsbildung.

erzielt werden, die die Hypothesen zur gruppenspezifischen Ausprägung diesbezüglicher Koeffizientenschätzwerte in eindeutiger Weise bestätigen.

Dies verweist darauf, dass entweder die prozesstheoretischen Annahmen stark zu modifizieren sind, oder dass diese Annahmen im hier gewählten Analysedesign (statistische Extremgruppenvergleiche unter idealisierten Randbedingungen mittels SEM-Schätzungen) nur ungenügend überprüft werden können.

Im daran anschließenden fünften und letzten Analyseschritt versuchten wir, die erstgenannte Fehlerquelle näher zu untersuchen. Darin beschäftigten wir uns mit einer möglichen Modifikation des reinen Prozessmodells.

Ausreichende Möglichkeiten zur Modifikation des ursprünglichen Prozessmodells eröffneten Überlegungen zur funktionalen Analyse von Einstellungen. Nach diesem Forschungsansatz können Einstellungen nicht nur die instrumentelle Funktion einer „korrekten" Wahrnehmung und Bewertung bestimmter Einstellungsobjekte erfüllen, wie es das Motivationskonzept der üblichen Prozessmodelle vorsieht. Einstellungen können auch zur Erreichung anderer motivationaler Ziele dienen. So können Einstellungen auch Funktionen der Ich-Verteidigung oder wertexpressive Funktionen übernehmen. In diesen Fällen nutzen Personen ihre Einstellungen vor allem zur Identitätssicherung, und ihr Anwortverhalten bei entsprechenden Item-Messungen könnte z.B. darauf ausgerichtet sein, sich selbst als aufrechten Gentechnik-Gegner oder als durchgängig ökologiebewussten Menschen darzustellen.

In diesem Sinne werden, idealtypisch gesehen, Einstellungen nur dann das Ergebnis von systematischen Prozessen der Informationsverarbeitung sein, wenn Personen mit ihrer Einstellungsbildung bzw. Einstellungsäußerung auch instrumentelle Ziele verfolgen. Dementsprechend werden Erwartungswert-Konstruktionen, die auf eine instrumentelle Bewertung von Einstellungsobjekten abstellen, nur dann für die Urteilsbildung gegenüber gentechnisch modifizierten Lebensmitteln oder diversen Gentherapien ausschlaggebend sein, wenn instrumentelle Bewertungsziele für Personen auch wichtig sind. Sind sie es nicht, sondern stehen wertexpressive Ziele im Vordergrund der Einstellungsbildung, dann können u.U. die Erwartungswerte hinsichtlich der gesundheitlichen Unbedenklichkeit von gentechnisch modifizierten Lebensmitteln hoch sein, oder die Erwartungswerte hinsichtlich des Auftretens unerwünschter Spätfolgen medizinischer Gentherapien gering sein, und dennoch kann die Bewertung der entsprechenden gentechnischen Anwendung negativ ausfallen. Denn Personen denken bei dieser Bewertung nicht an gesundheits- oder heilungsbezogene Objektaspekte, sondern sie denken daran, dass sie sich als grundsätzliche und unbestechliche Gentechnik-Kritiker verstehen und dies auch zum Ausdruck bringen wollen.

Um dies zu überprüfen, verschärften wir in einer erneuten Kontrastgruppenanalyse noch einmal die Gruppengegensätze. In der ersten (s.o.) Extremgruppe waren nunmehr diejenigen Befragten vertreten, die zur rationalen Informationsverarbeitung motiviert und fähig sind, die aber zusätzlich keine dominanten wertexpressiven Ziele verfolgen. In der zweiten Extremgruppe waren dagegen nur diejenigen Befragten vertreten, die zur rationalen Informationsverarbeitung weder motiviert noch fähig sind und die zudem wertexpressive Ziele verfolgen.

Die erzielten Ergebnisse bestätigten die theoretischen Annahmen für bestimmte Teilbereiche der Werterwartungsmodelle. Dort, wo es um die Effekte der Beliefs auf den Einstellungsfaktor und die Handlungsintention geht, zeigte die Gruppe mit hoher Motivation sowie hoher Fähigkeit und abwesender (bis geringer) wert-expressiver Orientierung die stärkeren Zusammenhänge zwischen kognitiver Informationsverarbeitung und Einstellungsformierung. Nicht bestätigt wurden jedoch die theoretischen Erwartungen bei den Effekten von allgemeinen Orientierungsmustern auf Beliefs und Einstellungen (diese hätten in der Gruppe mit geringer Motivation, geringer Fähigkeit und vorhandener wert-expressiver Orientierung deutlich höher ausfallen müssen). Somit muss ein Resümee dieses Modelltests eher differenziert denn pauschal ausfallen:

Zur Erklärung von Prozessen der Informationsverarbeitung und Einstellungsbildung bei der Bewertung neuer Technikanwendungen reicht es nicht aus, die hier entwickelte Version eines stark modifizierten TRA-Modells um Hypthesen aus der prozessural-orientierten Einstellungsforschung zu ergänzen. Um eine befriedigende Erklärungsleistung zu erreichen, müssen diese Hypothesen auch nach Vorgaben der funktionalen Einstellungsforschung spezifiziert werden.

Denn wir konnten zwar in unseren Analysen das Muster einer systematisch-abwägenden Informationsverarbeitung nachweisen, bei der subjektiv eingeschätzte, produkt- und norm-bezogene Nutzwerte (Erwartungswerte) von neuen Technikanwendungen eine große Rolle spielen und bei der hohe Konsistenzen in einem Teilbereich der Einstellungsmodelle, nämlich dort, wo es um Effekte zwischen Beliefs, Einstellungen und Handlungsintentionen geht, bestehen.

Jedoch erkannten wir als wichtige Voraussetzung für das Vorkommen dieses Musters drei personengebundene Merkmale, von denen nur zwei aus der Prozessforschung der Einstellungsanalyse stammen und ein drittes Merkmal aus der funktionalen Einstellungsanalyse abgeleitet wurde. Demnach wählen insbesondere solche Personen das rationale Muster der Informationsverarbeitung,

(1.) die dazu überhaupt motiviert sind, d.h. die die entsprechenden Technikthemen für wichtig erachten,

(2.) die dazu fähig sind, d.h. die über einen als ausreichend eingestuften subjektiven Wissensbestand verfügen, und

(3.) die keine eindeutig wert-expressiven Funktionen mit ihrer Einstellungsbildung verknüpfen.

Bei Personen, die diese Merkmale nicht aufweisen, konnte dieses besonders stark ausgeprägte Muster einer rationalen Informationsverarbeitung nicht nachgewiesen werden.

# Anhang A1
## Das Projektdesign (Vorstudie, Pretest, Haupterhebung)

### ad: Vorstudie

Die in der vorliegenden Studie durchgeführten Analysen zur Leistungsfähigkeit von Werterwartungsmodellen im Bereich der subjektiven Technikbewertung machten es erforderlich, zunächst die modal-salienten Beliefs in der allgemeinen Bevölkerung gegenüber neuartigen Anwendungen der Gentechnik zu ermitteln, die dann später in der Hauptuntersuchung zu berücksichtigen waren. Diese Vorgehensweise sollte sicherstellen, dass die für die Urteilsbildung in der Zielpopulation zentralen Handlungskonsequenzen und Bewertungseigenschaften der jeweiligen Anwendungen tatsächlich in der operationalen Umsetzung der theoretischen Modellvorgaben berücksichtigt werden. Denn nur dann konnte auch erwartet werden, dass die von der Theorie postulierten Zusammenhänge empirisch nachweisbar sind.

Modal-saliente Überzeugungssysteme zu gentechnischen Anwendungen im Lebensmittelbereich konnten durch Sekundäranalysen bereits durchgeführter Studien der Bundesforschungsanstalt für Ernährung ermittelt werden (vgl. Kap. 3.2 sowie Urban 1996).

Anders war es bei gentechnischen Anwendungen im Medizinbereich. Die dazu vorliegenden Studien betreffen eher Einstellungen gegenüber Objekten denn Einstellungen gegenüber Handlungen. Zudem wurde in diesen Studien weder nach den persönlichen Konsequenzen des Gebrauchs spezifischer medizinischer Gentechnik-Anwendungen noch nach möglichen Vor- und Nachteilen eines solchen Gebrauchs gefragt.

Aus diesen Gründen wurde von uns eine empirische Salienzstudie zur Bewertung gentechnischer Anwendungen im Medizinbereich noch vor Konzipierung der Hauptstudie durchgeführt. Darin wurde das abrufbare Wissen zu gentechnischen Therapieverfahren, gentechnisch hergestellten Medikamenten und gentechnisch verfahrenden, pränatalen Diagnosetechniken ermittelt. Da dabei davon auszugehen war, dass medizinische Anwendungen vom überwiegenden Teil der Bevölkerung positiv beurteilt werden (Urban/Pfenning 1999), wurde versucht, durch die Manipulation situativer Fragebezüge eine größere Streuung von bewertenden Aussagen zu den einzelnen Handlungsoptionen zu erreichen. Dies geschah, indem für jedes Anwendungsbeispiel der Gentechnik jeweils zwei unterschiedliche Kontextbedingungen vorgegeben wurden: z.B. Gentherapie zur Behandlung leichterer Krankheiten (unter Verwendung entsprechender Erläuterungen) versus Gentherapie zur Behandlung schwerer Krankheiten (die auch erläutert wurden). Diese Kontextbedingungen können als Spezifikationen von Low-Cost-Situationen, in denen die Zustimmung zur Gentechnik im Durchschnitt geringer ausfallen sollte, und als Spezifikationen von High-Cost-Situationen, in denen die Zustimmung höher ausfallen sollte, verstanden werden.

Die Salienzstudie wurde als telefonische Befragung durchgeführt. Aus dem aktuellen (1998er) elektronischen Telefonverzeichnis der Stadt Stuttgart (Ortsnetzkennzahl 0711) wurden in einer Zufallsauswahl 300 Telefonanschlüsse gezogen, aus denen Handy-, Fax- und gewerbliche Einträge herausgenommen wurden. Unter den 253 verbliebenen Anschlüssen konnten 63 Interviews erfolgreich abgeschlossen werden (kein Kontakt bei 63 Anschlüssen, Verweigerungen bei 98 Anschlüssen).[1] Bei den telefonisch erreichten und kooperationswilligen Haushaltsanschlüssen wurde eine willkürliche (keine zufällige) Personenauswahl getroffen: interviewt wurde jeweils die erste kooperationsbereite Kontaktperson, sofern diese älter als 18 Jahre war und den Vorgaben einer Geschlechtsquotierung entsprach (50:50).

Die interviewten Personen der Salienzstudie wurden mit offenen Fragen zu den ihnen bekannten Vor- und Nachteilen der verschiedenen gentechnischen Anwendungen im Medizinbereich befragt. Dabei erfolgte eine getrennte Abfrage von Vor- und Nachteilen, die durch wiederholtes Nachfragen so lange fortgesetzt wurde, bis keine weiteren Nennungen mehr erfolgten. Alle Nennungen wurden von den Interviewern wörtlich verschriftet.

**ad: Pretest**

Das Befragungsinstrument für die standardisierte Haupterhebung (computer-unterstützte telefonische Befragung) wurde zweifach getestet und überarbeitet. Zunächst wurde ein Pretest unter der Wohnbevölkerung Stuttgarts in Form von telefonischen Interviews durchgeführt. Dazu wurde eine Zufallsstichprobe von 800 Telefonanschlüssen aus dem Ortswahlnetz Stuttgart (Vorwahl 0711) gezogen, die sich auf 596 brauchbare Anschlüsse reduzierte (Aussonderung von gewerblichen Anschlüssen usw.). Bei diesen Anschlüssen kam es in 198 Fällen zu keinem telefonischen Kontakt (durchschnittlich 2 bis 3 Kontaktversuche). Zudem verweigerten 316 Kontaktpersonen die Mitarbeit, so dass mit insgesamt 82 Personen (geschlechtsquotierte, willkürliche Auswahl von Personen über 18 Jahre) Interviews durchgeführt werden konnten. Dies entspricht einer Ausschöpfung in Bezug auf die Nettostichprobe von 14%.[2]

Ein weiterer Pretest wurde vom Erhebungsinstitut ACADEMIC DATA, Essen, durchgeführt. Darin konnten 106 Telefoninterviews bei einer bundesweiten Zufallsauswahl von Telefonanschlüssen realisiert werden (mit einer weiteren Zufallsauswahl auf Haushaltsebene, der so genannten „last birthday Methode"), was einer Ausschöpfungsquote von 16% gleichkommt.[3]

---

1) Durchgeführt wurden die Interviews im Zeitraum vom 6.7. bis 9.7.1998 zwischen 18.00 und 21.00 Uhr. Dabei fiel auf, dass die Verweigerungsrate ab ca. 20.00 Uhr dramatisch anstieg.

2) Die Interviews wurden im Zeitraum vom 28.7.1998 bis 4.8.1998 jeweils zwischen 18.00 und 21.00 Uhr durchgeführt.

3) Durchgeführt wurde der zweite Pretest im Zeitraum vom 9.9.1998 bis 11.9.1998 jeweils in der Zeit zwischen 16.00 und 20.00 Uhr.

In beiden Pretests erwies sich der Verweis auf die Wissenschaftlichkeit der Umfrage („wissenschaftliche Umfrage") sowie die Nennung des Themas („Gentechnik") als besonders problematisch und führte zu vielen Spontanverweigerungen. Die niedrigen Ausschöpfungsraten von 14 bzw. 16% scheinen vor allem darauf zurückzuführen sein. Im modifizierten Begrüßungstext der Haupterhebung wurde deshalb nur noch von „einer Umfrage zu Ansichten von Bürgern und Bürgerinnen zu aktuellen Themen" im Auftrag der „Universität Stuttgart" gesprochen und erst bei Rückfrage das Thema „Gentechnik" genannt. Auch wurden Modifikationen von Fragetexten, Antwortvorgaben, Frageablauf und Erläuterungstexten vorgenommen. Insgesamt betrachtet erwies sich jedoch das getestete Erhebungsinstrument als praktikabel.

**ad: Haupterhebung**

Die Hauptuntersuchung erfolgte als telefonische Befragung im Zeitraum vom 14.9.1998 bis 5.11.1998, von montags bis freitags jeweils in der Zeit von 16.00 bis 20.00 Uhr. Sie wurde vom Erhebungsinstitut ACADEMIC DATA, Essen, durchgeführt.

Der Erhebung lag eine bundesweite RLD-Stichprobe im Umfang von 16.000 Telefonanschlüssen zugrunde. Aus dieser Brutto-Stichprobe wurden im Verlauf des gesamten Datenerhebungszeitraums 14.638 Telefonanschlüsse kontaktiert. Nach Ausschluss von nicht belegten Anschlüssen, von Haushaltsanschlüssen, die nicht zur deutschsprechenden Wohnbevölkerung gehörten, sowie von Anschlüssen, bei denen keine Kontaktperson erreicht werden konnte, verblieben noch 7.689 Haushalte, mit denen ein telefonischer Kontakt aufgenommen werden konnte. In diesen Haushalten erfolgte mittels last birthday Methode eine Zufallsauswahl von zu befragenden Zielpersonen.

Von den Kontakt- und Zielpersonen verweigerte ein sehr großer Anteil das Interview (48,5% bzw. 13,6%). Nach Abzug von weiteren Ausfällen (u.a. Schwerhörigkeit, Sprachprobleme) verblieben 2.008 Interviews, die erfolgreich durchgeführt und ausgewertet werden konnten (Kooperationsquote: 26,2%). Die durchschnittliche Interviewdauer betrug 25 Minuten.

# Anhang A2
## Zur Soziodemographie der realisierten Stichprobe

Da in der Hauptstudie nur in 26,2% aller ursprünglich ausgewählten Haushalte erfolgreiche Interviews durchgeführt werden konnten (vgl. Anhang A1), soll im Folgenden überprüft werden, ob der Ausfall von 73,8% aller Zieladressen systematische Verzerrungen in der soziodemographischen Zusammensetzung der realisierten Stichprobe zur Folge hat.

Dazu werden wir die hier untersuchte Stichprobe mit Daten des Mikrozensus 1997 und des ALLBUS 1996 vergleichen.[1] Die Daten des Mikrozensus basieren auf Interviews in 1% aller deutschen Haushalte (Zufallsauswahl). Und im ALLBUS 1996 (Allgemeine Bevölkerungsumfrage der Sozialwissenschaften) stehen die Daten aus 2402 Interviews mit zufällig ausgewählten Personen der Wohnbevölkerung Westdeutschlands und aus 1116 Interviews mit zufällig ausgewählten Personen der Wohnbevölkerung Ostdeutschlands zur Verfügung.[2]

Die Vergleichbarkeit der Daten aus unserer eigenen Stichprobe mit den Daten aus Mikrozensus 1997 und ALLBUS 1996 unterliegt natürlich mehreren Einschränkungen (unterschiedliche Zeitpunkte, unterschiedliche Erhebungsmethoden, unterschiedliche rechtliche Rahmenbedingungen). Da sich die folgenden Vergleich allerdings nur auf soziodemographische Merkmale beziehen sollen, deren aggregierte Verteilungen wohl eher geringfügig im Ein- bzw. Zwei-Jahresintervallen variieren dürften und deren Individualwerte zudem auch relativ stabil gegenüber methodeninduzierten Messeffekten sind, kann der hier angestrebte Vergleich durchaus aufschlussreiche Informationen liefern.

Im folgenden Datenvergleich werden die empirischen Verteilungen der soziodemographischen Merkmale „Alter", „Geschlecht" und „Bildungsabschluss" untersucht.

**ad: Altersverteilung**

Die Tabelle A2.1 zeigt die Altersverteilung in der von uns realisierten Stichprobe (bezeichnet als: Slaby/Urban 1998) sowie im Mikrozensus 1997 und im ALLBUS 1996. Dabei ergibt sich die Alterskategorisierung aus den Vorgaben des Mikrozensus.

---

1) Der Mikrozensus aus dem Jahre 1998 stand uns zum Zeitpunkt der Datenanalyse noch nicht zur Verfügung. Ebenso konnten wir zu diesem Zeitpunkt den ALLBUS 1998 noch nicht nutzen, da dieser erst im Jahre 1999 ausgeliefert wurde.

2) Da der ostdeutsche Anteil von Interviews im ALLBUS überrepräsentiert ist (gemessen am tatsächlichen Anteil der ostdeutschen Bevölkerung an der bundesdeutschen Gesamtbevölkerung), wird in allen folgenden Analysen eine Ost/West-Gewichtung benutzt, die die relative Bedeutung der einzelnen Interviews wieder an der tatsächlich bestehenden Ost/West-Bevölkerungsrelation ausrichtet.

Tabelle A2.1: Altersverteilung in drei Stichproben (Slaby/Urban 1998, Mikrozensus 1997, ALLBUS 1996)

| Alter | Slaby/Urban 1998 (in %) | Mikrozensus 1997 (in %) | ALLBUS 1996 (in %) |
|---|---|---|---|
| 15-19 | 3.9 | 6.7 | 2.3 |
| 20-24 | 6.9 | 6.4 | 7.6 |
| 25-29 | 8.8 | 8.5 | 10.0 |
| 30-34 | 12.2 | 9.9 | 11.3 |
| 35-39 | 13.8 | 9.2 | 9.9 |
| 40-44 | 11.5 | 8.4 | 9.1 |
| 45-49 | 9.0 | 8.0 | 8.5 |
| 50-54 | 6.8 | 6.9 | 8.3 |
| 55-59 | 7.6 | 9.2 | 10.0 |
| 60-64 | 7.1 | 7.2 | 7.2 |
| 65- | 12.3 | 19.6 | 15.9 |

Die größten Unterschiede zwischen der Altersverteilung in unserer Stichprobe und im Mikrozensus 1997 bestehen bei den 30 bis 44jährigen, den 55 bis 59jährigen und den über 65jährigen.[3] Bei Letzteren ist der Unterschied besonders groß (12.3% vs. 19.6%). Unsere Stichprobe unterscheidet sich mithin hinsichtlich der darin realisierten Altersverteilung signifikant von der deutschen Wohnbevölkerung.[4] Dies gilt allerdings auch für den ALLBUS. Dem Betrag nach sind die altersbezogenen Abweichungen unserer Stichprobe vom Mikrozensus nicht wesentlich größer als die Abweichungen des ALLBUS vom Mikrozensus.

Zu verstehen sind die Abweichungen unserer Stichprobe von der Altersverteilung des Mikrozensus durch die Beobachtung, dass sich insbesondere ältere Personen nicht ausreichend über die Gentechnik informiert fühlten und entweder überhaupt erst gar nicht an der Befragung teilnehmen wollten, oder nach kurzer Zeit ihre Teilnahme abgebrochen haben. So ist die auffällige Überrepräsentanz der 30 bis 45jährigen sowie die Unterrepräsentanz der 55 bis 59jährigen und der über 65jährigen sicherlich (u.a.) themenspezifisch bedingt. Unklar, und wohl eher als Zufallsprodukt zu werten, ist jedoch, warum diese Unterrepräsentanz nicht bei der altermäßig dazwischen liegenden Personengruppe der 60 bis 64jährigen zu beobachten ist.

---

3) Ein Vergleich der Anteilswerte für die 15-19järigen ist nicht sinnvoll, da nur im Mikrozensus auch Personen unter 18 Jahren befragt wurden.

4) Die beobachteten Differenzen sind auch im statistischen Sinne signifikant: $\text{Chi}^2$-Teststatistik=135.76, df=9, sign.: 0.000.

## ad: Geschlechterverteilung

Auch der Vergleich der Geschlechterverteilung in unserem Datensatz und im Mikrozensus erbringt größere Unterschiede. Einem Frauenanteil von 56.7% in unserer Stichprobe steht ein Frauenanteil von 51.3% im Mikrozensus gegenüber. Dementsprechend unterrepräsentiert sind in unserer Stichprobe die männlichen Befragten (vgl. Tab. A2.2).[5] Im Unterschied dazu sind die Abweichungen zwischen ALLBUS und Mikrozensus sehr viel geringer.

Allem Anschein nach erzeugt eine telefonisch durchgeführte Befragung (im Falle des ALLBUS wurde die Befragung im face-to-face Kontakt durchgeführt) eine höhere Kooperationsbereitschaft bei Frauen als bei Männern.

Tabelle A2.2: Geschlechterverteilung in drei Stichproben (Slaby/Urban 1998, Mikrozensus 1997, ALLBUS 1996)

| Geschlecht | Slaby/Urban 1998 (in %) | Mikrozensus 1997 (in %) | ALLBUS 1996 (in %) |
|---|---|---|---|
| weibl. | 56.7 | 51.3 | 50.3 |
| männl. | 43.3 | 48.7 | 49.7 |

## ad: Verteilung von Bildungsabschlüssen

Wie aus der Tabelle A2.3 zu entnehmen ist, bestehen hinsichtlich der Verteilung von Personengruppen mit unterschiedlichen formalen Bildungsabschlüssen ganz erhebliche Unterschiede zwischen unserer Stichprobe einerseits und Mikrozensus und ALLBUS andererseits. Personen mit Volks- bzw. Hauptschulabschluss oder Realschulabschluss sind in unserer Stichprobe stark unterrepräsentiert, während Personen mit Fachhochschul- oder allgemeiner Hochschulreife (Abitur) stark überrepräsentiert sind. Überraschenderweise besteht ein solches Missverhältnis zwischen den Studien allerdings nicht für die Personengruppe mit Hochschulabschluss. Ihr Anteil ist in allen drei Stichproben eher gleich groß.

So ist zu vermuten, dass bei einer Erhebung zum Thema „Gentechnik" befragte Personen mit unteren und mittleren Bildungsabschlüssen eher die Kooperation verweigern als Personen mit hohem allgemeinen Bildungsabschluss, während die thematische Ausrichtung der Befragung bei Personen mit tertiärem Bildungsabschluss (Fachhochschule, Universität) ohne Bedeutung für die Interviewteilnahme ist.

Bestätigt wird diese Vermutung durch eine weitere Aufteilung der drei in Tabelle A2.3 gelisteten Bildungsgruppen, bei der auch die untere Bildungsgruppe noch einmal ausdifferenziert wird und zwischen Personengruppen mit Volks- bzw. Hauptschulabschluss einerseits und mit

---

[5] Die beobachteten Differenzen sind auch im statistischen Sinne signifikant: $Chi^2$-Teststatistik=23.01, df=1, sign.: 0.000.

Realschulabschluss (incl. vergleichbaren Abschlüssen) andererseits unterschieden wird.[6] Im Vergleich zwischen unserer Stichprobe und dem ALLBUS zeigen sich dabei die größten Unterschiede für die Personengruppe mit Volks- bzw. Hauptschulabschluss. Dort liegt der Anteil der Befragten in unserer Stichprobe um ca. 18% (bei den ostdeutschen Befragten) und um ca. 21% (bei den westdeutschen Befragten) niedriger als in der ALLBUS-Stichprobe. Dies zu verstehen fällt nicht schwer: Wie auch weitere Analysen bestätigen können, besteht sowohl hinsichtlich des motivationalen Faktors „Neugier zum Thema Gentechnik" als auch hinsichtlich des kognitiven Faktors „subjektiv eingeschätztes Wissen über Themen der Gentechnik" (beide Faktoren wurden von uns separat gemessen) ein deutliches Gefälle zwischen Personen mit niedrigen und Personen mit höheren Bildungszertifikaten. Personen mit Volks- bzw. Hauptschulabschluss fühlen sich weniger gut über Themen der Gentechnik informiert und zeigen gleichzeitig auch ein geringeres Interesse (Neugier) an diesen Themen als Personen mit höheren Bildungsabschlüssen. Somit darf es nicht verwundern, wenn auch ihre Bereitschaft zur Teilnahme an einer diesbezüglichen telefonischen Befragung deutlich geringer ausfällt als bei Personen mit höherwertigen Bildungsabschlüssen.

Tabelle A2.3: Bildungsverteilung in drei Stichproben (Slaby/Urban 1998, Mikrozensus 1997, ALLBUS 1996)

| Bildungs-abschluss | Slaby/Urban 1998 (in %) | Mikrozensus 1997 (in %) | ALLBUS 1996 (in %) |
|---|---|---|---|
| Volks-/Hauptschule,[7] Realschule, Vergleichbares[8] | 59.5 | 76.6 | 75.6 |
| Fachhochschulreife,[9] Abitur | 26.3 | 7.9 | 11.3 |
| Hochschulabschluss[10] | 14.2 | 15.5 | 13.1 |

---

6) Eine solche Aufteilung war uns für die Daten des Mikrozensus nicht möglich, so dass im Folgenden nur Vergleiche zwischen unserer Studie und dem ALLBUS angestellt werden können.

7) Inkl. Polytechnische Oberschule mit Abschluss in der 8. Klasse.

8) Inkl. Polytechnische Oberschule mit Abschluss in der 10. Klasse.

9) Inkl. Fachoberschule.

10) Inkl. Fachhochschulabschluss.

Insgesamt betrachtet weisen die hier untersuchten drei soziodemographischen Indikatoren (Alter, Geschlecht, Bildungsabschluss) darauf hin, dass die Stichprobe, deren Daten in den Analysen der vorliegenden Studie ausgewertet werden, eine spezifische Zusammensetzung hinsichtlich der darin vertretenen Bevölkerungsgruppen aufweist, und somit nicht als repräsentative Abbildung der deutschen Wohnbevölkerung angesehen werden kann. Die Stichprobe enthält dazu viel zu geringe Anteile von Personen höheren Lebensalters und insbesondere viel zu geringe Anteile von Personen mit niedrigen Bildungsabschlüssen.

Die von uns analysierte Stichprobe ist gemessen an der allgemeinen deutschen Wohnbevölkerung überdurchschnittlich jung und sehr stark überdurchschnittlich gebildet.

Diese Verzerrung findet sich nicht nur in unserer Studie, sondern sie ist typisch für telefonische Befragungen zu technik- und wissenschaftsbezogenen Themen.[11] Deshalb wäre jede Auswertung der hier zur Verfügung stehenden Daten riskant, die von statistisch ermittelten, univariaten Stichprobenverteilungen auf tatsächliche Befindlichkeiten in der Gesamtbevölkerung schließen wollte. Wir haben dieses nicht beabsichtigt und auch hier auch nicht durchgeführt. Unser Interesse galt einer theorieorientierten Fragestellung. Wir wollten ermitteln, welche empirische Leistungsfähigkeit verschiedene theoretische Modelle der Einstellungsforschung zur Analyse subjektiver Urteile über neue Technikanwendungen aufweisen, wenn diese Analysen mit Daten aus der Surveyforschung betrieben werden. Nicht mehr, aber auch nicht weniger.

---

11) So zeigt z.B. die Stichprobe einer weiteren telefonischen Befragung zu Themen der Gentechnik ein fast identisches Verzerrungsmuster (Hampel/Renn 1999). Die ebenfalls zur Wahrnehmung und Bewertung gentechnischer Themen durchgeführte Panelstudie von Urban/Pfenning (1999) benutzt eine Stichprobe, deren soziodemographische Verteilungen aufgrund eines sehr speziellen Erhebungsdesigns hier nicht vergleichbar ist.

# Anhang A3
# Zur Methodik der SEM-Analysen

SEM-Analysen (Structural Equation Modeling-Analysen) kombinieren Modellvorstellungen und Verfahren von Faktoren-, Regressions- und Pfadanalyse im Kontext einer einzigen, umfassenden statistischen Modelltechnik. Diese Modelltechnik kann zur multivariaten Untersuchung von Abhängigkeitsbeziehungen zwischen direkt gemessenen (manifesten) Variablen und nicht direkt beobachtbaren, d.h. nur indirekt über Messmodelle zu schätzenden (latenten) Variablen bzw. Faktoren eingesetzt werden.

Ein großer Vorteil der SEM-Methodik für die sozialwissenschaftliche Datenanalyse besteht darin, dass sie im Rahmen der Schätzung von Einflussbeziehungen zwischen den latenten Faktoren eines Strukturmodells auch fehlerbereinigte bzw. „fehlerfreie" Schätzwerte für die Effektstärken liefern können. Denn viele Messungen in den Sozialwissenschaften, wie z.B. Einstellungsmessungen im Rahmen von Survey-Erhebungen, sind in ganz besonders hohem Maße fehlerbelastet. Insbesondere dann, wenn den Einstellungen subjektive Wissenselemente und Bewertungen zugrunde liegen, die nur von geringer kognitiver Zentralität und Stabilität sind, werden oftmals im Messprozess anstelle von konsistenten Einstellungshaltungen nur spontane Meinungsäußerungen registriert, die von aktuellen personalen Befindlichkeiten und von Assoziationen mit objektfremden Zieldimensionen bestimmt sind.

Die SEM-Analyse kann in solchen Situationen im Rahmen eines statistischen Schätzverfahrens das Ausmaß der Fehlervarianzen von Indikatorvariablen ermitteln und bei der Berechnung der Stärke von Beziehungen zwischen Faktorvariablen berücksichtigen. Auf diese Weise erfolgt eine Fehlerbereinigung hinsichtlich zufällig entstandener Messwertverzerrungen.[1]

Für eine anwendungsorientierte Einführung in die Analyse von Strukturgleichungsmodellen im Bereich der sozialwissenschaftlichen Technikforschung eignet sich die Darstellung in Urban 1996b. Dort wird die Logik der SEM-Analyse mit latenten Variablen/Faktoren am Beispiel einer Untersuchung von Einstellungen zu gentechnischen Anwendungen in der Humanmedizin vorgestellt. Weitere, gut lesbare allgemeine Einführungen in die SEM-Analyse sind: Byrne 1994; Kline 1998; Maruyama 1998.[2]

Alle im vorliegenden Buch beschriebenen Analysen von Strukturgleichungsmodellen wurden im Rahmen der von Peter M. Bentler und David G. Weeks entwickelten SEM-Methodik durchgeführt. Diese Methodik basiert auf einer mathematischen Modellierung von linearen Strukturmo-

---

1) Im Kontext von SEM-Längsschnittanalysen können zusätzlich auch systematische Messfehler ermittelt und bei der Schätzung von Pfadkoeffizienten berücksichtigt werden.

2) Eine umfangreiche und gut gegliederte Literaturliste zur SEM-Analyse wird von Jason T. Newsom angeboten (und laufend erweitert): www.education.ucsb.edu/~shong/sem.htm

dellen mit latenten Variablen, dem so genannten „Bentler-Weeks-Modell" (Bentler/Weeks 1980). Danach werden, anders als bei der bekannten LISREL-Modellierung, alle Variablen eines Strukturmodells in einer Matrix mit nur zwei Variablen-Vektoren abgebildet (vgl. Bentler 1986, 1988). Die „freien" Parameter dieser Modelle wurden hier mit der Statistik-Software EQS geschätzt (vgl. Bentler 1992; Dunn et al. 1993).

Als statistisches Verfahren zur Parameter-Schätzung und -Bewertung wurde in allen hier analysierten Modellen entsprechend der EQS-Logik ein robustes Maximum-Likelihood-Schätzverfahren (ML-Verfahren) benutzt, das verteilungsrobust korrigierte Schätzwerte für die Standardfehler, für die Satorra-Bentler-SCALED-$\chi^2$-Statistik sowie für den robusten Anpassungsindex CFI liefert.

Dieses Verfahren scheint, und auch darin unterscheidet sich die EQS-Methodik von der LISREL-Methodik, bei kleinen Fallzahlen und bei Indikatoren mit schiefen Verteilungen die relativ zuverlässigsten Schätzresultate zu liefern (vgl. Brandmaier/Mathes 1992; Byrne 1995; Chou/Bentler 1995; West et al. 1995). Die damit erzielten Schätzwerte sind selbst bei Verwendung von Skalen mit geringer Breite (wir verwendeten in aller Regel die beschriebenen 5-Punkte-Ratingskalen) noch hinreichend genau und zuverlässig (vgl. Bentler/Chou 1987; Faulbaum/-Bentler 1994; Finch et al. 1997; Green et al. 1997).[3] So werden damit auch die bekannten Nachteile vermindert, die entstehen, wenn Ratingskalen mit geringer Breite als Ergebnis einer ordinaler Messung behandelt werden, und sodann polychorische Korrelationskoeffizienten zur Berücksichtigung der nicht kontinuierlich-metrischen Datenqualität als Ausgangswerte im Schätzverfahren eingesetzt werden. Die aus der Verwendung von polychorischen Korrelationskoeffizienten resultierenden Probleme zeigen sich ganz unabhängig von der verwendeten Fit-Funktion (obwohl die ULS- bzw. WLS-Schätzung bei sehr großen Fallzahlen zur Schätzung der Weight-Matrix noch immer die relativ beste Funktion zu sein scheint) vor allem in Schätzungen für Standardfehler und Chi-Quadrat-Statistiken (incl. der darauf basierenden Fit-Indizes), die stark bis extrem verzerrt sind (vgl. Babakus et al. 1987; Rigdon/Ferguson 1991).

Die in der vorliegenden Studie in allen Strukturmodell-Abbildungen ausgewiesenen Pfadkoeffizienten berichten in standardisierter Form über die Stärke des partiellen Effektes, der von der Variablen am Ursprung des dazu abgebildeten Pfeiles auf die Variable an der Spitze des entsprechenden Pfeiles ausgeübt wird. Die Werte von partiellen Pfadkoeffizienten, die üblicherweise zwischen Beträgen von 0.00 und 1.00 liegen,[4] bezeichnen das Ausmaß von Veränderung der

---

3) Wie die Untersuchungsergebnisse von Olsson (1979) zeigten, hat die Skalenbreite einen wesentlich geringeren verfälschenden Effekt auf Modellfit und Schätzung als das Ausmaß der Verteilungsschiefe.

4) Jöreskog hat gezeigt, dass standardisierte Pfadkoeffizienten auch Werte von 1.04, 1.40 oder gar 2.80 annehmen können. Solche Werte, die außerhalb des Wertebereichs von ±1.00

(Fortsetzung...)

abhängigen Variablen auf einer Standardskala (Mittelwert=0, Standardabweichung=1), das eintritt, wenn der Wert der unabhängigen Variablen, die die abhängige Variable als Prädiktor beeinflusst, um eine Einheit ansteigt und gleichzeitig andere unabhängige Variablen, die ebenfalls auf die abhängige Variable einwirken können, konstant gehalten werden. Das Vorzeichen des Pfadkoeffizienten (+ oder - ) indiziert dabei die Ausrichtung des entsprechenden Effektes (gleichsinnig oder gegensinnig).

Die Standardisierung der Pfadkoeffizienten eliminiert Skaleneffekte, so dass die Stärken mehrerer Pfadkoeffizienten aus unterschiedlichen Variablenbeziehungen innerhalb eines Strukturmodells untereinander verglichen werden können. Gleiche Variablenbeziehungen in unterschiedlichen Stichproben bzw. Modellen können allerdings nur miteinander verglichen werden, wenn sie gleich verteilt sind und ihre Standardabweichungen nicht signifikant variieren (was nicht allzu häufig vorkommt).

Zusätzlich zu den Werten von Pfadkoeffizienten zeigen alle abgebildeten Kausalmodelle auch die Werte von Determinationskoeffizienten. Diese sind in den Abbildungen als Zahlen innerhalb der ovalen oder rechteckigen Umrandung von abhängigen Variablen/Faktoren zu finden.

Die Determinationskoeffizienten ($R^2$) von Strukturmodellen (auch als „quadrierte multiple Korrelationen" bezeichnet) berichten den relativen Anteil der Varianz einer betreffenden abhängigen Variablen bzw. eines abhängigen Faktors, der von allen ihren/seinen vorausgehenden erklärenden Variablen bzw. Faktoren erklärt oder (besser formuliert:) ausgeschöpft wird, wenn alle freien Parameter des Strukturmodells (nicht nur diejenigen der jeweiligen Abhängigkeitsbeziehung) mit bestimmten Werten geschätzt werden. So besagt z.B. ein Determinationskoeffizient von 0.56, dass bei einer bestimmten Modellspezifikation und Modellschätzung alle erklärenden Variablen bzw. Faktoren insgesamt 56% der Varianz einer diesbezüglichen abhängigen Variablen bzw. eines abhängigen Faktors ausschöpfen.[5]

Definiert wird $R^2$ durch 1-Var(z)/Var(y), wobei Var(y) die Gesamtvarianz der abhängigen Variablen y ist und Var(z) die Varianz der zufälligen Fehlergröße z ist, die in Linearkombination mit den gewichteten x-Variablen die Ausprägung von y bestimmt.

Die Ausprägungen von Determinationskoeffizienten liegen im Wertebereich von 0.00 bis +1.00. Bei einem Wert von 0.00 besteht im Strukturmodell keinerlei linearer Zusammenhang zwischen abhängigen und unabhängigen Variablen/Faktoren, während bei einem Wert von 1.00

---

4) (...Fortsetzung)
liegen, signalisieren eine hohe Multikollinearität zwischen den Variablen, die die SEM-Schätzungen sehr instabil macht. Deshalb sollten in der SEM-Analyse immer die Gründe für Werte von standardisierten Pfadkoeffizienten größer als ±1.00 aufgespürt und beseitigt werden (in: www.ssicentral.com /lisrel/column2.htm ).

5) Joereskog hat darauf hingewiesen, dass zwischen der Logik und Interpretation von Determinationskoeffizienten in Regressionsmodellen und in den Gleichungssystemen von Strukturmodellen zu unterscheiden ist. Vgl.dazu: www.ssicentral.com /lisrel/column5.htm

eine perfekte lineare Abhängigkeit der abhängigen Variablen/des abhängigen Faktors von den unabhängigen Variablen/Faktoren besteht.

Zur Bewertung der Qualität eines geschätzten Strukturgleichungsmodells wird in der SEM-Analyse die Anpassungsgüte des Modells untersucht. Die Modellanpassung betrifft dabei die Übereinstimmung zwischen den beobachteten Kovarianzen der direkt gemessenen Variablen und den Kovarianzen, die aufgrund einer bestimmten Modellspezifikation und bestimmter Parameterschätzwerte geschätzt werden können.

Zur Messung der Anpassungsgüte werden in unseren SEM-Analysen die Werte von zwei Anpassungsstatistiken ($\chi^2$-Statistik, $\chi^2$-robust-Statistik) und vier Anpassungsindizes (CFI, CFI-robust, RMSR-stand., RMSEA) berichtet, die im Folgenden kurz erläutert werden sollen:

### ad: $\chi^2$-Statistik, $\chi^2$-robust-Statistik

Klassischerweise wird in der SEM-Analyse ein so genannter „Chi-Quadrat-Anpassungstest" durchgeführt. Mit diesem wird überprüft, ob die Unterschiede zwischen beobachteten und geschätzten Kovarianzen so gering sind, dass die Abweichungen zwischen beiden Kovarianz-Matrizen als eher zufällig betrachtet werden können und deshalb das geschätzte Modell eine akzeptable Anpassungsqualität besitzt (was in aller Regel vom Modellbauer erwünscht wird).

Das vorgeschlagene Modell repräsentiert im Test somit die Null-Hypothese und nicht etwa die Alternativ-Hypothese. Zudem wird nicht getestet, ob die geschätzten Parameter korrekt sind, sondern getestet wird, ob das spezifizierte Modell, das ja aus Restriktionen besteht (z.B. werden Pfade ausgeschlossen und für andere Pfade werden bestimmte Constraints formuliert), konsistent mit den ermittelten Kovarianzstrukturen ist.

Die im Anpassungstest benutzte Testgröße "$\chi^2$" lässt sich berechnen als $(N-1)*F^*$, wobei $F^*$ der minimale Wert der im Schätzverfahren (hier: ML-Verfahren) benutzten Diskrepanzfunktion ist. Um im Test davon ausgehen zu können, dass das spezifizierte Modell keine Kovarianzen schätzt, die sich signifikant von den beobachteten Kovarianzen unterscheiden, sollte die Irrtumswahrscheinlichkeit im Chi-Quadrat-Anpassungstest möglichst hoch sein und mindestens über 5% liegen.[6]

---

6) Es gibt aber auch Methodiker, die fordern, dass das Wahrscheinlichkeitskriterium des Tests viel höher als 0.05 gesetzt werden sollte, da ansonsten die Alternativ-Hypothese (prinzipielle Unterschiede zwischen beobachtetem und geschätztem Modell) zu sehr begünstigt werde. Deshalb müsste sie hart getestet werden.
Allerdings könnte ein sehr hartes Kriterium wie z.B. 0.95 sehr häufig zu einem Fehler vom Typ II führen (nämlich das fälschliche Zurückweisen eines richtigen Modells). Deshalb gibt es Forderungen, nach denen das Wahrscheinlichkeitskriterium zumindest zwischen 0.5 und 0.75 liegen sollte (z.B. nach Hayduk/Glaser 2000). Aber auch das wird von anderen Methodikern wiederum bestritten. Nach ihrer Position ist ein höheres Wahrscheinlichkeitskriterium nicht praktikabel, da die Mächtigkeit des Chi-Quadrat-Tests insbesondere mit

(Fortsetzung...)

Voraussetzung für die Gültigkeit dieses Tests bei Verwendung des Maximum-Likelihood-Schätzverfahrens ist allerdings, dass alle für die Schätzung ausgewerteten Daten normalverteilt sind und alle mehrdimensionalen Datenverteilungen eine Multinormalverteilung aufweisen. Ist dies nicht der Fall (was in der empirischen Sozialforschung eher die Regel als die Ausnahme sein dürfte), und/oder sind die Fallzahlen sehr klein oder sehr gross,[7] und/oder wird mit einer großen Anzahl von Indikatoren pro Faktor gearbeitet[8], so wird die Chi-Quadrat-Teststatistik sehr überschätzt, und es kommt zu falschen Testergebnissen.

Deshalb interpretieren wir in unseren Analysen zusätzlich zur traditionellen $\chi^2$-Statistik auch noch die robuste Satorra-Bentler-SCALED-$\chi^2$-Statistik. Sie liefert insbesondere bei Fallzahlen über 200[9] auch bei nicht normalverteilten Daten gute Schätzwerte für die $\chi^2$-Statistik und für die Standardfehler (vgl. Finch et al. 1997; Green et al. 1997).

**ad: Anpassungsindizes**

Wie erwähnt, ist das Ergebnis eines jeden Chi-Quadrat-Tests sehr abhängig von der im Test zur Verfügung stehenden Fallzahl sowie von der durchschnittlichen Anzahl von Indikatoren pro Faktor (p/F). Je höher die Fallzahl und je größer das p/F-Verhältnis, umso wahrscheinlicher liefert der Chi-Quadrat-Test ein signifikantes Ergebnis. Der Chi-Quadrat-Wert des geschätzten Modells ist eine direkte Funktion der Fallzahl und wird auch eindeutig vom p/F-Verhältnis beeinflusst (Bentler/Bonett 1980). So haben etwa Saris et al. (1987) in beeindruckender Weise nachgewiesen, dass es in SEM-Analysen, die zwischen 1979 und 1982 veröffentlicht wurden, eine fast perfekte Beziehung zwischen Fallzahl und Modellakzeptanz gab (natürlich war die Modellakzeptanz auch noch von anderen Faktoren, wie z.B. Spezifikationsfehlern, abhängig).

Deshalb werden von uns zur Überprüfung der Anpassungsqualität auch noch zusätzlich verschiedene Anpassungsindizes berechnet. Dabei berichten die sog. relativen Indizes darüber, wie gut es im Rahmen der jeweiligen Modellstruktur und mit den geschätzten Modellparametern möglich ist, sich von einem extrem schlechten "worst-fitting" Vergleichs- oder Baseline-Modell zu entfernen, während die absoluten Indizes darüber informieren, wie gut die im Datensatz beobachteten Kovarianzen mit den im geschätzten Modell berechneten Kovarianzen übereinstimmen.

---

6) (...Fortsetzung)
   großen Fallzahlen sehr bzw. zu hoch sei (Mulaik/Millsap 2000).

7) Als Faustformel hinsichtlich der Fallzahl, die für einen relativ unverzerrten Chi-Quadrat-Test benötigt wird (ohne ROBUST-Korrektur!) gilt je nach durchschnittlicher Schiefe der analysierten Daten eine Richtgröße von 5mal bis 10mal die Modellgröße (= df des geschätzten Modells) (vgl. Hoogland/Boomsma 1998).

8) Vgl. Marsh et al. 1998.

9) Vgl. dazu die Ausführungen über die Ergebnisse eines Simulationsmodells mit nicht-normalverteilten Daten von Wothke in SEMNET vom 22.4.1998.

In unseren Analysen interpretieren wir die vier Anpassungsindizes: CFI, CFI-robust, RMSEA-Index und RMSR-Index. Diese gelten für Modelle mit Indikatoren, die die oben beschriebenen Verteilungsmerkmale aufweisen, als hinreichend genau und zuverlässig (vgl. Hu/ Bentler 1995, 1999; Hutchinson/Olmos 1998).[10]

**ad: CFI und CFI-robust**
Der CF-Index (Comparative Fit Index) vergleicht die Schätzergebnisse eines Null-Modells, in dem alle zu schätzenden Parameter den Wert 0.00 zugewiesen bekommen, mit der Schätzung des spezifizierten Alternativ-Modells. Je näher der Indexwert seinem Maximum von 1.00 kommt, umso besser ist die Anpassung des Alternativ-Modells im Verhältnis zum Schätzergebnis für das Null-Modell. Dabei gilt als akzeptable Anpassung ein CFI-Wert > 0.95.

Der verteilungsrobust korrigierte Satorra-Bentler-SCALED-CF-Index (kurz: CFI-robust) berücksichtigt, wie oben erläutert, Abweichungen der analysierten Datenverteilungen von der Normalverteilungsform und wird deshalb in unseren Analysen ebenfalls berichtet.

Generell sind beide CF-Indizes auch bei kleinen Fallzahlen brauchbar und eignen sich ebenfalls für ein eher explorativ ausgerichtetes Analysedesign (Rigdon 1996). Jedoch sind beide CF-Indizes in ihrer Gültigkeit davon abhängig, dass das Null-Modell berechtigterweise als Baseline- bzw. Vergleichsmodell gewählt werden kann.

**ad: RMSEA-Index**
Die oben genannte, nicht unmittelbar plausibel erscheinende Annahme (nach der das Null-Modell ein berechtigtes Vergleichsmodell ist) wird von einem anderen Index, dem RMSEA-Index modifiziert (RMSEA = Root Mean Square Error of Approximation). Deshalb wird auch der RMSEA-Index in unseren Analysen ausgewiesen.

Der RMSEA-Index modifiziert die im Vorangegangenen erläuterte Logik verschiedener Anpassungstests. Während der $\chi^2$-Test und die $\chi^2$-basierten Anpassungsindizes unterstellen, dass das o.g. Null-Modell in exakter Weise den Daten entspricht (dann müsste also die Hypothese $H_0$: RMSEA=0 getestet werden), wird mit dem RMSEA-Test überprüft, ob das geschätzte Zielmodell den beobachteten Verhältnissen möglichst nahe entgegenkommt.

Der RMSEA-Index-Wert einer Modellschätzung sollte kleiner als 0.05 sein ($H_0$: RMSEA<= 0.05 vgl. Browne/ Cudeck 1992). Jedoch verkleinert er sich auch, wenn zusätzliche Modellparameter die Diskrepanz substanziell reduzieren. Um ihn deshalb möglichst unabhängig von der Anzahl freier Parameter auswerten zu können und gleichzeitig die oben angeführten Problematiken zu berücksichtigen, sollte nicht allein die RMSEA-Punktschätzung ausgewertet werden

---

10) Bei allen Fit-Indizes ist zu berücksichtigen, dass ihre Werte von der Wahl des eingesetzten Schätzverfahrens abhängen und deshalb verschiedene Fit-Werte nicht direkt miteinander verglichen werden sollten, wenn unterschiedliche Schätzmethoden (z.B. ML und GLS) eingesetzt wurden (vgl. Fan et al. 1999).

(wenn überhaupt), sondern sollten auch die geschätzten Grenzwerte seines 95% oder 90%-Konfidenzintervalls in der Analyse berücksichtigt werden (MacCallum et al. 1996). Steiger, der zu den Entwicklern von RMSEA gehört, drückt das so aus: "... our primary emphasis is on a confidence-interval-based approach, rather than one based on point estimates." und "it seems clear that the use of precise numerical 'cutoff values' ( like .05) should not be taken too seriously" (Steiger 2000: 156, 161).

Mit Hilfe des Konfidenzintervalls lässt sich sagen, dass mit einer bestimmten prozentualen Sicherheit der wahre Wert des Fit-Indizes innerhalb der Grenzen des Konfidenzintervalls liegt und dass die Präzision der Schätzung umso größer ist, je enger das Intervall ist. Wenn das 90%-Konfidenzintervall den geschätzten Fitwert enthält, lässt sich die Null-Hypothese, nach der der geschätzte Indexwert auch der wahre Indexwert sein könnte, nicht zurückweisen (mit einer zweiseitigen Irrtumswahrscheinlichkeit von 5%).

Der RMSEA-Index reagiert sehr sensibel auf kleine Fallzahlen (s.o.) und erbringt im Prinzip erst bei Fallzahlen von über 300 stabile Statistiken (Rigdon 1996). Jedoch ist der RMSEA-Index, im Vergleich betrachtet, einer der besten Fit-Indizes überhaupt: so reagiert er z.B. wenig sensibel auf Fehlspezifikationen und wird auch nicht stark von der Schätzmethode beeinflusst (Fan et al. 1999).[11]

### ad: RMSR-Index

Der RMSR-Index misst die mittlere Differenz zwischen geschätzter und beobachteter Kovarianz-Matrix (RMSR=root mean square residual). Sein standardisierter Wert sollte kleiner als 0.08 sein (Hu/Bentler 1999). Da der RMSR-Index ein Anpassungsindex ist, der nicht auf der Chi-Quadrat-Testlogik beruht (die stets nur modellspezifische Ergebnisse liefert, d.h. die Differenz zwischen beobachteter Kovarianz-Matrix und der geschätzten Kovarianz-Matrix eines spezifischen Modells analysiert), können mit seiner Hilfe auch (unter gewissen Einschränkungen) die Anpassungsgrade von nicht-geschachtelten Modellen direkt miteinander verglichen werden (Kumar/Sharma 1999).

---

11) Der RMSEA-Index beinhaltet noch einige weitere Problematiken, auf die hier jedoch nicht eingegangen wird (vgl. Hayduk/Glaser 2000; Steiger 2000).

# Literatur

Abelson, R.P., 1988: Conviction. American Psychologist 43: 267-275.

Abelson, R.P., 1995: Attitude Extremity. S. 25 - 41 in: Petty, R.E./ Krosnick, J.A. (Hg.), Attitude Strength. Antecedents and Consequences. Mahwah: Lawrence Erlbaum.

Ajzen, I., 1985: From Intentions to Actions: A Theory of Planned Behavior. S. 11-39 in: Kuhl, J./Beckmann, J. (Hg.), Action Control: From Cognition to Behavior, Heidelberg: Springer.

Ajzen, I., 1988: Attitudes, Personality and Behavior. Milton Keynes: Open University Press.

Ajzen, I., 1991: The Theory of Planned Behavior. Some Unresolved Issues. Organizational Behavior and Human Decision Processes 50: 179-211.

Ajzen, I., 1993: Attitude Theory and the Attitude-Behavior Relation. S. 41 - 57 in: Krebs, D./Schmidt, P. (Hg.): New Directions in Attitude Measuerement. Berlin, New York: de Gruyter.

Ajzen, I./Driver, B.L., 1991: Prediction of Leisure Participation from Behavioral, Normative, and Control Beliefs. An Application of the Theory of Planned Behavior. Leisure Sciences 13: 185-204.

Ajzen, I./Driver, B.L., 1992: Application of the Theory of Planned Behavior to Leisure Choice. Journal of Leisure Research 24: 207-224.

Ajzen, I./Fishbein, M., 1980: Understanding Attitudes and Prediction Social Behavior. Englewood Cliffs: Prentice-Hall.

Ajzen, I./Madden, T.J., 1986: Prediction of Goal-Directed Behavior: Attitudes, Intentions, and Perceived Behavioral Control. Journal of Experimental Social Psychology 22: 453-474.

Alba, J.W./Hutchinson, J.W., 1987: Dimensions of Consumer Expertise. Journal of Consumer Research 13: 411-454.

Alwitt, L.F./Berger, I.E., 1993: Understanding the Link Between Environmental Attitudes and Consumer Product Usage: Measuring the Moderating Role of Attitude Strength. Advances in Consumer Research 20: 189-194.

Antonides, G., 1994: Mental Accounting in a Sequential Prisoner's Dilemma Game. Journal of Economic Psychology 15: 351-374.

Babakus, E./Ferguson, C.E./Jöreskog, K.G., 1987: The Sensivity of Confirmatory Maximum Likelihood Factor Analysis to Violations of Measurement Scale and Distributional Assumptions. Journal of Marketing Research 24: 222-228.

Bagozzi, R.P./Warshaw, P.R., 1990: Trying to Consume. Journal of Consumer Research 17: 127-140.

Bassili, J.N., 1996: Meta-Judgmental Versus Operative Indexes of Psychological Attributes: The Case of Measures of Attitude Strength. Journal of Personality and Social Psychology 71: 637-653.

Bassili, J.N./Scott, B.S., 1996: Response Latency as a Signal to Question Problems in Survey Research. Public Opinion Quarterly 60: 390-399.

Beck, L./Ajzen, I., 1991: Predicting Dishonest Actions Using the Theory of Planned Behavior. Journal of Research in Personality 25: 285-301

Bentler, P.M., 1986, EQS - Ein Ansatz zur Analyse von Strukturgleichungsmodellen für normal- bzw. nichtnormal verteilte quantitative Variablen. S. 27-56 in: Moebus, C./Schneider, W. (Hg.), Strukturmodelle für Längsschnittdaten und Zeitreihen. LISREL, Pfad- und Varianzanalyse. Bern, Stuttgart, Toronto: Huber.

Bentler, P.M., 1988: Causal Modeling via Structural Equation Systems. S. 317-335 in: Nesselrode, J.R./Cattel, R.B. (Hg.) Handbook of Multivariate Experimental Psychology. New York: Plenum.

Bentler, P.M., 1992: EQS: Structural Equations Program Manual (Vers. 3.0). Encino: Multivariate Software.

Bentler, P.M./Bonett, D.G., 1980: Significance Tests and Goodness of Fit in the Analysis of Covariance Structures. Psychological Bulletin 88: 588-606.

Bentler, P.M./Chou, C.P., 1987: Practical Issues in Structural Modeling. Sociological Methods and Research 16: 78-117.

Bentler, P.M./Speckart, G., 1979: Models of Attitude-Behavior Relations. Psychological Review 86: 452-464.

Bentler, P.M./Weeks, D.G., 1980: Linear Structural Equation Models with Latent Variables. Psychometrika 45: 289-308.

Biek, M./Wood, W./Chaiken, S., 1996: Working Knowledge, Cognitive Processing, and Attitudes: On the Determinants of Bias. Personality and Social Psychology Bulletin 22: 547-556.

Boninger, D.S./Krosnick, J.A./Berent, M.K., 1995a: Origins of Attitude Importance: Self-Interest, Social Identification, and Value Relevance. Journal of Personality and Social Psychology 68: 61-80.

Boninger, D.S./Krosnick, J.A./Berent, M.K./Fabrigar, L.R., 1995b: The Causes and Consequences of Attitude Importance. S. 159-189 in: Petty, R.E./Krosnick, J.A. (Hg.), Attitude Strength. Antecedents and Consequences. Mahwah: Lawrence Erlbaum.

Boomsma, A., 1978: The Robustness of Maximum Likelihood Estimation in Structural Equation Models. S. 160-188 in: Cuttance, P./Ecob, R. (Hg.) Structural Modeling by Example. New York: Cambridge University Press.

Boyd, B./Wandersman, A., 1991: Predicting Undergraduate Condom Use With the Fishbein and Ajzen and the Triandis Attitude-Behavior Models: Implications for Public Health Interventions. Journal of Applied Social Psychology 21: 1810-18130.

Brandmaier, R./Mathes, H., 1992: Güte der Schätzer bei Strukturgleichungsmodellen mit mehrstufig ordinalen Variablen. S. 92-118 in: Reinecke, J./Krekeler, G. (Hg.), Methodische Grundlagen und Anwendungen von Strukturgleichungsmodellen. Mannheim: ZUMA.

Browne, M.W./Cudeck, R., 1992: Alternative Ways of Assessing Model Fit. Sociological Methods and Research 21: 230-258.

Byrne, B.M., 1994: Structural Equation Modeling with EQS and EQS/Windows. Thousand Oaks: Sage.

Byrne, B.M., 1995: One Application of Structural Equation Modeling From Two Perspectives. Exploring the EQS and LISREL Strategies. S. 138-157 in: Hoyle, R.H. (Hg.), Structural Equation Modeling. Concepts, Issues, and Applications. Thousand Oaks: Sage.

Chaiken, S./Liberman, A./Eagly, A.H., 1989: Heuristic and Systematic Information Processing Within and Beyond the Persuation Context. S.212-252 in: Uleman, J.S./ Bargh, J.A. (Hg.), Unintended Thought. New York/London: Guilford Press.

Chou, C.P./Bentler, P.M., 1995: Estimates and Tests in Structural Equation Modeling. S. 37-55 in: Hoyle, R.H. (Hg.), Structural Equation Modeling. Concepts, Issues, and Applications. Thousand Oaks: Sage.

Chuang, Y., 1989: The Structure of Attitude Strength. Bulletin of the Institute of Ethnology, Academia Sinica 68: 227-256.

Converse, P.E., 1970: Attitudes and Non-Attitudes: Continuation of a Dialogue. S. 168-189 in: Tufte, E.R. (Hg.), The Quantitative Analysis of Social Problems. Reading: Addison-Wesley.

Crano, W.D., 1995: Attitude Strength and Vested Interest. S. 131-157 in: Petty, R.E./Krosnick, J.A. (Hg.), Attitude Strength. Antecedents and Consequences. Mahwah: Lawrence Erlbaum.

Davidson, A.R., 1995: From Attitudes to Actions to Attitudes Change: The Effects of Amount and Accuracy of Information. S. 315-336 in: Petty, R.E./Krosnick, J.A. (Hg.), Attitude Strength. Antecedents and Consequences. Mahwah: Lawrence Erlbaum.

Davidson, A.R./Yantis, S./Norwood, M./Montano, D.E., 1985: Amount of Information About Attitude Object and Attitude-Behavior Consistency. Journal of Personality and Social Psychology 49: 1184-1198.

DeBonno, K.G., 1987: Investigating the Social-Adjustive and Value-Expressive Functions of Attitudes: Implications for Persuasion Process. Journal of Personality and Social Psychology 52: 279-287.

DeVries, D.L./Ajzen, I., 1971: The Relationship of Attitude and Normative Beliefs to Cheating in College. Journal of Social Psychology 83: 199-207.

Diekmann, A., 1995: Empirische Sozialforschung. Reinbek: Rowohlt.

Doll, J./Ajzen, I./Madden, T.J., 1991: Optimale Skalierung und Urteilsbildung in unterschiedlichen Einstellungsbereichen: Eine Reanalyse. Zeitschrift für Sozialpsychologie 22: 102-111.

Dunn, G./Everitt, B./Picles, A., 1993: Modelling Covariances and Latent Variables Using EQS. London: Chapmann&Hall.

Eagly, A.H./Chaiken, S., 1993: The Psychology of Attitudes. Fort Worth u.a.: Harcourt Brace Jovanovich.

Eagly, A.H./Chaiken, S., 1995: Attitude Strength, Attitude Structure, and Resistance to Change. S. 413-432 in: Petty, R.E./ Krosnick, J.A. (Hg.), Attitude Strength. Antecedents and Consequences. Mahwah: Lawrence Erlbaum.

Ellen, P.S., 1994: Do We Know What We Need to Know? Objective and Subjective Knowledge Effects on Pro-Ecological Behaviors. Journal of Business Research 30: 43-52.

Fan, X. et al., 1999: Effects of Sample Size, Estimation Methods, and Model Specification on Structural Equation Modelling Fit Indices. Structural Equation Modeling 6: 56-83.

Faulbaum, F./Bentler, P.M., 1994: Causal Modeling: Some Trends and Perspectives. S. 224-241 in: Borg, I./Mohler, P.P. (Hg.), Trends and Perspectives in Empirical Social Research. Berlin: Walter de Gruyter.

Fazio, R.H., 1989: On the Power and Functionality of Attitudes: The Role of Attitude Accessibility. S. 153-179 in: Pratkins, A.R./Breckler, S.J./Greenwald, A.G. (Hg.), Attitude Structure and Function. Hillsdale, Hove & London: Lawrence Erlbaum Associates.

Fazio, R.H., 1990: Multiple Processes by Which Attitudes Guide Behavior: The MODE Model as an Integrative Framework. S.75-109 in: Zanna, M.P. (Hg.), Advances in Experimental Social Psychology, Vol. 23. San Diego u.a.: Academic Press.

Fazio, R.H., 1995: Attitudes as Object-Evaluation Associations: Determinants, Consequences, and Correlates of Attitude Accessibilty. S.247-282 in: Petty, R.E./Krosnick, J.A. (Hg.), Attitude Strength. Antecedents and Consequences. Mahwah: Lawrence Erlbaum.

Fazio, R.H./Herr, P.M./Olney, T.J., 1984: Attitude Accessibility Following a Self-Preception Process. Journal of Personality and Social Psychology 47: 277-286.

Fazio, R.H./Williams, C.J., 1986: Attitude Accessibility as a Moderator of the Attitude-Perception and Attitude-Behavior Relations: An Investigation of the 1984 Presidential Election. Journal of Personality and Social Psychology 51: 505-514.

Fazio, R.H./Zanna, M.P., 1981: Direct Experience and Attitude-Behavior Consistency. S. 161-201 in Berkowitz, L. (Hg.), Advances in Experimental Social Psychology, Vol. 14. San Diego u.a.: Academic Press.

Fazio, R.H./Zanna, M.P./Cooper, J., 1981: Dissonanz und Selbstwahrnehmung. Versuch einer Integration unter Berücksichtigung des spezifischen Anwendungsbereiches einer jeden Theorie. S. 241-260 in: Herkner, W. (Hg.), Experimente zur Sozialpsychologie. Bern u.a.: Huber.

Finch, J.F./West, S.G./MacKinnon, D.P., 1997: Effects of Sample Size and Nonnormality on the Estimation of Mediated Effects in Latent Variable Models. Structural Equation Modeling 4: 87-107.

Fishbein, M./Ajzen, I., 1975: Belief, Attitude, Intention, and Behavior. An Introduction to Theory and Research. Reading u.a.: Addison-Wesley.

Fishbein, M./Middlestadt, S.E./Trafimow, D., 1993: Social Norms for Condom Use. Implications for HIV Prevention Interventions of a KABP Survey with Heterosexuals in the Eastern Caribbean. Advances in Consumer Research 20: 292-296.

Fishbein, M./Middlestadt, S., 1995: Noncognitive Effects on Attitude Formation and Change: Fact or Artifact? Journal of Consumer Psychology 4: 181-202.

Fishbein, M./Stasson, M., 1990: The Role of Desires, Self-Predictions, and Perceived Control in the Prediction of Training Session Attendance. Journal of Applied Social Psychology 20: 173-198.

Folkers, D., 1992: Verbraucherbefragung zum Einsatz von Gen- und Biotechnologie im Ernährungsbereich. S. 37-45 in Jany, K.-D./Tauscher, B. (Hg.), Biotechnologie im Ernährungsbereich. Statusseminar zum Forschungsvorhaben an der Bundesforschungsanstalt für Ernährung, 18.6.1991. Karlsruhe: BFE.

Ford, R.C./Richardson, W.D., 1994: Ethical Decision-Making - A Review of the Empirical Literature. Journal of Business Ethics 13: 205-221.

Gorsuch, R.L./Ortberg, J., 1983: Moral Obligation and Attitudes. Their Relation to Behavioral Consequences. Journal of Personality and Social Psychology 44: 1025-1028.

Green, S.B./Akey, T.M./Fleming, K.K./Hersberger, S.L./Marquis, J.G., 1997: Effect of the Number of Scale Points on Chi-Square Fit Indices in Confirmatory Factor Analysis. Structural Equation Modeling 4: 108-120.

Gross, S.R./Holtz, R./Miller, N., 1995: Attitude Certainty. S.215-245 in: Petty, R./Krosnick, J.A. (Hg.), Attitude Strength. Antecedents and Consequences. Mahwah: Lawrence Erlbaum.

Hampel, J./Renn, O. (Hg.), 1999: Gentechnik in der Öffentlichkeit. Wahrnehmung und Bewertung einer umstrittenen Technologie. Frankfurt: Campus.

Hayduk, L.A./Glaser, D.N., 2000: Jiving the Four-Step, Waltzing Around Factor Analysis, and other Serious Fun. Structural Equation Modeling 7: 1-35.

Heath, T.B./Chatterjee, S./France, K.R., 1995: Mental Accounting and Changes in Price. The Frame Dependence of Reference Dependence. Journal of Consumer Research 22: 90-97.

Hennen, L./Stöckle, T., 1992: Gentechnologie und Genomanalyse aus der Sicht der Bevölkerung. TAB-Diskussionspapier Nr. 3. Bonn: Büro für Technikfolgen-Abschätzung beim Deutschen Bundestag.

Hewstone, M./Young, L., 1988: Expectancy-Value Models of Attitude. Measurement and Combination of Evaluations and Beliefs. Journal of Applied Social Psychology 18: 958-971.

Hoogland, J.J., 1999: The Robustness of Estimation Methods for Covariance Structure Analysis. Groningen: Ph.D. Thesis.

Hoogland, J.J./Boomsma, A., 1998: Robustness Studies in Covariance Structure Modeling. An Overview and a Meta-Analysis. Sociological Methods and Research 26: 329-367.

Houston, D.H./Fazio, R.H., 1989: Biased Processing as a Function of Attitude Accessibility: Making Objective Judgements Subjectively. Social Cognition 7: 51-66.

Howard-Pitney, B./Borgida, E., 1986: Personal Involvement: An Examination of Processing Differences. Social Cognition 4: 39- 57.

Hu, L.T./Bentler, P.M., 1995: Evaluating Model Fit. S. 76-99 in: Hoyle, R.H. (Hg.), Structural Equation Modeling. Concepts, Issues, and Applications. Thousand Oaks: Sage.

Hu, L.T./Bentler, P.M., 1999: Cutoff Criteria for Fit Indexes in Covariance Structure Analysis: Conventional Criteria versus New Alternatives. Structural Equation Modeling 6: 1-55.

Hutchinson, S.R./Olmos, A., 1998: Behavior of Descriptive Fit Indexes in Confirmatory Factor Analysis Using Ordered Categorical Data. Structural Equation Modeling 5: 334-364.

Jaccard, J., 1981: Attitudes and Behavior: Implications of Attitudes Toward Behavioral Alternatives. Journal of Experimental Social Psychology 17: 286-307.

Johnson, B.T./Eagly, A.H., 1989: Effects of Involvement on Persuation: A Meta- Analysis. Psychological Bulletin 106: 290- 314.

Kanwar, R./Grund, L./Olson, J.C., 1990: When Do the Measures of Knowledge Measure What We Think They are Measuring? Advances in Consumer Research 17: 603-608.

Katz, D., 1960: The Functional Approach to the Study of Attitudes. Public Opinion Quarterly 24: 163-204.

Katz, D., 1967: The Functional Approach to the Study of Attitudes. S.336-346 in: Hollander, E.P./Hunt, R.G. (Hg.), Current Perspectives in Social Psychology (2. Auflage). New York u.a.: Oxford University Press.

Kline, R.B., 1998: Principles and Practice of Structural Equation Modeling. New York: Guilford.

Krosnick, J.A., 1988: The Role of Attitude Importance in Social Evaluation: A Study of Policy Preferences, Presidential Candidate Evaluations, and Voting Behavior. Journal of Personality and Social Psychology 55: 196-210.

Krosnick, J.A., 1992: The Impact of Cognitive Sophistication and Attitude Importance on Response-Order and Question-Order Effects. S.203-218 in: Schwarz, N./Sudman, S. (Hg.), Context Effects in Social and Psychological Research. New York u.a.: Springer.

Krosnick, J.A./Abelson, R.P., 1992: The Case for Measuring Attitude Strength in Surveys. S.177-203 in: Tanur, J.M. (Hg.), Questions About Questions. Inquiries into the Cognitive Bases of Surveys. New York: Sage.

Krosnick, J.A./Boninger, D.S./Chuang, Y.C./Berent, M.K./Carnot, C.G., 1993: Attitude Strength: One Construct or Many Related Constructs? Journal of Personality and Social Psychology 65: 1132-1151.

Krosnick, J.A./Petty, R.E., 1995: Attitude Strength: An Overview. S. 1-24 in: Petty, R. E./ Krosnick, J.A. (Hg.), Attitude Strength. Antecedents and Consequences. Mahwah: Lawrence Erlbaum.

Krosnick, J.A./Schuman, H., 1988: Attitude Intensity, Importance, and Certainty and Suspectibility to Response Effects. Journal of Personality and Social Psychology 54: 940-952.

Kruglanski, A.W., 1989: Lay Epistemics and Human Knowledge. New York: Plenum.

Kruglanski, A.W./Baldwin, M.W./Towson, S.M.J., 1985: Die Theorie der Laienepistemologie. S. 293-314 in: Frey, D./Irle, M. (Hg.), Theorien der Sozialpsychologie. Band 3: Motivations- und Informationsverarbeitungstheorien. Bern: Huber.

Kumar, A./Sharma, S., 1999: A Metric Measure for Direct Comparison of Competing Models in Covariance Structure Analysis. Structural Equation Modeling 6: 169-197.

Kurland, N.B., 1996: Sales Agents and Clients. Ethics, Incentives, and a Modified Theory of Planned Behavior. Human Relations 49: 51-74.

Lastovicka, J.L./Gardner, D.M., 1979: Components of Involvement. S.53-73 in: Maloney, J.C./Silverman, B. (Hg.), Attitude Research Plays for Stakes. Chicago: American Marketing Association.

MacCallum, R.C./Browne, M.W./Sugawara, H.M., 1996: Power Analysis and Determination of Sample Size for Covariance Structure Modeling. Psychological Methods 1: 130-149.

Marsh, H.W./Hau, K.T./Balla, J.R./Grayson, D., 1998: Is More Ever Too Much? The Number of Indicators per Factor in Confirmatory Factor Analysis. Multivariate Behavioral Research 33: 181-220.

Martin, S./Tait, J., 1992: Attitudes of Selected Public Groups in the UK to Biotechnology. S. 28-41 in: Durant, J. (Hg.), Biotechnology in Public. A Review of Recent Research. London: Science Museum.

Maruyama, G.M., 1998: Basics od Structural Equation Modeling. London: Sage.

Miniard, P.W./Cohen, J.B., 1981: An Examination of the Fishbein-Ajzens Behavioral-Intentions Model's Concepts and Measures. Journal of Experimental Social Psychology 17: 309-339.

Mulaik, S.A./Millsap, R.E., 2000: Doing the Four-Step Right. Structural Equation Modeling 7: 36-73.

Netemeyer, R. G. /Burton, S., 1990: Examining the Relationships Between Voting Behavior, Intention, Perceived Behavioral Control and Expectation. Journal of Applied Social Psychology 20: 661-680.

Norman, R., 1975: Affective-Cognitive Consistency, Attitudes, Conformity, and Behavior. Journal of Personality and Social Psychology 32: 83-91.

Olsson, U., 1979: On the Robustness of Factor Analysis against Crude Classification of the Observations. Multivariate Behavioral Research 14: 485-500.

Orth, B., 1987: Formale Untersuchungen des Modells von Fishbein & Ajzen zur Einstellungs-Verhaltensbeziehung; I. Bedeutsamkeit und erforderliches Skalenniveau. Zeitschrift für Sozialpsychologie 18: 152-159.

Orth, B., 1988: Formale Untersuchungen des Modells von Fishbein & Ajzen zur Einstellungs-Verhaltensbeziehung. II. Modellmodifikationen für intervallskalierte Variablen. Zeitschrift für Sozialpsychologie 19: 31-40.

Park, C.W./Mothersbaugh, D.L./Feick, L., 1994: Consumer Knowledge Assessment. Journal of Consumer Research 21: 71-82.

Petty, R.E./Cacioppo, J.T., 1986: Communication and Persuasion. Central and Peripheral Routes to Attitude Change. New York u.a.: Springer.

Petty, R.E./Haugtvedt, C.P./Smith, S.M., 1995: Elaboration as a Determinant of Attitude Strength: Creating Attitude that are Persistent, Resistant, and Predictive of Behavior. S. 93-130 in: Petty, R.E./Krosnick, J.A. (Hg.), Attitude Strength. Antecedents and Consequences. Mahwah: Lawrence Erlbaum.

Pomerantz, E.M./Chaiken, S./Tordesillas, R.S., 1995: Attitude Strength and Resistance Process. Journal of Personality and Social Psychology 69: 408-419.

Pratkanis, A.R./Greenwald, A.G., 1989: A Sociocognitive Model of Attitude Structure and Function. S.245-285 in: Berkowitz, L. (Hg.), Advances in Experimental Social Psychology, Vol. 22. San Diego u.a.: Academic Press.

Prislin, R., 1996: Attitude Stability and Attitude Strength: One is Enough to Make it Stable. European Journal of Social Psychology 26: 447-477.

Raden, D., 1985: Strength-Related Attitude Dimensions. Social Psychology Quarterly 48: 312-330.

Randall, D.M., 1989: Taking Stock. Can the Theory of Reasoned Action Explain Unethical Conduct. Journal of Business Ethics 8: 873-882.

Randall, D. M., 1994: Why Students Take Elective Business Ethics Courses. Applying the Theory of Planned Behavior. Journal of Business Ethics 13: 369-378.

Randall, D.M./Gibson, A.M., 1991: Ethical Decision Making in the Medical Profession: An Application of the Theory of Planned Behavior. Journal of Business Ethics 10: 111-122.

Randall, D.M./Wolf, J.A., 1994: The Time Interval in the Intention-Behaviour Relation-ship. Meta-Analysis. British Journal of Social Psychology 33: 405-418.

Rigdon, E.E., 1996: CFI versus RMSEA: A Comparison of Two Fit Indices for Structural Equation Modeling. Structural Equation Modeling 3: 369-379.

Rigdon, E.E./Ferguson, C.E., 1991: The Performance of the Polychoric Correlation Coefficient and Selected Fitting Functions in Confirmatory Factor Analysis with Ordinal Data. Journal of Marketing Research 28: 491-497.

Rosenberg, M.J./Hovland, C.I., 1966: Cognitive, Affective, and Behavioral Components of Attitude. S.1-14 in: Rosenberg, M.J./Hovland, C.I./McGuire, W.J./Abelson, R.P./ Brehm, J.W. (Hg.): Attitude Organisation and Change. An Analysis of Consistency Among Attitude Components, New Haven: Yale University Press.

Schmidt, F.L., 1973: Implications for a Measurement Problem for Expectancy Theory Research. Organisational Behavior and Human Performance 10: 243-251.

Schuman, H./Presser, S., 1981: Questions and Answers in Attitude Surveys. New York u.a.: Academic Press.

Schütz, H./Wiedemann, P./Gray, C.R., 1997: Kognitive und interaktive Rekonstruktion von Risiko- und Nutzenbeurteilungen bei gentechnisch hergestellten Produkten. Forschungszentrum Jülich GmbH, Programmgruppe Mensch, Umwelt, Technik. Unveröffentlichtes Manuskript.

Schwartz, S.H./Tessler, R.C., 1972: A Test of a Model for Reducing Measured Attitude-Behavior Discrepancy. Journal od Personality and Social Psychology 24: 225-236.

Scott, W.A., 1968: Attitude Measurement. S.204-273 in: Lindzey, G./Aronson, E. (Hg.), The Handbook of Social Psychology. Vol. 2. (2. Aufl.), Reading u.a.: Addison-Wesley.

Shavitt, S., 1989a: Operationalizing Functional Theories of Attitude. S.311-337 in: Pratkins, A.R./Breckler, S.J./Greenwald, A.G. (Hg.), Attitude Structure and Function. Hillsdale, Hove & London: Lawrence Erlbaum Associates.

Shavitt, S., 1989b: Products, Personalities, and Situations in Attitude Functions: Implications for Consumer Behavior. Advances in Consumer Research 16: 300-305.

Sheppard, B.H./Hartwick, J./Warshaw, P.R., 1988: The Theory of Reasoned Action: A Meta-Analysis of Past Research with Recommendations for Modifications and Future Research. Journal of Consumer Research 15: 325-343.

Simon, H.A., 1981: Entscheidungsverhalten in Organisationen. Landsberg am Lech: Verlag Moderne Industrie

Slaby, M., 1997: Literaturbericht zum Konzept der Einstellungsstärke. Institut für Sozialwissenschaften: Universität Stuttgart (unveröffentlichtes Manuskript).

Smith, J.L., 1996: Expectancy, Value, and Attitudinal Semantics. European Journal of Social Psychology 26: 501-506.

Smith, M.B./Bruner, J.S./White, R.W., 1956: Opinions and Personality. New York: John Wiley & Sons.

Smith, T.W., 1984: Nonattitudes: A Review and Evaluation. S.215-255 in: Turner, C. F./Martin, E. (Hg.), Surveying Subjective Phenomena. Volume 2. New York: Russell Sage Foundation.

Snyder, M./DeBonno, K.G., 1989: Understanding the Functions of Attitudes: Lessons from Personality and Social Behavior. S.339-359 in: Pratkins, A.R./Breckler, S. J./Greenwald, A.G. (Hg.), Attitude Structure and Function. Hillsdale, Hove & London: Lawrence Erlbaum Ass.

Sparks, P./Hedderley, D./Shepherd, R., 1992: An Investigation Into the Relationship Between Perceived Control, Attitude Variability and the Consumption of Two Common Foods. European Journal of Social Psychology 22: 55-71.

Sparks, P./Shepherd, R., 1992: Self-Identity and the Theory of Planned Behavior: Assessing the Role of Identification with „Green Consumerism". Social Psychology Quarterly 55: 388-399.

Sparks, P./Shepherd, R./Frewer, L.J., 1995: Assessing and Structuring Attitudes Toward the Use of Gene Technology in Food Production: The Role of Perceived Ethical Obligation. Basic and Applied Social Psychology 16: 267-285.

Steiger, J.H., 2000: Point Estimation, Hypothesis Testing, and Interval Estimation Using the RMSEA: Some Comments and a Reply to Hayduk and Glaser. Structural Equation Modeling 7: 149-162.

Strack, F., 1985: Urteilsheuristiken. S.239-267 in: Frey, D./Irle, M. (Hg.), Theorien der Sozialpsychologie. Band III: Motivations- und Informationsverarbeitungstheorien. Bern: Verlag Hans Huber.

Tesser, A./Shaffer, D.R., 1990: Attitudes and Attitude Change. Annual Review of Psychology 41: 479-523.

Thaler, R.H., 1991: The Winner's Game. New York: Free Press.

Thogersen, J., 1997: The Impact of Moral Concerns, Experience, and Social Influence on Attitude Formation and Buying Behavior in Moral-Laden Situations. Unveröffentlichtes Manuskript. Department of Marketing. Aarhus School of Business.

Thomsen, C.J./Borgida, E./Lavine, H., 1995: The Causes and Consequences of Personal Involvement. S.191-214 in: Petty, R.E./ Krosnick, J.A. (Hg.), Attitude Strength. Antecedents and Consequences. Mahwah: Lawrence Erlbaum.

Trafimow, D./Finlay, K.A., 1996: The Importance of Subjective Norms for a Minority of People: Between-Subjects and Within-Subjects Analyses. Personality and Social Psychology Bulletin 22: 820-828.

Trafimow, D./Fishbein, M., 1994: The Moderating Effect of Behavior Type on the Subjective Norm-Behavior Relationship. Journal of Social Psychology 134: 755-763.

Triandis, H.C., 1980: Values, Attitudes, and Interpersonal Behavior. S.195-259 in: Home, H.E./Page, M.M. (Hg.): Nebraska Symposium on Motivation 1979. Lincoln/London: University of Nebraska Pess.

Tversky, A./Kahneman, D. (1981): The Framing of Desicions and the Psychology of Choice. Science 211: 453-458.

Urban, D. (Hg.), 1996: Wahrnehmung und Bewertung von gentechnisch erzeugten Lebensmitteln. Eine Sekundär-Auswertung von drei Bevölkerungsumfragen im Auftrag der Bundesforschungsanstalt für Ernährung (BFE). Universität Stuttgart: Institut für Sozialwissenschaften.

Urban, D., 1996b: Quantitative Measurement of Public Opinions on New Technologies. An Application of SEM-Methodology to the Analysis of Beliefs and Values Toward New Human Applications of Genetic Engineering. Scientometrics 35: 71-92.

Urban, D./Hoban, T., 1997: Cognitive Determinants of Risk Perceptions Associated with Biotechnology. Scientometrics 40: 299-331.

Urban, D./Pfenning, U., 1996: Was messen Fragen zur Bewertung neuer Technologien. Semantisierungseffekte bei der Messung von bilanzierenden Einstellungen zu Bio- und Gentechnologie. ZUMA- Nachrichten 39: 116-140.

Urban, D./Pfenning, U., 1997: Gentechnik: "Fluch oder Segen" versus "Fluch und Segen". Bilanzierende und differenzierende Bewertungen der Gentechnik in der öffentlichen Meinung. Schriftenreihe des Instituts für Sozialwissenschaften der Universität Stuttgart (SISS), No. 1/97.

Urban, D./Pfenning, U., 1999: Technikfurcht und Technikhoffnung. Die Struktur und Dynamik von Einstellungen zur Gentechnik. Stuttgart: Grauer.

Urban, D./Pfenning, U./Allhoff, J., 1998a: Bewertende Einstellungen zur Gentechnik: Ihre Form, ihre Inhalte, ihre Dynamik. Schriftenreihe des Instituts für Sozialwissenschaften der Universität Stuttgart (SISS), No. 1/98.

Urban, D./Pfenning, U./Allhoff, J., 1998b: Assoziationen zur Gentechnik. Ein Tabellenband zu den offenen Interview-Fragen, Antwort-Vercodungen und Codes-Auszählungen im Forschungsprojekt "Einstellungen zur Gentechnik". Projektbericht. Institut für Sozialwissenschaften: Universität Stuttgart.

Urban, D./Pfenning, U./Allhoff, J./Weiss, V., 1996: Stichprobenkonstruktion und Feldbericht in der ersten Erhebungswelle des Projektes "Einstellungen zur Gentechnologie". Universität Stuttgart: Institut für Sozialwissenschaften.

Vallerand, R.J./Deshaies, P./Cuerrier, J.-P./Pelletier, L.G./Mongeau, C., 1992: Ajzen and Fishbein's Theory of Reasoned Action as Applied to Moral Behavior: A Confirmatory Analysis. Journal of Personality and Social Psychology 62: 98-109.

Van den Putte, B., 1991: 20 Years of the Theory of Reasonned Action of Fishbein and Ajzen: A Meta-Analysis. Amsterdam: University of Amsterdam (unveröffentlichtes Manuskript).

Warshaw, P.R., 1980: A New Model for Predicting Behavioral Intentions: An Alternative to Fishbein. Journal of Marketing Research 17: 153-172.

Warshaw, P.R./Davis, F.D., 1985: The Accuracy of Behavioral Intention Versus Behavioral Expectation for Predicting Behavioral Goals. Journal of Psychology 119: 599-602.

West, S.G./Finch, J.G./Curran, P.J., 1995: Structural Equation Models. With Nonnormal Variables. Problems and Remedies. S. 56-75 in: Hoyle, R.H. (Hg.), Structural Equation Modeling. Concepts, Issues, and Applications. Thousand Oaks: Sage.

Wicker, A., 1969: Attitudes Versus Actions. The Relationship of Verbal and Overt Behavioral Responses to Attitude Objects. Journal of Social Issues 25: 41-78.

Wood, W./Rhodes, N./Biek, M., 1995: Working Knowledge and Attitude Strength: An Information-Processing analysis. S.283-313 in: Petty, R.E./Krosnick, J.A. (Hg.), Attitude Strength. Antecedents and Consequences. Mahwah: Lawrence Erlbaum.

Zanna, M.P./Fazio, R.H./Ross, M., 1994: The Persistence of Persuasion. S.347-362 in: Schank, R.C./Langer, E. (Hg.), Beliefs, Reasoning, and Decision making. Psycho-Logic in Honor of Bob Abelson. Hillsdale: Lawrence Erlbaum Associates.

Zanna, M.P./Rempel, J.K., 1988: Attitudes: A New Look at an Old Concept. S.315-334 in: Bar-Tal, D./Kruglanski, A.W. (Hg.), The Social Psychology of Knowledge. Cambridge u.a.: Cambridge University Press.

Zuckerman, M./Reis, H.T., 1978: Comparison of Three Models for Predicting Altruistic Behavior. Journal of Personality and Social Psychology 36: 498-510.

*vom selben Verfasser sind lieferbar:*

## Systematische Statistik für die computerunterstützte Datenanalyse

Ein Handbuch zum Programm-Paket SYSTAT

Von D. Urban, M. Becker-Richter, Th. Bruns, R. Herzog und H.-W. Neuhaus

1992. XII, 453 S., 1 Beispieldiskette, kt.
€ 43,- / sFr 76,-
ISBN 3-8282-4274-X
51/4" Diskette mit Beispieldatensätzen zum Handbuch.

Dieser Band führt nicht nur in das Arbeiten mit SYSTAT ein, sondern frischt gleichzeitig die Kenntnisse über statistische Modelle auf und kann zudem als Referenzwerk für die Benutzung einzelner SYSTAT-Prozeduren verwendet werden. Beschrieben wird die Version 5 von SYTAT für MS-DOS. Das Besondere an diesem Handbuch ist, daß es über eine formale Aufzählung und Kommentierung von Kommandos und Optionen hinausgeht: Jeder Befehl ist in ein Programmbeispiel eingebunden, das Zeile für Zeile erläutert wird, ebenso wie die Bestandteile der entsprechenden Programmausgabe.

---

## Logit-Analyse

Statistische Verfahren zur Analyse von Modellen mit qualitativen Response-Variablen

Von D. Urban

1993. VI, 183 S., 18 Abb., 21 Tab., kt.
€ 29,90 / sFr 53,20
ISBN 3-8282-4306-1

Alle Verfahren der Logit-Analyse eines speziellen Statistik-Modells werden in grundlegender und verständlicher Form erläutert, so daß zum Textverständnis nur statistische Grundkenntnisse vorausgesetzt werden, auf weitergehende formal-statistische Ableitungen oder Beweisführungen jedoch verzichtet wird. Jedes vorgestellte Logit-Modell wird an einem Beispielmodell unter Verwendung eines real-empirischen Datensatzes ausführlich erklärt. Ebenso werden Hinweise zur computergestützten Berechnung der Logit-Modelle unter Anwendung von standardisierten, allgemeinverfügbaren Statistik-Software-Paketen gegeben (vor allem SYSTAT und LIMDEP, aber auch SPSS/PC+).

  *Stuttgart*

Bei Fragen zur Produktsicherheit wenden Sie sich bitte an:
If you have any questions regarding product safety,
please contact:

Walter de Gruyter GmbH
Genthiner Straße 13
10785 Berlin
productsafety@degruyterbrill.com